Willi Schütte

Verbraucherrecht

Willi Schütte

Verbraucherrecht

Kauf – Leasing – Auftrag – Reklamation
Umtausch

Augustus Verlag

Die Deutsche Bibliothek – CIP-Einheitsaufnahme

Verbraucherrecht : Kauf - Leasing - Auftrag - Reklamtion - Umtausch ; aus den Bereichen Privateinkauf, Bestellung, Dienstleistung, Handwerker, Reparatur, Geld leihen, Urlaub buchen / Willi Schütte. - Augsburg : Augustus-Verl.
(Ihr gutes Recht)
ISBN 3-8043-3029-0
NE: Schütte, Willi
Buch. - 1995
Diskette. Rechtssichere Musterbriefe, juristisch geprüfe Musterverträge. - 1995
Systemvoraussetzungen: IBM–kompatibler PC; 2 MB freier Festplattenspeicher; gängige Textverarbeitung unter MS–DOS oder MS–Windows

AUGUSTUS VERLAG, AUGSBURG 1995

Umschlagsgestaltung: Christa Manner, München
Layout und Satz: Gesetzt aus 10/12 p Palatino von Engelbert Kaletka, Augustus Verlag, Augsburg
Lektorat: Hartmut Schultes
Druck und Bindung: Wiener Verlag, Himberg
Printed in Austria

ISBN 3-8043-3029-0

Inhalt

Vorwort

Rund 100 Jahre alt sind die gesetzlichen Säulen, auf denen unser Verbraucherrecht ruht. Und viele Regelungen entsprechen längst nicht mehr der Welt von heute: Für viele Bereiche unseres Alltags gibt es nur einen unzureichenden oder gar keinen gesetzlichen Rahmen.
Deshalb hilft es heute nicht mehr, sich einen Gesetzestext zu besorgen und dort die Lösung eines eigenen Problems herauslesen zu wollen. Sondern jede gesetzliche Regelung muß im Zusammenhang mit der ständigen Rechtsprechung betrachtet werden. Erst die tägliche hohe und höchste Rechtsprechung führen zu dem, womit wir uns in diesem Buch beschäftigen wollen: dam neuen Verbraucherrecht.
Mit diesem Buch wollen wir Ihnen einerseits einen Überblick über die Bereiche des Vertragslebens verschaffen, mit denen Sie als Verbraucher zu tun haben. Andererseits will es Ihnen selbst die Entscheidung darüber ermöglichen, ob Sie womöglich in Ihren Rechten verletzt worden sind. Und es will Ihnen helfen, sich vor Nachteilen zu schützen bzw. gegen unberechtigte Forderungen zur Wehr zu setzen. Dazu gehören auch erprobte Tricks aus der Praxis, die nach juristischen Maßstäben zwar zum Teil ungewöhnlich, in jedem Fall aber legal sind.
Grundlage für die hier gegebenen Empfehlungen ist die ständige Rechtsprechung, die auch bei den Inhalten der Vorlagen für Briefe und Verträge berücksichtigt wurde. Weil die Umstände des Einzelfalls, in dem die Vorlagen verwendet werden sollen, jedoch nicht von Autoren, Redaktion und Verlag zu beurteilen sind, kann eine Haftung für eventuelle Nachteile oder Schäden, die durch Verzicht auf Beratung im Einzelfall und Verwendung der Vorlagen eintreten, nicht übernommen werden.

Hinweise zu Abkürzungen und Urteilen bzw. Fundstellen

Im Zusammenhang mit der Rechtsprechung wird in diesem Buch häufig auf Gerichtsurteile verweisen. Dabei tauchen die folgenden Abkürzungen immer wieder auf:
BGH Bundesgerichtshof
OLG Oberlandesgericht
KG Kammergericht (Berlin)
LG Landgericht
AG Amtsgericht
Angegeben werden im Zusammenhang mit den Urteilen entweder die jeweiligen Aktenzeichen, mit denen sich das Urteil bei der Geschäftsstelle des Gerichts (gegen Kostenerstattung) abfordern läßt. Vielfach werden aber auch die Fundstellen der Urteils-Veröffentlichung genannt. Dabei handelt es sich meistens um juristische Fachschriften, die zum Beispiel in Universitätsbibliotheken einzusehen sind.
Für den Verbraucher sind diese Angaben weniger wichtig, weil der Tenor der jeweiligen Entscheidung bereits von uns erklärt wird.

Hinweise zum Versand der vorgegebenen Muster

Grundsätzlich sollten alle Schreiben so zugeschickt werden, daß der Zugang beim Empfänger bewiesen werden kann. Dies ist sicher nur dann möglich, wenn er den Eingang quittiert (z.B. bei Einschreiben mit Rückschein) oder wenn ein Zeuge bestätigt, daß der Brief in den Verfügungsbereich des Empfängers gelangte (Hausbriefkasten, persönliche Übergabe). Der Zeuge sollte aber auch beim Kuvertieren anwesend sein, um bestätigen zu können, daß sich in dem Umschlag auch wirklich das betreffende Schreiben befand.

Von der Übermittlung per Fax oder Datenübertragung müssen wir nach der ständigen Rechtsprechung abraten, weil die Sendequittung ganz allgemein nicht mehr als ausreichender Beweis dafür angesehen werden kann, daß der Empfänger das Schreiben tatsächlich vollständig erhalten hat (BGH, Aktenzeichen VIII ZR 153/93).

Kapitel I

Verbraucherrecht – was ist das eigentlich?

Wir alle sind der Staat – so haben wir es in der Schule gelernt, und so ist es politisch gesehen auch richtig. Juristisch betrachtet aber besteht unsere Gesellschaft aus den Bürgern und aus dem Staat. Nun hat es – leider – unter dieser Sonne noch nie eine große Gemeinschaft von Menschen oder eine Gesellschaftsform gegeben, in der man ganz ohne Streit leben konnte. Das wußten auch die schlauen Köpfe, die vor über 100 Jahren unsere zum großen Teil heute noch geltenden Gesetze geschrieben haben.
Streit ist deshalb auch nicht durch Gesetze verboten. Verboten ist es aber, Gewalt anzuwenden. Denn der Staat beansprucht das Gewaltmonopol für sich. Das heißt: Anders als früher im Wilden Westen oder heute im „wilden Osten" verbietet der Staat seinen Bürgern, selbst Gewalt anzuwenden. Gewalt übt der Staat – wenn's denn nötig sein sollte – stellvertretend für den Bürger aus.
Berücksichtigt man diese juristische Unterscheidung in Bürger und Staat, sind eigentlich nur sehr wenige Konfrontationslinien denkbar:

Wenn Bürger gegen Bürger streiten

Das ist der klassische Bereich des Zivil- oder Bürgerlichen Rechtes. Bürger sind hier allerdings nicht nur leibhaftige Menschen, sondern auch juristische Personen. Darunter versteht man z.B. eine Gesellschaft mit beschränkter Haftung (GmbH) oder eine Aktiengesellschaft (AG). Aber auch der Staat tritt als juristische Person auf, wenn er z.B. ein Polizeiauto kauft. Dann gelten für den Staat die gleichen Gesetze wie für uns. Der Staat handelt dann also nicht von oben herab, nicht hoheitlich, nicht in der Form eines Über- und Unterordnungsverhältnisses, sondern muß sich an die gleichen Gesetze halten wie die Bürger.

Wenn Bürger gegen den Staat streiten

Hier setzt das Verwaltungsrecht ein, zum Beispiel wenn Bürger sich gegen eine ihrer Meinung nach falsche Verwaltungsentscheidung wehren wollen. Das kann der Gebührenbescheid für Straßenausbaukosten sein, das kann aber auch die Ablehnung eines Antrages auf Sozialhilfe sein.

Wenn der Staat gegen Bürger streitet

Jetzt befinden wir uns im Bereich des Strafrechts. Stellvertretend für die Gemeinschaft aller Bürger kann da der Anwalt des Staates, der Staatsanwalt zum Beispiel, gegen Rauschgift- oder Menschenhändler vorgehen, oder er kann einen Räuber zur Rechenschaft ziehen. Ziel ist es, die Gemeinschaft der Bürger künftig vor solchen Typen zu schützen.

Ein zweiter Bereich ist das Ordnungswidrigkeitenrecht. Da kann der Staat zum Beispiel gegen kleingaunrige Falschparker und genehmigungslose Bauherrn vorgehen. Das Ziel ist es dabei, auf die Einhaltung der Vorschriften zu pochen, die der Staat für das Zusammenleben aller erlassen hat.

Wenn der Staat gegen den Staat streitet

Das mag im ersten Moment ein bißchen verrückt klingen – aber Gemeinden, Kreise, Länder und der Bund haben oft völlig unterschiedliche Rechtsauffassungen. Zum Beispiel, wenn es darum geht, ob nun bestimmte Zahlungen von den Gemeinden oder vom Bund zu leisten sind. Vortrefflich streiten läßt sich auch um die Verteilung von Steuergeldern, wenn jedes der Staatsorgane das größte Stück vom Kuchen haben will. Sind die Politiker in solchen Fragen mit ihrem Latein am Ende, muß der Streit oft genug von Gerichten entschieden werden. Dies ist der Bereich des Öffentlichen Rechts, gelegentlich auch Staatsrecht genannt.

Das Zivilrecht unterscheidet zwischen Profis und Laien – den Verbrauchern

Nun ist das Zivilrecht zwar für alle Streitigkeiten zwischen Bürgern gemacht worden – aber auch da ist nicht jeder Bürger dem anderen gleich. Das bürgerliche Recht läßt sich nämlich in einen professionell-gewerblichen Bereich und einen Verbraucherbereich unterteilen.

- **Im professionellen Bereich, also bei Vollkaufleuten und solchen, die untereinander schnell.** So will es der Gesetzgeber. Denn die Wirtschaft soll sich entwickeln und nicht durch jahrelange Streitereien blockiert werden.
- Im Verbraucherbereich wird mit anderen, nämlich mit viel sensibleren Maßstäben gemessen – so ist es jedenfalls vom Gesetzgeber gedacht.

Uns interessiert natürlich vor allem der Verbraucherbereich. Also alle Gebiete, in denen „Nichtprofis“ und juristische Laien wirksam am Geschäftsleben teilnehmen können. Also schauen wir uns zunächst mal die Regeln an, die der Gesetzgeber dafür aufgestellt hat.

Wer darf überhaupt Geschäfte machen und Verträge abschließen?

Grundsätzlich erlaubt der Gesetzgeber das allen Menschen ab der Vollendung des siebten Lebensjahres (§104 BGB). Bei Kindern und Jugendlichen im Alter ab sieben Jahren und bis zur Vollendung des 18. Lebensjahres (Eintritt der Volljährigkeit, § 2 BGB) müssen gesetzliche Vertreter ihr Einverständnis geben, damit rechtswirksame Bindungen (Verträge) zustandekommen.

SIEHE MUSTER: EINVERSTÄNDNISERKLÄRUNG DER ELTERN VOR VERTRAGSABSCHLUSS
SIEHE MUSTER: NACHTRÄGLICHE EINVERSTÄNDNISERKLÄRUNG DER ELTERN
SIEHE MUSTER: EINVERSTÄNDNISERKLÄRUNG DER ELTERN ZU EINEM MINDERJÄHRIGEN-ARBEITSVERHÄLTNIS
SIEHE MUSTER: EINVERSTÄNDNISERKLÄRUNG DER ELTERN ZU EINEM MINDERJÄHRIGEN-AUSBILDUNGSVERHÄLTNIS
SIEHE MUSTER: WIDERRUF EINES VERTRAGES DURCH DIE ELTERN

Die gesetzlichen Vertreter werden im Normalfall die Eltern sein. Aber nicht immer genügt die Erlaubnis der Eltern. So müssen zum Beispiel Kredite (auch Überziehungskredite auf dem Girokonto) zusätzlich noch vom Vormundschaftsgericht abgesegnet werden. Ausnahmen bei der Zustimmung durch die gesetzlichen Vertreter gelten nur, wenn für das Geschäft Geldmengen verwendet werden, die den Kindern und Jugendlichen dafür zur Verfügung gestellt wurden („Taschengeld-Paragraph", § 110 BGB).

Warum kommt es trotz gesetzlicher Regelungen überhaupt noch zu Prozessen?

Diese immer wieder gestellte Frage läßt sich leicht am Beispiel des Taschengeld-Paragraphen (siehe oben) erklären. Nehmen wir mal an, ein beschränkt Geschäftsfähiger im Alter zwischen sieben und 17 Jahren kauft ein Kaugummi, ein Buch oder ein Mofa. Für das Kaugummi reicht ein kleiner Teil seines Taschengeldes. Für das Buch wird das Taschengeld einer ganzen Woche ausgegeben. Für das Mofa spart er sein Taschengeld ein ganzes Jahr lang.
Trotzdem wird der Mofa-Kauf kaum noch unter den Taschengeld-Paragraphen zu pressen sein. Denn wenn erst mal das Taschengeld lange gespart werden muß, handelt es sich dabei schließlich nicht mehr um eine Geldmenge, die dem Jugendlichen regelmäßig zur Verfügung steht. Oder doch? Müssen die Eltern nicht mit der Sparsamkeit ihres Sprößlings rechnen?
Schon sind wir bei einem Problem, welches sich wie ein roter Faden durch die ganze Juristerei zieht:

Das Gesetz stellt eine Regel auf – gestritten wird um die Auslegung dieser Regel.

Es gibt in der Juristerei niemals eine bestimmte Lösung für einen Fall.
Juristen können sich, ganze Bibliotheken vollschreibend, zum Beispiel vortrefflich darüber streiten, ob zum Beispiel Walfischfleisch fehlerhaftes Heringsfleisch ist – man könnte ein eigenes Buch über solche unsinnigen Streitigkeiten schreiben. Wobei jeder für seine Argumente irgendwelche Gesetze zitieren kann, Begründungen heranzuziehen in der Lage ist. Es kommt halt nur darauf an, wie man die Schwarz auf Weiß geschriebenen Texte auslegt.
Darum sollten Sie, bevor Sie sich in die Hände von Juristen begeben,

1. überlegen, ob Sie nicht selbst über den Tellerrand sehen, also die Sache mal ganz ohne Emotionen betrachten können,
2. die Interessen aller Beteiligten abwägen,
3. sich auch mal auf die andere Seite des Zaunes stellen, um sich alles aus dem Blick winkel der Gegenseite anzuschauen und dann
4. fragen, ob Sie nicht vielleicht selbst zu einem Urteil kommen können.

Nichts anderes ist nämlich die Aufgabe der Gerichte. Wobei die Richter natürlich immer den Willen des Gesetzgebers im Hinterkopf haben sollen.
Aber wenn Sie wissen, was der Gesetzgeber gewollt hat und was nicht, kann auch Ihr eigenes Urteil nicht völlig falsch sein. Deshalb beginnen wir jetzt mit den Spielregeln, die Sie kennen müssen, um beim Verbraucherrecht durchzublicken.

Kapitel 2

Kopfnicken, Handschlag oder schriftlicher Vertrag – was gilt eigentlich?

„Der andere hat nichts gegen mich in der Hand, ich hab' ja nichts unterschrieben." Diese Worte hört man sehr oft. Doch dadurch, daß viele diesen Satz ganz locker aussprechen, wird die Aussage auch nicht richtig.

Es ist ein weit verbreiteter Irrglaube, daß nur schriftliche Verträge bindend sind.

Das ist jedoch nicht der Fall. Juristen sprechen immer dann von einem Vertrag, wenn „sich deckende Willenserklärungen" vorliegen, und zwar „soweit sie sich decken". In normales Deutsch übersetzt: es muß Einigkeit zwischen den Vertragsschließenden bestehen.
In der Praxis läuft das so ab, daß es zunächst einmal ein Vertragsangebot an eine bestimmte natürliche (Mensch) oder juristische (z.B. GmbH) Person oder Personengruppe gibt. Dem müßte dann die Annahme durch genau diese angesprochene Person oder Personengruppe folgen – dann ist ein Vertrag geschlossen.

Die Verhandlung: Erst mal muß Einigkeit herrschen

Alle Verzögerungen oder Abänderungen des Angebots gelten als Ablehnung. Verbunden sein wird das meist mit einem neuen Angebot, das nun zurückgeht an denjenigen, der mit uns ins Geschäft kommen wollte. Angebot und Ablehnung verbunden mit einem abgeänderten Angebot gehen nach dem Ping-Pong-System hin und her.
Verhandeln kann man alles und mit jedem. Es ist unwichtig, ob man dabei lauthals und vor Ohrenzeugen mit anderen palavert, sich durch Zeichensprache verständigt, wortlos kleine Zettelchen über den Tisch schiebt, per Telefon Absprachen trifft, Fax-Botschaften durch die Leitungen jagt oder BTX-Nachrichten direkt in fremde Computer sendet. Die Form der Verhandlungen ist allein Ihnen überlassen.
Aber das Aushandeln von Inhalten gehört normalerweise so selbstverständlich zu einem Vertrag wie das Gelbe zum Ei. Selbst die unnahbaren Banken und Versicherungen lassen, wenn man nur hartnäckig bleibt, mit sich handeln. Für sie gilt nämlich das Zivilrecht wie für alle anderen Bürger auch.
Sie tun zwar so, als würde das nicht stimmen, stellen es gern so dar, als wären ihre Vertragsformulare eigenständige Gesetze, und sprechen (was nur bei Behörden korrekt ist) von Gebühren, wenn sie ihre Honorare oder Kosten meinen. Und dem Kunden

wird vom „Bankbeamten" (der tatsächlich nur Angestellter ist) erklärt, er müsse die vorgelegten Papiere so unterschreiben: „Da kann man nichts ändern. Das ist Vorschrift". Falsch!

Jedes Detail kann ausgehandelt werden
Niemand ist gezwungen, einen Vertrag in der vorgelegten Form zu akzeptieren. Deshalb: verhandeln Sie, fragen Sie und prüfen Sie, bevor Sie sich vertraglich binden, ob sich nicht ein besseres Angebot finden läßt. Das stellen Sie durch Vergleiche mit anderen Vertragsangeboten fest – und indem Sie den Anbieter damit konfrontieren. Außerdem kann die Willenserklärung von Bedingungen abhängig gemacht werden, die ebenfalls frei auszuhandeln sind.

SIEHE MUSTER: AUFLÖSENDE BEDINGUNG MACHT VERTRAG UNWIRKSAM
SIEHE MUSTER: AUFSCHIEBENDE BEDINGUNG MACHT VERTRAG WIRKSAM

Wie auf einem orientalischen Basar oder auf einem ostfriesischen Pferdemarkt legt im Verhandlungsstadium jeder seine Vorstellungen so lange dar, bis eine Einigung vorliegt, mit der beide Seiten einverstanden sind.

Der Vertragsabschluß: Inhalte sind wichtiger als die Form

Erst wenn diese Einigkeit erzielt wird, haben wir einen Vertrag. Und der kann in den allermeisten Fällen auch
- mündlich und sogar
- durch Zeichensprache

zustande kommen. Zum Beispiel bedeutet das Heben der Hand auf einer Versteigerung die Einwilligung in einen Vertrag. Ebenso kann der Vertrag in den Schnee oder bei auflaufendem Wasser in den Sand eines Nordseestrandes geschrieben sein. Er kann per Telefax bestätigt oder am Telefon geschlossen sein – all das ist völlig egal. Denn die Wirksamkeit erhält der Vertrag nicht durch die Form, sondern dadurch, daß sich die Partner einig sind in dem, was sie ausgehandelt haben.
Als Verbraucher werden wir nur in wenigen Fällen mit Verträgen zu tun haben, bei denen nicht allein der Inhalt entscheidend ist.

Ausnahmen für Verträge, bei denen bestimmte Formen vorgeschrieben sind
- Schenkungsversprechen
- Schuldanerkenntnis
- Bürgschaft
- Übereignungsversprechen bei Grundstücken
- bestimmte Geschäfte im Teilzahlungsbereich
- Direktvertriebs-Geschäfte
- Vereinbarungen in Ehesachen
- Vereinbarungen und Verfügungen zum Erbrecht

Was hat der Staat mit privaten Verträgen zu tun?

Natürlich macht ein Vertrag nur Sinn, wenn sich die beteiligten Parteien dadurch verpflichten, etwas zu tun oder etwas nicht zu tun, also etwas zu unterlassen. Also haben wir gegen jemand anderen Ansprüche – oder der andere hat sie gegen uns. Und diese Ansprüche kann er mit Hilfe des Staates und der Gesetze durchsetzen. Denn schließlich dürfen wir, wie schon gesagt, gegen den anderen keine Gewalt anwenden, sondern müssen dieses Monopol dem Staat überlassen.
Das alles funktioniert im Verbraucherrecht auf der Grundlage des Bürgerlichen Gesetzbuchs (BGB). Kommt es zum Streit zwischen zwei Vertragspartnern, nehmen die Richter diesen 2385 Paragraphen umfassenden Wälzer heraus, um ein Urteil zu sprechen. Und dieses Urteil ist dann für den Bürger wie ein Zündschlüssel beim Auto, mit dem sich die Maschinerie der Staatsgewalt starten läßt: Er kann damit zum Beispiel die Zwangsvollstreckung starten und dem anderen mit staatlicher Unterstützung etwas wegnehmen lassen. Selbst darf er es schließlich nicht tun – denn das wäre unerlaubte Gewaltausübung.

Kapitel 3

Was das Bürgerliche Gesetzbuch regelt

Weil die Urteile, mit denen wir unser Recht durchsetzen können, auf der Basis des Bürgerlichen Gesetzbuchs ergehen, wollen wir uns diesen Wälzer einmal genauer anschauen.
Als das Bürgerliche Gesetzbuch geschrieben und im Jahre 1900 in Kraft gesetzt wurde, sah die Welt natürlich noch ein bißchen anders aus als heute. Es gab zum Beispiel kein Leasing und keine Pauschalreisen. Es gab nur wenige Grundvertrags-Arten, und daran hat sich im Gesetzestext bis heute eigentlich kaum etwas geändert. An manchen Ausdrücken übrigens auch nicht – da trifft man noch auf die deutsche Sprache aus der Zeit um die letzte Jahrhundertwende.

Die Grundverträge und deren gesetzliche Regelung

• Kaufvertrag (§ 433 BGB)
I. Durch den Kaufvertrag wird der Verkäufer einer Sache verpflichtet, dem Käufer die Sache zu übergeben und das Eigentum an der Sache zu verschaffen. Der Verkäufer eines Rechts ist verpflichtet, dem Käufer das Recht zu verschaffen und, wenn das Recht zum Besitz einer Sache berechtigt, die Sache zu übergeben.
II. Der Käufer ist verpflichtet, dem Verkäufer den vereinbarten Kaufpreis zu zahlen und die gekaufte Sache abzunehmen.

• Schenkung (§ 516 BGB)
Eine Zuwendung, durch die jemand aus seinem Vermögen einen anderen bereichert, ist eine Schenkung, wenn beide Teile darüber einig sind, daß die Zuwendung unentgeltlich erfolgt.
(§ 518 BGB)
I. Zur Gültigkeit eines Vertrages, durch den eine Leistung schenkungsweise versprochen wird, ist die notarielle Beurkundung erforderlich. ...
II. Der Mangel der Form wird durch die Bewirkung der versprochenen Leistung geheilt.

• Mietvertrag (§ 535 BGB)
Durch den Mietvertrag wird der Vermieter verpflichtet, dem Mieter den Gebrauch der vermieteten Sache während der Mietzeit zu gewähren. Der Mieter ist verpflichtet, dem Vermieter den vereinbarten Mietzins zu entrichten.

• Leihvertrag (§ 598 BGB)
Durch den Leihvertrag wird der Verleiher einer Sache verpflichtet, dem Entleiher den Gebrauch der Sache unentgeltlich zu gestatten.

• Darlehensvertrag (§ 607 BGB)
Wer Geld oder andere vertretbare Sachen als Darlehen empfangen hat, ist verpflichtet, dem Darlehensgeber das Empfangene in Sachen gleicher Art, Güte und Menge zurückzuerstatten.

• Dienstvertrag (§ 611 BGB)
Durch den Dienstvertrag wird derjenige, welcher Dienste zusagt, zur Leistung der versprochenen Dienste, der andere Teil zur Gewährung der vereinbarten Vergütung verpflichtet.

• Werkvertrag (§ 631 BGB)
Durch den Werkvertrag wird der Unternehmer zur Herstellung des versprochenen Werkes, der Besteller zur Entrichtung der vereinbarten Vergütung verpflichtet.

• Maklervertrag (§ 652 BGB)
Wer für den Nachweis der Gelegenheit zum Abschluß eines Vertrages oder für die Vermittlung eines Vertrages einen Mäklerlohn verspricht, ist zur Entrichtung des Lohnes verpflichtet, wenn der Vertrag infolge des Nachweises oder infolge der Vermittlung des Maklers zustande kommt.

• Auftrag (§ 662 BGB)
Durch die Annahme eines Auftrages verpflichtet sich der Beauftragte, ein ihm vom Auftraggeber übertragenes Geschäft für diesen unentgeltlich zu besorgen.

• Geschäftsführung ohne Auftrag (§ 677 BGB)
Wer ein Geschäft für einen anderen besorgt, ohne von ihm beauftragt oder von ihm dazu berechtigt zu sein, hat das Geschäft so zu führen, wie das Interesse des Geschäftsherrn mit Rücksicht auf dessen wirklichen und mutmaßlichen Willen es erfordert.

• Gesellschaftsvertrag (§ 705 BGB)
Durch den Gesellschaftsvertrag verpflichten sich die Gesellschafter gegenseitig, die Erreichung eines gemeinsamen Zweckes in der im Vertrag bestimmten Weise zu fördern, insbesondere die vereinbarten Beiträge zu leisten.

• Spiel und Wette (§ 762 BGB)
Durch Spiel oder durch Wette wird eine Verbindlichkeit nicht begründet. Das auf Grund des Spieles oder der Wette Geleistete kann nicht deshalb zurückgefordert werden, weil eine Verbindlichkeit nicht bestanden hat.

• Bürgschaft (§ 765 BGB)
Durch den Bürgschaftsvertrag verpflichtet sich der Bürge gegenüber dem Gläubiger eines Dritten, für die Erfüllung der Verbindlichkeit des Dritten einzustehen.

• Schuldversprechen (§ 780 BGB)
Zur Gültigkeit eines Vertrages, durch den eine Leistung in der Weise versprochen wird, daß das Versprechen die Verpflichtung selbständig begründen soll, ist, soweit nicht eine andere Form vorgeschrieben ist, schriftliche Erteilung des Versprechens erforderlich.

• Schuldanerkenntnis (§ 781 BGB)
Zur Gültigkeit eines Vertrages, durch den das Bestehen eines Schuldanerkenntnisses anerkannt wird, ist die schriftliche Erteilung der Anerkennungserklärung erforderlich.

• Anweisung (§ 783 BGB)
Händigt jemand eine Urkunde, in der er einen anderen anweist, Geld, Wertpapiere oder andere vertretbare Sachen an einen Dritten zu leisten, dem Dritten aus, so ist dieser ermächtigt, die Leistung bei dem Angewiesenen im eigenen Namen zu erheben; der Angewiesene ist ermächtigt, für Rechnung des Anweisenden an den Anweisungsempfänger zu leisten.

• Ungerechtfertigte Bereicherung (§ 812 BGB)
Wer durch die Leistung eines anderen oder in sonstiger Weise auf dessen Kosten etwas ohne rechtlichen Grund erlangt, ist ihm zur Herausgabe verpflichtet. Diese Verpflichtung besteht auch dann, wenn der rechtliche Grund später wegfällt oder der mit einer Leistung nach dem Inhalt des Rechtsgeschäfts bezweckte Erfolg nicht eintritt.

• Unerlaubte Handlung (§ 823 BGB)
I. Wer vorsätzlich oder fahrlässig das Leben, den Körper, die Gesundheit, die Freiheit, das Eigentum oder ein sonstiges Recht eines anderen widerrechtlich verletzt, ist dem anderen zum Ersatz des daraus entstehenden Schadens verpflichtet.
II. Die gleiche Verpflichtung trifft denjenigen, welcher gegen ein den Schutz eines anderen bezweckendes Gesetz verstößt.
Viel mehr Verträge oder Schuldverhältnisse kennt das BGB nicht. Der Gesetzgeber hat deshalb versucht, dem Zeitgeist durch Gesetzesänderungen zu entsprechen. Er schafft dann Gesetzesparagraphen wie den § 611 a BGB, der sich mit dem geschlechtsbezogenen Benachteiligungsverbot auseinandersetzt, an das im Jahre 1900 noch niemand gedacht hat. Oder er baut ganze Abschnitte wie zum Beispiel die §§ 651 a bis k BGB neu in das alte Werk ein, die sich mit dem Recht der Pauschalreisen auseinandersetzen. Denn das war im Jahr 1900 mangels Pauschaltourismus noch gar kein Thema. So kommt es, daß unser heutiges „Reiserecht" lediglich aus ein paar eingeschobenen Paragraphen besteht – die ihrerseits aber (seit der Einführung im Jahr 1979) schon wieder Grundlage für Hunderte von Urteilen wurden.
Die Begriffe Eurocheque-Karte, Kreditkarte und Automatenaufstellervertrag gab es genauso wenig wie Software und Satellitenprogramme oder BTX-Mailbox.

Das BGB läßt viel Spielraum für neue Verträge – und für manchen Unsinn

Nun kann man zwar kritisieren, daß unser altes BGB nur so wenige Vertragsarten und viele neue Geschäftsformen gar nicht kennt. Aber das wird manchmal auch als Vorteil angesehen. Die weitgehende Vertragsfreiheit ermöglicht nämlich, synthetische Verträge zu entwickeln, die dann zum Beispiel
• Leasingvertrag,
• Factoringvertrag,

- Franchisevertrag oder
- Consultingvertrag

heißen – oder was einem sonst so alles als Überschrift einfallen mag. Denn diese Namen klingen zwar bombastisch und schaffen Unsicherheit, juristisch aber sind sie bedeutungslos. Denn wichtig ist nicht, was über dem Vertrag steht oder was die Parteien ursprünglich wollten, sondern worauf sie sich letztlich wirklich übereinstimmend geeinigt haben. Als Beispiel dafür kann der im nächsten Abschnitt folgende Vertrag dienen.

Genau hinschauen – so wird mit Verträgen getrickst:

Befristeter Wohnungs-Mietvertrag

Vereinbarung zwischen
dem Wohnungsvermieter
Name, Vorname:
Anschrift:

und

dem Käufer
Name, Vorname:
Anschrift:

Gegenstand des Vertrages ist das äußerliche Reinigen des VW-Golf mit dem Kennzeichen DF – MM 1 zum Preis von DM 50,00. Der Vermieter verpflichtet sich, das o.g. Fahrzeug am 12. 12. 1995 zwischen 10 und 11 Uhr äußerlich zu reinigen. Der Käufer verpflichtet sich, hierfür DM 50,00 sofort nach Abschluß der Reinigungsarbeiten zu zahlen und das Fahrzeug zur o. g. Zeit dem Dienstberechtigten zur Verfügung zu stellen.

Unterschrift, Datum (Leasinggeber)	Unterschrift, Datum (Käufer)

Natürlich haben Sie sofort gemerkt, daß in diesem Vertrag alles durcheinandergewürfelt ist, und natürlich handelt es sich auch nicht um einen befristeten Wohnungs-Mietvertrag. Doch unabhängig davon, wie die Parteien den Vertrag nennen und ob die Vertragsparteien mal als Leasinggeber und mal als Vermieter bezeichnet werden – maßgeblich ist, worauf sie sich geeinigt haben. In diesem Fall ist also wirklich der eine verpflichtet, dem anderen (Käufer) das Auto zu putzen, und der muß dafür 50 Mark bezahlen. Das geht klar aus dem Text hervor, so verwirrend der ansonsten auch sein mag.
Deshalb: lassen Sie sich nicht ins Bockshorn jagen durch Erklärungen, daß bestimmte Zusätze in einen Vertrag nicht aufgenommen werden dürften. Und lassen Sie sich durch Überschriften nicht einschüchtern oder durch unverständliche Sätze verwirren, sondern nehmen Sie Änderungen vor.

Viele Verträge sind Mischformen

Um den komplexen Anforderungen unseres Lebens im 20. Jahrhundert gerecht zu werden, ist oft eine Kombination der verschiedenen Grund-Vertragsformen des BGB sinnvoll und notwendig.
Beim **Leasingvertrag** z. B. wird nichts anderes gemacht, als einen Mietvertrag mit einem Kaufvertrag zu koppeln. Selbstverständlich macht man das zum Nachteil des Leasingnehmers, denn:

- Beim Kaufvertrag zahlt man einen Kaufpreis, wird Eigentümer und kann mit der Sache machen, was man will. Und man muß sie natürlich, wenn sie funktionieren soll, warten und reparieren.
- Beim Mietvertrag wird man nicht Eigentümer, sondern zahlt Miete für die Nutzung, Wenn die Sache defekt ist, erklärt man dem Vermieter, daß er sie gefälligst in Ordnung zu bringen hat.
- Beim daraus gemixten Leasing-Cocktail aber wird für den Verbraucher alles zusammengeschüttet: er trägt Gefahrtragungspflichten, Haftungspflichten, Instandhaltungspflichten und Rechtsverfolgungspflichten wie ein Eigentümer. Der Eigentümer aber kann über die Ausübung dieser Rechte selbst entscheiden, während es für den Leasingkunden Vertragsverpflichtungen sind, denen er gegenüber dem Leasinggeber nachzukommen hat. Dazu hat er sich vertraglich verpflichtet. Und so wird der Leaser zum Looser mit seinen Rechten, die weniger wert sind als die des Mieters.

Sie sehen also, daß sich hinter manch tollen Fachbegriffen nur eine gehörige Portion Blendwerk verbirgt. Aber dem Kunden läßt sich ein Leasingvertrag besser verkaufen, als wenn ihm der Autohändler reinen Wein einschenkt. Das müßte dann nämlich so klingen: „Wir einigen uns darauf, daß Du das Auto mietest. Aber die üblichen Vermieterpflichten trage ich nicht, sondern knöpfe Dir zusätzlich dafür etwas mehr Miete ab, die ich dann Leasingrate nenne."

Was steht im Vertrag? Testen Sie doch mal den anderen

In vielen Fällen wissen nicht mal diejenigen, die sich solche Verträge unterschreiben lassen, was genau sich da eigentlich hinter Klauseln und Paragraphen verbirgt. Lassen Sie sich doch spaßeshalber mal vom Autoverkäufer erklären, was Leasing ist.
Er wird wahrscheinlich nicht viel weiter kommen, als bis zu dem im Stile eines Oberlehrers hingeworfenen Satz: „Wissen Sie das etwa nicht?"
„Nein", sagen Sie, „ich kenne nur Miet- und Kaufverträge. Bitte erklären Sie mir den Unterschied zum Leasing. Der Umgang mit diesen Verträgen ist ja ihr Beruf, und außerdem hätten ich gern ein Kaufrecht in den Leasingvertrag mit aufgenommen."
Wenn das Gespräch tatsächlich so abläuft (und das wird es), dürfen Sie sich über das nun folgende Herumgehühnere des Fachmanns freuen. Selbst wenn er es könnte, wäre es schließlich höchst unklug, den Leasingvertrag wirklich zu erklären.
Falls Sie Spaß an solchen Spielen haben, können Sie danach noch Ihren Versicherungs-„Fachmann" als „Flachmann" entlarven. Fragen Sie ihn mal, was bei der angeblich so günstigen Finanzierung einer Eigentumswohnung durch eine Lebensversicherung

eigentlich passiert, wenn die Zinsbindung für das Darlehen ausläuft. Die richtige Antwort wäre, daß Sie in kaum überschaubare Zins- und Kostenrisiken stürzen können. Aber das wird er Ihnen kaum sagen.
Sie werden beim Hinterfragen von Vertragsinhalten und deren Bedeutung fast nie befriedigende Antworten erhalten. Allenfalls werden für Sie antrainierte Verkaufsroutinen abgespult. Das schönste Bild gibt dann immer ein gegenübersitzender Versicherungsvertreter beim Ausfüllen eines Formulars ab. Das kann er sogar, weil's vor Ihnen liegt, kopfüber und damit quasi in Spiegelschrift lesbar ausfüllen. Aber wehe, Sie stellen die eher harmlose Frage, welche Bereiche eigentlich von der Insassenversicherung abgedeckt werden, die nicht schon von der Fahrzeughaftpflicht abgesichert sind. Da wird er passen (schon deshalb, weil die Insassenunfallversicherung kaum zusätzlichen Schutz, aber Kosten bringt).
Das haben wir Ihnen jetzt aber nicht nur so aus Spaß erzählt, sondern um endlich einmal mit zwei Vorurteilen gründlich aufzuräumen:

1. Ihr Gegenüber beim Vertragsabschluß kennt den Sinn einzelner Vertragsklauseln oder Bestimmungen in den Geschäftsbedingungen meistens auch nicht.
2. Es gibt (in den allermeisten Fällen) keine unumstößlichen Vertragsbestandteile, die von Gesetzes wegen hinein müssen und deshalb nicht zu ändern sind.

Nichts ist unmöglich – Sie übernehmen die Regie!
Scheuen Sie sich also nicht, Vertragsinhalte zu hinterfragen, Passagen durchzustreichen oder handschriftlich zu ändern. In diesem Buch bekommen Sie dazu noch eine Vielzahl von Beispielen dafür genannt, wo der Rotstift anzusetzen und Erweiterungen einzusetzen sind. In diesem Augenblick übernehmen Sie die Regie – und gestalten einen Vertrag nach Ihren Vorstellungen, ohne Nachteile für Sie.

Kommen wir noch einmal auf die Geschichte mit dem Leasingvertrag zurück. Da ging es zuletzt um den Satz: „Außerdem hätte ich gern ein Kaufrecht in den Leasingvertrag mit aufgenommen".
Mit diesem Zusatz kommen wir in Bereiche hinein, in denen Sie sich ungeahnte Rechte und Möglichkeiten sichern. Von denen wird Ihr beschlipstes Gegenüber oft nicht einmal etwas ahnen (es sei denn, er besitzt ebenfalls dieses Buch). Denn durch einen solchen Zusatz kann jetzt als zwingender rechtlicher Reflex auf einmal das Verbraucherkreditgesetz anwendbar sein. Dadurch aber werden Ihnen umfassende Rücktrittsrechte zugebilligt. Und bei Formmängeln, die Ihr Vertragspartner (der Verwender) macht, zahlen Sie nur noch den gesetzlichen Zinssatz (4 % gemäß § 246 BGB) – da wird sogar Leasing zum Schnäppchen.
Hier wollten wir die Geschichte mit dem Leasing nur mal als Beispiel anführen. Aber wir werden sie natürlich bei den jeweiligen Verträgen in den weiteren Kapiteln dieses Buches immer auf solch kleine Tricks zu Ihren Gunsten hinweisen.

Kapitel 4

Keine Angst vor dem Kleingedruckten: Das AGB-Gesetz

Im Zeitalter der Textverarbeitung und komplizierten Regelungsbedürfnisse werden die meisten Verträge über eine Vielzahl von kleinbedruckten Seiten vorgegeben, die sich kein Mensch durchlesen kann – und die wohl auch kaum ein Mensch beim ersten Durchlesen begreifen wird.

Das hat seine Ursache darin, daß es unendlich lange dauern würde, beispielsweise einen Kreditkartenvertrag auszuhandeln. Oder bedenken Sie, was Sie alles regeln müßten, wenn Sie mit dem einem Reiseveranstalter einen Urlaub mit Unterkunft und Mietwagen in Australien aushandeln wollten. Das würde Tage dauern, unvollständig sein und wäre letztlich von niemandem gewollt.

Denn wenn der Reiseveranstalter so einen Vertrag mit all seinen Urlaubskunden wollte, müßte er jeweils entsprechende Vereinbarungen auch mit der Fluggesellschaft und den Hoteliers aushandeln. Sonst würde so ein Reisevertrag mangels sich deckender Willenserklärungen nie zustande kommen. Aber es würde wohl schon am Aushandeln zum Beispiel der Abflugzeiten scheitern. Sie wollen morgens starten. Das Flugzeug steht erst mittags zur Verfügung – also wird sich der Veranstalter das Recht einräumen lassen, die Flugzeiten frei bestimmen zu können, ebenso die Fluggesellschaft und die Streckenführung. So kommt schließlich das Kleingedruckte zustande – Satz für Satz.

Es gibt also schon ein zu akzeptierendes Bedürfnis, für eine Vielzahl von Verträgen allgemeine Vertragsbedingungen zu schaffen. Diese Bedingungen entwirft natürlich der Anbieter. Denn Sie als Interessent für eine Australienreise werden normalerweise nicht zufällig gerade ein paar allgemeine Geschäftsbedingung für die Beschreibung des Leistungsumfanges und des Umfanges der Haftung in der Tasche haben.

Was sind Geschäftsbedingungen, wie erkennt man sie?

Es handelt sich dabei um Vertragsbedingungen, die für eine Vielzahl von Verträgen vorformuliert sind. Also ist damit praktisch alles gemeint, was nicht Punkt für Punkt ausgehandelt wird. Es kommt also nicht darauf an, ob diese Bedingungen zum Groß- oder Kleingedruckten eines Vertrages zu zählen sind. Es kommt auch nicht darauf an, ob sie von der Schreibmaschine, einem Schreibcomputer oder einer Druckerpresse auf das Papier gebracht wurden. Entscheidend für die nachfolgend ausführlich beschriebene Inhaltskontrolle nach dem AGB-Gesetz ist nur eine Frage: „Wurde der jeweilige Punkt des Vertrages mit mir ausgehandelt oder war er vorformuliert?“ War der Punkt vorformuliert, ist der Verbraucher durch das Gesetz vor einer unangemessenen Benachteiligung geschützt.

Wo liegt die Tücke bei allgemeinen Vertragsbedingungen?
So notwendig und hilfreich sie im Geschäftsleben sind – der Haken bei allgemeinen Vereinbarungen liegt natürlich darin, daß dem Verbraucher da gern mal ein paar Sachen zum Unterschreiben untergejubelt werden, die er so nicht wollte.

Per Gesetz wird geregelt, welche Klauseln gültig sind

Die Tücken beim Kleingedruckten hat auch der Gesetzgeber erkannt und deshalb ein Gesetz geschaffen, das ein ausreichendes Maß an Vertragsgerechtigkeit zusichert. Das ist das Gesetz zur Regelung des Rechts der Allgemeinen Geschäftsbedingungen (AGB-Gesetz).
Aus diesem Gesetz ergibt sich, welche Klauseln wirksam sind und welche nicht. Normalerweise wird man irgendwann verdutzt vor seinem Vertrag sitzen und womöglich denken: „So ein Mist, diese Klausel habe ich nicht gesehen. Hätte ich die bloß nicht unterschrieben."
Aber noch sind wir mit unserem Latein nicht am Ende.

Gültig oder nicht – Klauseln im Schnelltest
- Wir stellen fest, ob die Allgemeinen Geschäftsbedingungen auch tatsächlich in den Vertrag einbezogen waren.

Das ist immer dann und nur dann der Fall, wenn Sie erklärt haben, mit der Geltung und Einbeziehung der AGB in ihren Vertrag einverstanden zu sein und Sie in zumutbarer Weise Kenntnis vom Inhalt nehmen konnten.
- Sie sollten prüfen, ob Ihnen die AGB zugänglich gemacht worden sind. Haben Sie die AGB wirklich erhalten?

Die juristische Kernfrage lautet: „Kann der Verwender der AGB beweisen, daß Sie als Kunde die AGB erhalten haben bzw. daß Ihnen zumutbar die Möglichkeit der Kenntnisnahme verschafft wurde?"
Dazu gehört, daß Ihnen die AGB vorgelegt oder übergeben werden und zwar vor oder bei Vertragsschluß. Oder man muß Sie auf die gewünschte Einbeziehung der AGB vor Vertragsschluß hingewiesen haben, und Sie müssen diese Einbeziehung insofern geschluckt haben, daß Sie ihr nicht widersprochen haben.

Diese Regeln gelten immer fürs Kleingedruckte

- Die Gültigkeit der AGB muß bei Vertragsabschluß vereinbart werden.

Eine Einbeziehung nach Vertragsschluß wäre nämlich eine Vertragsänderung, der Sie zustimmen müßten. Sie erinnern sich: Mit dem Vertragsschluß haben Sie sich auf einen bestimmten Vertragsinhalt geeinigt. Wenn davon abgewichen werden soll, müßte es auch in diesem Punkt eine Einigung geben. Einseitig geht da gar nichts mehr.
- Die Bedingungen müssen mühelos les-, auch durchlesbar und für einen Durchschnittskunden verständlich sein.

Wenn gegen diese Vorschrift verstoßen wird, sind die AGB nicht wirksam. Nun kann man zwar darüber streiten, ob die Verständlichkeit und Lesbarkeit gegeben ist. Aber wenn es erst zu einem solchen Streit kommt, haben Sie als Verbraucher schon das Recht auf Ihrer Seite: Denn Zweifel gehen immer zu Lasten des Verwenders der AGB.

• Die AGB müssen übersichtlich sein.

Nicht akzeptabel ist es zum Beispiel, wenn eine Beschneidung der Rechte des Kunden sorgsam irgendwo anders versteckt wird, beispielsweise in der Beschreibung der jährlich hinzugekommenen Urlaubsziele eines Reiseveranstalters. Da muß man sie weder erwarten noch suchen.

Ein Juristentrick schützt vor Fallen in den AGB

Allgemeine Geschäftsbedingungen sind also Nebenabreden. Mit ihnen werden für eine Vielzahl von Verträgen vorformulierte Regelungen getroffen, mit denen von gesetzlichen Regelungen und Vorgaben abgewichen wird. Das kann Klarstellungs- und Rationalisierungsfunktionen haben. Dann sind sie sinnvoll.

Aber weil, wie schon erwähnt, Fallen kaum sofort zu erkennen sind und manchmal eben doch einige Fallstricke darin versteckt werden, verwenden selbst Juristen manchmal einen alten Trick. Der schützt dann davor, ungewollte Klauseln anzuerkennen und mit der Unterschrift zu akzeptieren – und ist doch ganz einfach anzuwenden.

Beim Unterschreiben wird vor den eigentlichen Namenszug einfach der Zusatz „Ohne AGB" gesetzt – handschriftlich kann das so aussehen wie ein merkwürdiger, unleserlich geschriebener Vorname. Im Ernstfall aber wird der Zusatz als Willenserklärung zu werten sein: Sie bringen auf diese Weise zum Ausdruck, daß Sie eine Einbeziehung der AGB nicht wünschen.

Manche sollen diesen Zusatz sogar schon zum festen Bestandteil ihrer Unterschrift gemacht haben. Denn er kann nur Vorteile bringen. Schließlich ist immer davon auszugehen, daß der Verwender der AGB die gesetzlichen Regeln eher zum eigenen Nutzen als zu Ihren Gunsten abändern wird.

Wäre er mit den gesetzlichen Bestimmungen und Schutzvorschriften einverstanden, bräuchte er die AGB schließlich nicht. Denn die gesetzliche Gestaltung der Vertragsabwicklung gilt ja automatisch, wenn sich die Parteien nicht auf einen anderen Modus geeinigt haben.

Zweifel an Vertragsklauseln – wer Ihnen helfen kann

Die wichtigste Hilfe sollte Ihr Vertragspartner leisten – der will schließlich die Klauseln zum Vertragsbestandteil machen. Lesen Sie sich deshalb das Kleingedruckte in jedem Fall sorgfältig durch. Ein seriöser Vertragspartner wird sich die Zeit nehmen, Ihnen die Klauseln und deren Sinn zu erklären.

Erst danach sollten Sie diese als Vertragsbestandteil akzeptieren, ablehnen oder mit dem Vertragspartner etwas aushandeln, mit dem beide Seiten leben können.

Wenn sie dazu keine Zeit haben, Ihr Vertragspartner die Klauseln nicht vernünftig oder glaubhaft erklären kann und schließlich Zweifel bleiben, kann man sich immer noch auf einen Ausschluß der Geschäftsbedingungen einigen, mit dem Zusatz „Einverstanden, aber ohne AGB".

Läßt sich die Einbeziehung der AGB nicht umgehen, kann die Wirksamkeit der einzelnen Klauseln überprüft werden. Dabei können die Verbraucherverbände helfen. Die Anschriften von Verbraucherzentralen und Verbraucherberatungsstellen erfahren Sie aus Ihrem örtlichen Telefonbuch. Fehlen dort und auch in den „Gelben Seiten" (Telekom-Branchenbuch) entsprechende Hinweise, können Sie sich die nächste Beratungsstelle nennen lassen von der

Arbeitsgemeinschaft der Verbraucherverbände e.V.
Heilsbachstraße 20
53123 Bonn
Telefon 0228/64890

Außerdem haben Sie die Möglichkeit, die öffentliche Rechtsauskunft (Informationen bei der Gemeinde-, Stadt- oder Kreisverwaltung) oder einen Rechtsanwalt um Rat zu fragen. Wer eine Rechtsschutzversicherung abgeschlossen hat, kann je nach Vertrag auch die Beratung über die Versicherung laufen lassen. Wer auf eigene Faust einen Rechtsanwalt beauftragen möchte, muß für das erste Beratungsgespräch maximal etwa DM 350,- (Höchstsatz nach Gebührenordnung) bezahlen.

Ein Verbraucher hilft dem anderen

Die Unterrichtung der Verbraucherverbände liegt im Interesse aller Verbraucher. Sie sind sozusagen die Gewerkschaft der Konsumenten und können die Verwender von kritischen Klauseln zwingen, bestimmte Formulierungen aus den AGB zu streichen. Das kostet Sie als Verbraucher nichts.

Siehe Muster: Überprüfung zweifelhafter Geschäftsbedingungen

Über eine Vielzahl von Gerichtsentscheidungen, oft herbeigeführt durch Klagen der Verbraucherverbände, sind bisher schon eine ganze Reihe von Klauseln für unwirksam erklärt worden. Das heißt aber nicht, daß deshalb alle anderen Klauseln wirksam sind.

So können Sie selbst einschätzen, ob Klauseln gültig sind

Wir wollen jetzt versuchen, Ihnen ein Gefühl dafür zu vermitteln, ob Sie eine Klausel akzeptieren oder sich gegen diese Klausel wehren sollten.
Um diese Einschätzung vornehmen zu können, müssen Sie folgende Punkte beachten:

- Individualabreden haben immer Vorrang vor dem Kleingedruckten.

Solche persönlichen Absprachen (Individualabreden) müssen Sie allerdings beweisen können, so daß sie hierfür einen Zeugen brauchen. Eine andere Möglichkeit ist, die Individualvereinbarungen hemmungslos handschriftlich vor der Unterzeichnung in den Vertrag hineinzuschreiben.

- Überraschende Klauseln mit einem „Überrumpelungs- oder Übertölpelungseffekt" (Originalton Bundesgerichtshof) werden nicht Vertragsbestandteil.

Gemeint sind damit Klauseln, mit denen üblicherweise bei dieser Art von Verträgen nicht zu rechnen ist.

Beispiel 1: Sie haben z.B. eine Waschmaschine gekauft. Im Kleingedruckten steht, daß sie sich verpflichten, die Maschine gegen Bezahlung fünf Jahre lang vom Verkäufer warten zu lassen.
Beispiel 2: Sie haben ein Radio gekauft, und im Kleingedruckten ist jede Gewährleistung ausgeschlossen.

- *Klauseln, die die Interessen des Endverbrauchers unangemessen benachteiligen, sind nach dem AGB-Gesetz nicht wirksam.*

Diese Bestimmung ist in einer Generalklausel des Gesetzes festgehalten, Juristen sprechen von einem „Gummiparagraphen".

- *Mißverständliche und unklare Klauseln werden immer zum Vorteil des Verwenders ausgelegt.*

Diese Regelung bringt für den Verbraucher große Vorteile. Denn jeder Fall liegt anders, so daß allgemeine Bedingungen oft gerade auf den Einzelfall nicht genau anzuwenden und deshalb zu ihren Gunsten als Verbraucher auszulegen sind.

Beispiele aus der Praxis: Diese Klauseln sind ungültig

Nachstehend haben wir eine ganze Reihe von Klauseln aufgeführt, die von verschiedenen Gerichten als unwirksam eingestuft wurden. Dazu noch mal der Hinweis: Das heißt nicht, daß Klauseln, die hier nicht erwähnt sind, automatisch gültig sind.
Der besseren Übersicht wegen haben wir die Klauseln nach ihrer Verwendung in bestimmten Vertragstypen geordnet. Kaum wichtig ist dabei, ob es sich im jeweiligen Fall um den Vertrag mit einem Handwerker, einem Krankenhaus oder einem Autovermieter handelt.

Wenn eine Klausel ungültig ist, weil sie eine einseitige Benachteiligung des Kunden festschreibt, kann von ihrer Unzulässigkeit bei allen Vertragsarten ausgegangen werden. Suchen Sie deshalb, unabhängig von Vertragsart und Gegenstand, nach dem auf Ihren Fall zutreffenden Stichwort.

Es ist deshalb nicht wichtig, mit wem Sie einen Vertrag schließen, sondern was der andere hineinschreibt. Kommt es zum Streit, und beruft man sich dabei auf Klauseln, die Ähnlichkeit mit den hier folgenden aufweisen, haben Sie beste Chancen, als Gewinner hervorzugehen.

SIEHE MUSTER: HINWEIS AUF UNZULÄSSIGE AGB-KLAUSELN

Teilen Sie Ihrem Vertragspartner einfach mit, daß die Klauseln, mit denen er Sie in die Zange nehmen will, Ihrer Meinung nach unzulässig sind.

Allgemeine Klauseln, die überall auftauchen können

Bearbeitungsgebühr: Bei Nichtzustandekommen des Vertrages durch eigenes Verschulden muß der Kunde einen Aufwendungsersatzanspruch zahlen (OLG Celle VersR 84,69).

Beweislast: Unwirksam ist eine Klausel, die die Beweislast zum Nachteil des anderen Vertragspartners ändert (BGH NJW-RR 86, 1245).
Schuldanerkenntnis: Ein abstraktes Schuldanerkenntnis, das am Ende eines Nachtclubbesuchs von einem zur Barzahlung unfähigen Gast auf einem vom Wirt bereitgehaltenen Formular abgegeben wird, ist nicht unwirksam; es kann jedoch wegen der Höhe des anerkannten Betrags gegen § 138 I BGB verstoßen und deswegen ganz oder teilweise nichtig sein (BGH NJW 87, 2014).
Vertragsdurchschrift: Unwirksam ist die Klausel, nach der der Besteller bestätigt, eine Durchschrift der Vereinbarung erhalten zu haben, wenn sich die vom Besteller unter dieser Erklärung zu leistende Unterschrift zugleich auf die vertragliche Vereinbarung selbst bezieht (BGH NJW 87, 2012). Es wären zwei Unterschriften erforderlich.
Verzug: Die Bestimmung, der Auftraggeber befinde sich ab dem 15. Tag nach Rechnungsdatum in Verzug, wenn die Zahlung nicht innerhalb von 14 Tagen ab Rechnungsdatum beim Auftragnehmer eingegangen ist, ist nach § 11 Nr. 4 AGBG unwirksam (OLG Stuttgart NJW-RR 88, 786).
Vollstreckungsklausel: Unwirksam ist die Vollstreckungs-Unterwerfungsklausel eines notariellen Vertrages, die dem Berechtigten die Möglichkeit eingeräumt, die Vollstreckungsklausel ohne Nachweis der im Vertrag festgeschriebenen Fälligkeiten zu erlangen (OLG München NJW-RR 92, 125)
Zwangsvollstreckung: Unwirksam ist die Erklärung in einer notariellen Urkunde zur sofortigen Zwangsvollstreckung wegen künftig fälliger Kaufpreisraten, wonach dem Gläubiger eine vollstreckbare Ausfertigung ohne Nachweis der die Vollstreckbarkeit begründenden Tatsachen erteilt werden darf (OLG Stuttgart NJW-RR 93, 1535).

Klauseln, die vor allem in Kaufverträgen auftauchen

Abnahmekontrolle: Unwirksam ist die Klausel, daß sichtbare Mängel nur bei Empfang der Ware oder sofort danach gerügt werden können (BGH BB 85, 1153).
Eigenreparatur: Unwirksam ist die Klausel „jegliche Gewährleistung des Verkäufers erlischt sofort nach einem Eingriff in die Kaufsache durch den Käufer oder nicht zum Betrieb des Verkäufers gehörende Dritte“ (BGH BB 1980, 388)
Farbabweichungen: Unwirksam ist eine Klausel in Möbellieferverträgen, mit der sich der Verwender ausnahmslos „handelsübliche Farb-, Struktur- und Maserungsabweichungen gegenüber Mustern oder früheren Lieferungen“ vorbehält (OLG Köln, NJW 85, 501). Unwirksam ist auch die Klausel, daß die Gewährleistung sich nicht auf handelsübliche Farb- und Maserungsabweichungen bei Holzoberflächen sowie auf handelsübliche Abweichungen bei Textilien in der Ausführung gegenüber Stoffmustern, insbesondere im Farbton, erstrecke (BGH NJW-RR 89, 625).
Gehaltsabtretung: Unwirksam ist die Abtretung des Arbeitseinkommens zur Sicherung der Kaufpreisforderung (OLG Hamm BB 83, 1305; OLG Nürnberg BB 1979, 1636). Unwirksam ist auch die Abtretung des gesamten pfändungsfreien Teils des Lohn-, Gehalts- oder Pensionsanspruchs zur Sicherung einer (Rest-) Kaufpreisforderung (OLG Karlsruhe NJW 1981, 405) – jedenfalls dann, wenn sich der Verkäufer noch durch Eigentumsvorbehalt gesichert hat (OLG Nürnberg BB 1979, 1636).
Gewährleistung bei Gebrauchtwagen: Unwirksam ist der vollständige Ausschluß von Gewährleistungsrechten ohne Sachgründe (OLG Köln NJW 88,2477). So ist beim Gebrauchtwagenhändler die Klausel „gekauft wie besichtigt und unter Ausschluß der

Gewährleistung" wirksam, weil es besonders bei Fahrzeugen mit hoher Laufleistung sachliche Gründe für eine solche Klausel gibt (BGH BB 79, 1061). Anders ist das bei neuen Sachen.

Gewährleistung: Unwirksam ist die Beschränkung der Gewährleistungsansprüche (Einschränkung der gesetzlichen Fristen) für den Verkauf fabrikneuer Kraftfahrzeuge (OLG Düsseldorf NJW-RR 92, 824).

Herstellerhaftung: Unwirksam sind Klauseln, die beim Kunden den Eindruck erwekken, Gewährleistungsansprüche gegen den Händler seien auf das Garantieversprechen des Herstellers begrenzt oder ausgeschlossen (BGHZ 104, 82).

Kaufpreis-Verzinsung: Wenn der Kaufpreis seit einem Zeitpunkt vor Vertragsschluß zu verzinsen sein soll, gilt diese Klausel nicht (BGH NJW 86, 1805).

Kundenangaben: Unwirksam ist die Klausel „Der Verkäufer ist zum Rücktritt vom Vertrage berechtigt, wenn der Käufer falsche Angaben über seine Person oder über seine Vermögensverhältnisse gemacht hat" (BGH NJW 85, 2271).

Leergut: Es ist unzulässig, wenn für Leergut neben dem Pfand auch Miete zu zahlen sein soll (LG Köln MDR 87, 627).

Mängelbeseitigung: Unwirksam ist die Klausel, daß die Herabsetzung des Kaufpreises oder die Rückgängigmachung des Kaufvertrags nur dann verlangt werden kann, „wenn die Mängelbeseitigung nachweisbar endgültig fehlgeschlagen ist" (OLG Karlsruhe NJW-RR 88, 1400)

Nachbesserungsfrist: Unwirksam ist eine Klausel, wonach der Lieferant einer Einbauküche sich zur Nachbesserung oder Nachlieferung eine mindestens vierwöchige Frist ausbedingt (LG Hildesheim NdsRpfl 93, 153).

Nachbesserungsrecht: Unwirksam ist eine Klausel, nach der der Kunde dem Verkäufer zur Nachbesserung die hierfür erforderliche Zeit einräumen muß, wenn das Fristende unbestimmt ist und der Kunde von den Verwenderinformationen abhängig ist (LG Köln NJW-RR 93, 437)

Preiserhöhungen: Unwirksam ist die Klausel „Der Kunde ist an angemessene Preiserhöhungen gebunden" (BGH NJW, 1986, 3134).

Preisgarantie: Unwirksam ist die Klausel „Der Preis gilt vier Monate ab Unterzeichnung. Bei längerem Lieferzeiten gilt der jeweilige Listenpreis" (OLG Frankfurt DB 1981, 884).

Schadenersatz vom Verkäufer: Die Klausel, daß der Käufer Schadenersatz wegen Nichterfüllung nur bei Vorsatz und grober Fahrlässigkeit des Verkäufers geltend machen könne, ist unwirksam (BGH NJW-RR 89, 625).

Schadenersatz wegen Nichtabnahme: Unwirksam ist die Klausel eines Kaufhauses, daß der Käufer einen bestimmt festgeschriebenen Schadenersatz zu zahlen hat, wenn die Ware nicht oder nicht rechtzeitig abgenommen wird LG Berlin BB 1979,1636).

Schadenersatzforderungen ohne Mahnung: Unwirksam ist eine Klausel, durch die dem Verkäufer das Recht auf Rücktritt oder Schadensersatz eingeräumt wird, ohne den Käufer vorher durch Mahnung oder Nachfrist unter Ablehnungsandrohung in Verzug setzen zu müssen (LG München DAR 91, 188).

Verborgene Mängel: Unwirksam ist eine Klausel, die die Rüge auch verborgener Mängel nur für den Zeitpunkt der Ablieferung zuläßt und jede Haftung für nach der Ablieferung erkennbar werdende Mängel ausschließt (BGH NJW-RR 86, 52).

Vertragsannahme durch Verkäufer: Unwirksam ist die Vereinbarung einer Annahmefrist der Bestellung eines Kunden von 4 Wochen in den allgemeinen Geschäftsbedingungen für den Kauf neuer Kraftfahrzeuge. Eine solche Frist ist auch bei Berücksichtigung der Interessenlage der Verkäufer, insbesondere der für die Prüfung der Liefermöglichkeit und der Bonität des Kunden erforderlichen Zeit angesichts der heutigen EDV-Technik unangemessen lang (LG Hamburg DAR 88, 276).
Vertragsbindung: Unwirksam ist eine unwiderrufliche Bindung an eine Bestellung (OLG Frankfurt DB 1981, 884), jedenfalls, wenn die Bindung länger als einen Monat dauert (OLG Celle).
Vertragsrücktritt durch Käufer: Unwirksam ist eine AGB-Klausel, nach der der Besteller erst dann die Rückabwicklung des Vertrages verlangen kann, wenn trotz wiederholter Gewährleistungsarbeiten der Mangel nicht behoben werden konnte und dem Besteller nicht auch die Befugnis, sich vom Vertrag zu lösen, für den Fall der gar nicht erst durchgeführten Nachbesserung eingeräumt ist (OLG Köln NJW-RR 93, 565)
Vertragsrücktritt durch Verkäufer: Unwirksam ist die Klausel in den AGB eines Kaufhauses: „Betriebsstörungen durch höhere Gewalt, Streiks oder Rohstoffmangel berechtigten den Verkäufer vom noch nicht erfüllten Vertrag zurückzutreten" (OLG Koblenz NJW-RR 89, 1459).
Warenzustand bei Lieferung: Unwirksam ist die Klausel „Ware ordnungsgemäß und in einwandfreiem Zustand erhalten" auf dem Lieferschein gegenüber jemandem, der nicht vollprofessionell am Geschäftsverkehr teilnimmt (KG ZIP 1981, 1105).
Zusatzkosten: Werden neben einem Pauschalpreis weitere Abschlußkosten berechnet, ist dies unzulässig (BGH NJW 84, 171).

Klauseln, die in Wohnungs-Mietverträgen auftauchen

Gehaltsabtretung: Unwirksam ist die Klausel, nach der sich ein Mieter zur Gehaltsabtretung verpflichtet, um damit die Sicherung der Mietzahlung zu gewährleisten (LG Lübeck NJW 85, 2985).
Haftung des Vermieters: Unwirksam ist die Formularklausel „Der Vermieter haftet nicht für durch Feuer, Rauch, Sott, Schnee, Wasser, Schwamm und allmähliche Einwirkungen von Feuchtigkeit entstandene Schäden an den Sachen des Mieters, es sei denn, daß die Schäden durch Vernachlässigung des Grundstücks entstanden sind und der Vermieter trotz rechtzeitiger Anzeige und Aufforderung durch den Mieter es unterlassen hat, Mängel zu beseitigen" (Hanseatisches Oberlandesgericht Hamburg, NJW-RR 91, 1296).
Kleinreparaturen durch Mieter: Unwirksam ist eine formularmäßige Abwälzung von Kleinreparaturen bis DM 100,00 auf den Mieter von Wohnraum, wenn kein Höchstbetrag für einen bestimmten Zeitraum festgesetzt ist und wenn nicht eine gegenständliche Beschränkung auf Teile der Mietsache vorgenommen wird, die dem häufigen Zugriff des Mieters ausgesetzt sind (OLG Hamm NJW 1982, 2005). Unwirksam ist auch eine Klausel, nach der sich der Vermieter an Reparaturen und an Anschaffungen über DM 100,00 zu beteiligen hat (BGHZ 108, 1).
Renovierung: Unwirksam ist die Forderung nach Rückgabe renovierter Räume „wobei unberücksichtigt bleibt, in welchem Zeitraum die letzte Schönheitsreparatur stattgefunden hat" (OLG Frankfurt 1982, 453).

Reparaturkosten bis 600 Mark: Unwirksam ist eine Klausel, die dem Mieter von Wohnraum Kleinreparaturen bis zu DM 600,00 jährlich auferlegt (Hanseatisches Oberlandesgericht Hamburg, NJW-RR 1991, 1167).
Rohrverstopfungen: Unwirksam ist eine Klausel, die Verstopfungsschäden im Leitungsbereich auf alle Mieter anteilig umlegt, wenn der Verursacher nicht zu ermitteln ist (BGH ZIP 1984, 962).
Schadensersatz bei Mängeln: Unwirksam ist in einem Formularmietvertrag von Wohnraum der Ausschluß von Schadensersatzansprüchen wegen Mängeln der Mietsache, wenn der Gewährleistungsausschluß auch grobe Fahrlässigkeit und Vorsatz des Vermieters und seiner Erfüllungsgehilfen umfaßt (BayObLG NJW 85, 1716).
Schuldfrage: Unwirksam ist in einem Formularmietvertrag, wenn der Mieter die Beweislast dafür tragen soll, daß ein schuldhaftes Verhalten bei ihm nicht vorliege (OLG München NJW-RR 89, 1499).
Wohnungsmängel: Unwirksam ist die Klausel in einem Formularmietvertrag, nach der der Mieter den mangelfreien Zustand der Mietsache bei Mietbeginn bestätigt (LG Mannheim ZMR 89, 338).
Wohnungsübergabe: Unwirksam ist in einem Formularmietvertrag, wenn die Haftung des Vermieters für die rechtzeitige Freistellung der vermieteten Räume zur Wohnungsübergabe durch den Vermieter ausgeschlossen werden soll (NJW-RR 89, 1499).
Zimmertemperatur: Unwirksam ist eine Klausel, nach der die vertraglich geschuldete Zimmertemperatur nur 18 Grad Celsius zu betragen hat (LG Heidelberg WuM 82, 2).

Klauseln, die in anderen Mietverträgen auftauchen

Instandhaltung durch Vermieter: Unwirksam ist eine Klausel, in der sich der Vermieter freizeichnet, die Sache in einem für den vertragsgemäßen Gebrauch geeigneten Zustand zu erhalten (BGH NJW 1977, 195).
Mietvertrags-Laufzeit: Unwirksam ist die Klausel über eine zehnjährige Mietzeit gegenüber einem nicht vollprofessionellen Mieter (LG Hildesheim NJW-RR, 1989,56).
Mietzeit-Verlängerung: Unzulässig ist die Klausel, nach der jede technische Anpassung des Gerätes die Mietzeit automatisch um 72 Monate verlängert (OLG Köln NJW 94, 1483).
Reparatur-Entschädigung: Unangemessen ist das Verlangen von Miete für das beschädigt zurückgegebene Mietauto für die Zeit der Reparatur, weil die Mietwagen nie ausgebucht sind (OLG Saarbrücken NJW-RR 91, 313).
Schadenhaftung: Unwirksam ist die Klausel in den Bedingungen eines Autovermieters, die die Befreiung von der Selbstbeteiligung im Schadensfall von strengeren Voraussetzungen abhängig macht, als das bei den Bedingungen der Vollkaskoversicherung vorgesehen ist (BGH NJW, 1982, 987).
Schuldübernahme: Unwirksam ist die Schuldmitübernahme der vertraglichen Verpflichtung des Mieters eines PKW durch den Fahrer des PKW in den Geschäftsbedingungen eines Autovermieters (LG Osnabrück NJW 85, 389).
Überlassung der Mietsache: Unwirksam ist die Bedingung eines Autovermieters, daß das Fahrzeug nur mit ausdrücklicher Vereinbarung Dritten überlassen werden darf – jedenfalls, wenn für das überlassene Fahrzeug eine Art Kaskoversicherung besteht (BGH 1982, 987).

Verjährung von Ansprüchen: Unwirksam ist die Klausel in den Bedingungen eines Autovermieters, daß die Fälligkeit seiner Ansprüche gegen den Mieter im Falle eines Unfalles erst mit Einsicht in die polizeiliche Ermittlungsakte einsetzt (BGH NJW 1986, 289).

Klauseln, die in Leasingverträgen auftauchen

Gesamtschuldnerische Haftung: Unwirksam ist folgende Bestimmung für Mitunterzeichner des Leasingvertragsformulars: „Hiermit übernehme ich neben dem Leasingnehmer die gesamtschuldnerische Haftung aus diesem Leasingvertrag unter Anerkennung der vorstehend und umseitig genannten Bedingungen gegenüber dem Leasinggeber" (Hanseatisches Oberlandesgericht Hamburg, MDR 91, 541).
Vermögen des Leasingnehmers: Unwirksam ist die Klausel „Der Leasinggeber ist zur fristlosen Kündigung berechtigt, wenn (nebulös) sonstige Umstände vorliegen, aus denen sich eine wesentliche Verschlechterung oder eine erhebliche Gefährdung des Vermögens des Leasingnehmers ergeben" (BGH NJW 1991, 102).
Wandelungsrecht: Unwirksam ist die Klausel, wonach die Abtretung des Wandelungsrechtes an den Leasingnehmer erst bei vollständiger Zahlung aller noch ausstehenden Mietzinsraten, des Restwertes sowie der Auslieferungskosten erfolgt (BGH NJW 1984, 2687).
Zahlungsverzug: Unwirksam ist die Klausel „Bei Zahlungsverzug kann der Leasinggeber den Vertrag kündigen, die Sache heraus verlangen und hat einen Anspruch auf Zahlung der gesamten noch ausstehenden Raten" (BGHZ 71, 196).

Klauseln, die in Dienstverträgen auftauchen

Bezahlung trotz Kündigung: Unwirksam ist die Klausel in einem Unterrichtsvertrag, die bestimmt, daß die volle Studiengebühr (hier: Heilpraktikerausbildung) auch bei Abbruch des Kurses voll zu zahlen ist und sofort fällig wird (LG München I BB 1979, 1636). Die Klausel in einem vorformulierten privaten Schulvertrag, daß nach fristloser Kündigung das Honorar noch für drei weitere Monate zu entrichten sei, schneidet den Nachweis geringeren Schadens ab und ist unwirksam (LG Wiesbaden NJW-RR 87, 1271)
Chefarztbehandlung: Unwirksam ist die Klausel: „Die Operation kann statt durch den Chefarzt auch durch einen Assistenzarzt durchgeführt werden" (OLG Karlsruhe NJW 87, 1489).
Detektiv-Pauschalkosten: Eine Klausel, nach der neben dem Honorar für die Detektivleistungen auch eine Umlage zu zahlen ist, ist nicht zulässig (BGB BB 78, 637).
Haftung für Wertsachen: Unwirksam ist eine Klausel, nach der Ansprüche aus Verlust oder Beschädigung von Wertsachen, die durch die Krankenhausverwaltung verwahrt werden, innerhalb einer dreimonatigen Frist ab Kenntnis schriftlich geltend zu machen sind (BGH NJW 1990, 761).
Haftungsausschluß im Krankenhausvertrag: Unzulässig ist eine Klausel, wonach der Krankenhausträger mit der ärztlichen Leistung nichts zu tun hat (BGH 121, 113).
Haftungseinschränkung im Krankenhausvertrag: Unwirksam ist die Klausel in einem Krankenhausvertrag, nach der „für Schäden bei der Reinigung, Desinfektion und Entwesung eingebrachter Sachen sich die Haftung auf Vorsatz und grobe Fahrlässigkeit beschränkt" (BGH NJW 1990, 761).

Höchstsatz bei Krankenhauskosten: Unzulässig ist die Klausel, wonach beim Krankenhausaufenthalt das Höchsthonorar abgerechnet werden darf, unabhängig von der Aufwendigkeit der Angelegenheit (OLG Düsseldorf NJW 84, 379).
Kündigung eines Schulvertrages: Der Ausschluß des Rechts zur ordentlichen Kündigung in einem auf drei Jahre ausgelegten Vertrag über die Ausbildung an einer Heilpraktikerschule verstößt gegen § 11 Nr. 12a AGB-Gesetz und ist daher unwirksam. In einem solchen Fall greifen die Kündigungsvorschriften über den Dienstvertrag ein (OLG Frankfurt NJW-RR 87, 438).
Nachträgliche Preiserhöhung: Unwirksam ist eine Klausel, die den Eindruck erweckt, daß auch eine rückwirkende Erhöhung des Pflegesatzes wirksam ist (BGHZ 105,160).
Patientenhaftung für Kosten: Wenn die Krankenkasse nicht zahlt, werden die Kosten auf den Patienten abgewälzt (OLG Bremen, NJW 91, 2354).
Schadenersatz durch Versicherung: Auf dem Parkschein ist die Klausel wirksam, die die Haftung in der Weise beschränkt, daß der Kunde auf Ansprüche der Versicherung verwiesen wird (OLG Düsseldorf VersR 1980, 1073). Unwirksam wäre ein Ausschluß oder ein Verweis an die Versicherung für jegliche – also auch grob fahrlässig verursachte Haftungsschäden.

Klauseln, die Ihnen in Fitneßverträgen begegnen

Beitragszahlung: Unwirksam ist die Klausel eines Fitneßcenters, die in Zeiträumen, in denen das Center geschlossen ist (z.B. Sommerferien), die Beitragszahlung weiter verlangt (OLG Frankfurt NJW – RR 1989, 633).
Diebstahl: Unwirksam ist ein formularmäßiger Haftungsausschluß für mitgebrachte Sachen (OLG Düsseldorf NJW-RR 92, 55).
Gesundheitszustand: Unwirksam ist die Klausel in den allgemeinen Geschäftsbedingungen eines Sportzentrums: „Der Teilnehmer erklärt, gesund, in guter körperlicher Verfassung und daher in der Lage zu sein, an einem normalen Training teilzunehmen“ (BGH NJW-RR 89, 817).
Haftungsausschluß: Unwirksam ist die Klausel eines Sportcenters, die die Haftung für minderjährige Nichtmitglieder ausschließlich der Begleitperson auferlegt (OLG Koblenz NJW-RR 1990, 501).
Schadenhaftung: Die Klausel eines Fitneßcenters, die die Haftung nur für Vorsatz und grobe Fahrlässigkeit anerkennt, für Folgeschäden aber vollständig ausschließt, ist unwirksam (OLG Stuttgart NJW-RR 1988, 1082).
Vertragslaufzeit: Unwirksam ist die Klausel eines Fitneßcenters „Mindestlaufzeit 18 Monate. Der Vertrag verlängert sich um dieselbe Zeit, wenn er nicht spätestens drei Monate vor Ablauf schriftlich gekündigt wird“ (OLG Karlsruhe 1989, 243).
Vertragsverlängerung: Unwirksam ist die Klausel in den AGB eines Sportzentrums, nach der der Vertrag bei nicht rechtzeitiger Kündigung als stillschweigend verlängert gilt, wenn nicht vereinbart ist, daß der Vertragspartner rechtzeitig auf diese Wirkung hinzuweisen ist (AG Kassel NJW-RR 89, 1525). Unwirksam ist bei einem Fitneßvertrag eine stillschweigende Vertragsverlängerung um ein Jahr in den AGB (LG Darmstadt NJW-RR 91, 1015).

Klauseln, die Ihnen in Werkverträgen begegnen

Autowaschanlagen-Haftung: Unwirksam ist die Klausel des Betreibers einer Autowaschanlage: „Mit dem Verlassen des Betriebsgrundstücks ist jegliche Ersatzmöglichkeit ausgeschlossen" (LG Tübingen NJW-RR 92, 310). Unwirksam sind außerdem Klauseln, nach denen die Haftung des Waschstraßenbetreibers für die Beschädigung von Lack, Zubehör, Spiegeln, Antennen etc. ausgeschlossen sind (KG NJW-RR 1991, 698).

Baufinanzierung: Unwirksam ist die Klausel: „Zum Nachweis, daß die Finanzierung des Bauvorhabens gesichert ist, muß der Auftraggeber eine unwiderrufliche Zahlungsgarantie einer Bank vorlegen. Sollte die Zahlungsgarantie nicht spätestens 4 Wochen vor Baubeginn vorliegen, kann der Auftragnehmer vom Vertrag zurücktreten. In diesem Fall hat er Anspruch auf erbrachte Vorleistungen und nachgewiesenen weiteren Schaden (BGH NJW 93, 3264)

Fahrzeiten: Unwirksam ist die Klausel in Reparatur- und Wartungsverträgen: „Fahrzeiten gelten als Arbeitszeiten" (BGHZ 91, 316).

Geldhinterlegung: Unwirksam ist die Klausel in einem Formularvertrag zur Errichtung und Veräußerung eines Gebäudes, nach der der Veräußerer verlangen kann, daß der Erwerber ohne Rücksicht auf vorhandene Baumängel vor Übergabe des bezugsfertigen Bauwerks dann noch nicht fällige Teile des Erwerbspreises von insgesamt 14 % nach Anweisung des Veräußerers hinterlegt (BGH NJW 85, 852).

Gewährleistungs-Abtretung: Eine Klausel, die den Bauherrn im Rahmen eines Baugegievertrages im Gewährleistungsbereich auf abgetretene Gewährleistungsansprüche gegen die Subunternehmer verweist, ist jedenfalls dann unwirksam, wenn die Fremdgewährleistung hinter der des Regieunternehmens zurückbleibt BGH (NJW 1982, 169).

Kosten bei Garantiereparaturen: Unwirksam sind Klauseln, die innerhalb der Gewährleistungsfrist dem Auftraggeber Kosten für die Mangelbeseitigung auferlegen, z.B. für Ein- und Ausbau (BGH NJW 1981, 1510). Unwirksam sind außerdem Klauseln, nach denen in der Gewährleistungszeit für die Mängelbeseitigung keine Transport-, Reise und Monteurkosten übernommen werden.

Kostenvoranschläge: Unwirksam ist die Klausel in Geschäftsbedingungen: „Kostenvoranschläge, die nicht zur Reparatur führen, werden mit einer Bearbeitungsgebühr berechnet" (BGH NJW 1982, 765). Auch die Klausel „Kostenvoranschläge sind vergütungspflichtig" ist unzulässig (BGH NJW 82, 765).

Liefertermin: Unwirksam ist die Klausel eines Fertighausherstellers, nach der er den Liefertermin bis zu sechs Wochen überziehen darf (BGH NJW 1984, 2468).

Mängelbeseitigungsfrist: Unwirksam ist eine formularmäßige Nachfrist zur Mängelbeseitigung von sechs Wochen ab Eingang der Nachfristsetzung beim Auftragnehmer, weil sie unangemessen lang ist (OLG Frankfurt NJW-RR 88, 786).

Mitarbeiterfehler: Unwirksam sind Klauseln durch die der Verwender bei Verträgen über die Lieferung von Einbau- oder Anbaumöbeln vom Kunden die Richtigkeit der von Mitarbeitern des Verwenders gefertigten Skizze und aller in die Skizze eingetragenen Maße bestätigen läßt (BGH NJW 86, 2574).

Reinigungs-Haftung: Unwirksam sind Klauseln, die die Haftung der chemischen Reinigung ausschließen oder auf den fünfzehnfachen Reinigungspreis beschränken (LG Ansbach NJW 1979,769).

Reparaturzeiten: Unwirksam ist die Klausel, daß Reparaturzeiten nur wirksam sind, wenn sie schriftlich bestätigt werden (BGH NJW 1982, 1389).

Schuldfrage: Unwirksam ist die Klausel, wonach der Architekt nur für von ihm nachweislich schuldhaft verursachten Schaden haftet (BGH NJW-RR 90, 856).
Stornierungskosten: Unwirksam ist die Klausel eines Fertighausherstellers, nach der bei Kündigung des Bestellers vor Abruf des Hauses der Lieferant Anspruch auf mindestens 18 % der Gesamtvergütung hat (BGH NJW 85, 632).
Verjährung: Unwirksam ist die Klausel in einem Architekten-Formular, nach der Ansprüche des Bauherren gegen den Architekten innerhalb von zwei Jahren – beginnend mit der Abnahme (Ingebrauchnahme) des Bauwerks – verjähren (BGH, 9. 10. 1986 ZIP 86, 1466).
Vertragsstrafe: Unwirksam ist die Klausel, die bei Überschreiten der Fertigstellungsfristen 1,5 % der Auftragssumme täglich an Vertragsstrafe verlangt (BGH NJW 1981, 1509). Unwirksam ist auch eine Vertragsstrafe von einem bestimmten Prozentsatz pro Tag, wenn eine Begrenzung nicht vorgenommen ist (BGHZ 85, 305).
Verwertungsrecht: Unwirksam sind Klauseln, nach denen sich der Reparaturbetrieb das Recht vorbehält, die reparierte Sache zu verwerten, falls der Kunde sie nicht spätestens sechs Monate nach der Reparatur abgeholt und bezahlt hat (LG Berlin BB 1979, 1636).
Verzinsung: Eine Klausel, nach der Überzahlungen auf Bauleistungen generell nur mit 4 % zu verzinsen sind, ist unwirksam (BGHZ 102, 41).
Vorauszahlung: Unwirksam sind Klauseln, die einen Großteil des Unternehmerlohnes vor Fertigstellung des Bauvorhabens unabhängig vom Wert der Bauleistungen verlangen (BGH NJW 1986, 3199).
Wohnungsmängel: Unwirksam ist die Klausel in einem notariellen Vertrag, in dem nicht jeder Punkt ausgehandelt wurde, wenn die Verjährungsfrist für Mängel der Wohnanlage auf zwei Jahre reduziert wurde. Das hat zur Folge, daß für den Besteller die fünfjährige Verjährungsfrist gilt (OLG Bamberg NJW-RR 88, 1049).
Zusatzkosten bei Bauleistungen: Unwirksam ist die formularmäßige Vereinbarung der Zahlung zusätzlicher Aufschließungskosten durch den Bauherrn auf den Baupreis, wenn das eine verdeckte Erhöhung des Pauschalpreises für Bauleistungen ist (BGH NJW 1984, 171).

Klauseln, die Ihnen bei Pauschalreise-Verträgen begegnen

Änderungsvorbehalt: Klauseln in den AGB eines Reiseveranstalters, in denen für Flugreisen Änderungen der Fluggesellschaften, des Flugplans und der Flughäfen aus wichtigen Gründen vorgenommen werden dürfen, sind nur dann wirksam, wenn die wichtigen Gründe genau bezeichnet worden sind (Hanseatisches Oberlandesgericht Hamburg, NJW-RR 86, 1440).
Anspruchsverzicht: Unwirksam ist die Klausel auf einer Kautionserstattungsquittung, in der der Reisende auf Ansprüche aus der Reise verzichtet (LG Frankfurt NJW 1983, 233).
Einreisebestimmungen: Unwirksam ist eine Klausel, die den Reiseveranstalter freistellt, den Reisenden ungefragt über die Einreisebestimmungen des Reiselandes zu informieren (BGH NJW 1985, 1165).
Haftungsbeschränkung: In den AGB eines Reiseveranstalters, der Ferienunterkünfte bereitstellt, ist folgende Klausel unwirksam: „Die Haftung ist auf den gezahlten Mietpreis beschränkt" (BGH NJW 92, 3158).

Kautionserstattung: Unwirksam ist eine Klausel, nach der die Kaution für Ferienhäuser erst zwei Wochen nach der Abreise zu erstatten ist, wenn feststeht, daß das Ferienhaus mangelfrei zurückgegeben wurde BGHZ 109, 29).
Mängelanzeigen: Unwirksam ist die Klausel, nach der Mängelanzeigen an den Veranstalter in Deutschland zu richten sind, wenn die Kontaktpersonen vor Ort nicht erreichbar sind (BGHZ 108, 52).
Reisebeschreibung: Unwirksam ist eine Klausel, nach der sich der Umfang der Reiseleistung aus der Beschreibung unter Berücksichtigung der Landesüblichkeit ergibt (BGHZ 100, 157).
Reisebüro: Unwirksam ist eine Klausel, nach der Reisemängel nicht beim vermittelnden Reisebüro angezeigt werden können (LG Frankfurt/M NJW-RR 87, 745).
Reisepreiserstattung: Unwirksam ist eine Klausel im Flieg- und Sparbereich, nach welcher der Kupon für den Rückflug bei Abbestellung nach Reiseantritt keinen Erstattungswert hat (LG Köln NJW-RR 90, 1530).
Rücktrittskosten: Unwirksam ist eine Klausel, die bei dem unausschließbaren Rücktrittsrecht den Schaden des Reisenden schlechter berechnet als mit folgenden Voraussetzungen: „Tritt der Reisende vom Vertrag zurück, so verliert der Reiseveranstalter den Anspruch auf den vereinbarten Reisepreis. Er kann jedoch eine angemessene Entschädigung verlangen. Die Höhe der Entschädigung bestimmt sich nach dem Reisepreis unter Abzug des Wertes der vom Reiseveranstalter ersparten Aufwendungen sowie des Betrages, den er durch andere Verwendung der Reiseleistung erwerben kann." (OLG Frankfurt NJW 1982, 2198).
Schadenersatz-Begrenzung: Nach § 651 h I BGB darf die Haftung des Reiseveranstalters für sämtliche vertraglichen Schadenersatzansprüche auf den dreifachen Reisepreis beschränkt werden, nicht aber für Ersatzansprüche aus unerlaubter Handlung. Eine Klausel, die dies nicht beachtet, ist unwirksam (BGH NJW 87, 1931).
Stornierungskosten: Unwirksam ist die Klausel eines Veranstalters für Aufenthalte in Ferienunterkünften: „Es gelten die folgenden Stornierungsbedingungen: Bei Rücktritt innerhalb von 40 Tagen vor Mietbeginn 35 % des Mietpreises" (BGH NJW 92, 3163).
Umbuchungen: Unwirksam ist die Klausel eines Reiseveranstalters, nach der Umbuchungen innerhalb von 40 Tagen vor Reiseantritt als Rücktritt verbunden mit einer Neuanmeldung gewertet werden (BGH NJW 92, 3158).
Verspätungen: Unwirksam ist der vollständige Ausschluß der Haftung für Verspätungsschäden, die Änderung des Flugplanes, die Absage von Flügen (BGH NJW 83, 1324).
Vorauszahlungen: Unwirksam ist eine Klausel, die den Reisenden verpflichtet, erhebliche Vorauszahlungen zu leisten, wenn der Kunde nicht durch die Übertragung von Tickets oder anderer aussagefähiger Papiere gesichert ist (BGHZ 100, 157).

Klauseln, die Ihnen in Kreditverträgen begegnen können

Bearbeitungsgebühren: Unzulässig sind Klauseln, nach denen Bearbeitungsgebühren und Schätzkosten auch bei Nichtzustandekommen des Kreditvertrages anfallen (LG Köln ZIP 80, 981; LG Stuttgart NJW-RR 92, 380).
Verzugsschaden: Unwirksam ist in den Geschäftsbedingungen einer Bank eine Klausel, nach der bei Zahlungsverzug als Schadensersatz der vertraglich vereinbarte Effektivzins verlangt werden kann. Das gilt auch für eine Bestimmung, daß für die erste

Mahnung 5,– DM, für die zweite 7,50 DM und für die dritte 10,– DM zusätzlich zu zahlen sind (OLG Frankfurt MDR 85, 764).
Mahngebühren: Unwirksam ist die Klausel einer Bank, nach der pro Mahnung eine pauschale Gebühr von acht Mark berechnet wird (AG Fürth NJW-RR 86, 154).
Kontoauflösung: Unwirksam ist die Klausel einer Bank, die den Kunden verpflichtet, bei Beendigung der Geschäftsverbindung verbliebene Verbindlichkeiten mit dem für ungenehmigte Kontokorrentkredite geltenden Zinssatz zu verzinsen (AG Baden-Baden MDR 86, 148).
Kreditkarten-Überziehung: In Kreditkartenformularverträgen sind Bestimmungen unwirksam, die pauschale Überziehungsgebühren für Fälle nicht fristgerechter Zahlung festlegen (BGH NJW 94, 1532).
Verzugszinsen: Unwirksam ist eine Zinsklausel, die Verzugszinsen in Höhe von 4 % über dem Diskontsatz der Deutschen Bundesbank vorsieht (OLG Hamm NJW-RR 86, 1179).
Unwirksam ist auch eine AGB-Klausel, die einen Verzugszins von 21 % vorsieht. Der infolge des Verzugs des Darlehensnehmers zu erwartende Schaden der Bank liegt regelmäßig nur in den Kosten, die ihr durch die Refinanzierung entstehen. (Hanseatisches Oberlandesgericht Hamburg, NJW-RR 87, 1449).
Zahlungsverzug: Unwirksam ist in Bankbedingungen und Bedingungen von Kreditkartenunternehmen die folgende Klausel: „Unterbleibt die Zahlung des Mindestbetrages, so wird eine Überziehungsgebühr von 5,– DM monatlich erhoben. Ist die Zahlungsfrist abgelaufen, so sind – ab Datum der Saldenmitteilung – Zinsen in Höhe von 1,15 % monatlich (effektiver Jahreszins 14,71 %) auf den ausstehenden Betrag zu entrichten. Das Vertragsverhältnis kann von beiden Vertragspartnern jederzeit ohne Einhaltung einer Frist schriftlich gekündigt werden. Die Bank erteilt monatlich eine Saldenmitteilung. Diese gilt als zugegangen, wenn sie an die zuletzt vom (Haupt-)Karteninhaber angegebene Anschrift versandt worden ist“ (OLG Frankfurt WM 93, 889, ZIP 93, 665).
Lohnabtretung: Unwirksam ist die Lohnabtretungsklausel in den AGB der Banken, wenn nicht ganz konkret und unmißverständlich eindeutig beschrieben ist, wann die Bank von der Abtretung Gebrauch machen darf, sowie wenn in mehr als vernünftiger Weise schutzwürdige Belange der Banken geschützt werden (BGHZ 108, 98; OLG Nürnberg NJW-RR 1990, 1461).
Abtretung: Unwirksam ist eine Klausel, nach der der Kreditgeber von einer Abtretung Gebrauch machen darf, wenn er es für notwendig hält (OLG Nürnberg NJW 1981, 2657).

Klauseln, die in Bürgschaftsverträgen auftauchen können

Anspruchsübergang: Unwirksam ist eine Klausel, nach der Rechte des Gläubigers auf den Bürgen erst dann übergehen, wenn alle sonstigen Ansprüche des Gläubigers gegen den Schuldner befriedigt sind – jedenfalls dann, wenn sich die Bürgschaft nicht auch auf diese Ansprüche bezieht (BGH NJW, 1985, 614). Beispiel: Wenn ein Bürge in Anspruch genommen wird, kann er sich das Geld vom Schuldner, für den er gebürgt hat, zurückholen. Dazu muß dieser Anspruch vom Gläubiger auf den Bürgen übergehen, der in Anspruch genommen worden ist. Das ist im Gesetz vorgesehen: § 774 I Satz 1 BGB: „Soweit der Bürge den Gläubiger befriedigt, geht die Forderung des Gläubigers gegen den Hauptschuldner auf ihn über." Wenn der Bürge nur für Kredit Nummer 1 gebürgt hat, kann der Gläubiger nicht bestimmen, daß Rechte gegen den Gläubiger erst dann auf den Bürgen übergehen, wenn auch Ansprüche des Gläubigers gegen den Hauptschuldner aus Kredit Nummer 2 befriedigt sind.

Ausweitung: Unwirksam ist die Klausel, nach der die für einen Kredit gegebene Bürgschaft auf alle gegenwärtigen und künftigen Forderungen des Kreditgebers ausgedehnt wird (BGH NJW 94, 2145).

Erlöschen der Forderung: Unwirksam ist die Klausel, nach der die Bürgschaft nicht mit der Forderung aus der Hauptschuld erlischt, für die sich der Bürge verbürgt hat (Brandner, Kötz – Münchner Kommentar § 9 AGBG Rn 50).

Rechtseinschränkung: Unwirksam sind Klauseln, nach denen sich der Bürge nicht auf Rechte wie Anfechtung und Aufrechnung berufen kann, auf die sich der Hauptschuldner berufen könnte (BGH NJW 1986, 43).

Sicherungsleistung: Unwirksam ist eine Klausel, die den Bürgen verpflichtet dem Gläubiger ein Sicherungsrecht (Pfandrecht, Abtretung etc.) vor Fälligkeit der Bürgschaftsschuld einzuräumen (BGH NJW 1991, 100). Unwirksam ist ferner die Klausel, nach der der Bürge verpflichtet ist für seine Bürgschaft eine vom Gläubiger akzeptierte Sicherheit zu leisten (BGHZ 92, 295).

Klauseln, die Ihnen im Maklervertrag begegnen können

Vergütungsanspruch: Unwirksam sind Formularklauseln, die dem Makler auch einen Vergütungsanspruch zusprechen, wenn er nicht ursächlich zum Vertragsschluß hinzugezogen wird (BGHZ 88, 368).

Eigengeschäfte: Unwirksam ist eine Klausel in einem Maklervertrag, die es dem Kunden für unbegrenzte Dauer verbietet, Eigengeschäfte in diesem Bereich zu tätigen (BGH NJW 1986, 1173).

Aufwendungsersatz: Unwirksam ist eine Klausel, die dem Makler über einen bestimmten maßvoll festgesetzten Aufwendungsersatz hinaus beim Nichtzustandekommen des Vertrages einen Prozentsatz des Preises oder Gegenwertes als Aufwendungsersatzanspruch zuspricht (BGHZ 99, 374).

Folgegeschäfte: Unwirksam ist die Klausel: „Der Makler erhält auch für aus dem vermittelten Geschäft folgende Geschäfte eine Provision" (BGH 60, 234).

Zusatzprovision: Unwirksam ist, wenn in Klauseln erklärt wird, daß ein Makler noch eine weitere Provision erhält (OLG Hamm NJW-RR 88, 687).

Kundenüberstellung: Unwirksam sind Klauseln in Maklerverträgen, die den Kunden verpflichten, alle Interessenten an den Makler zu verweisen (BGHZ 88, 368).

Klauseln bei der Partnerschaftsvermittlung

Kündigungsrecht: Unwirksam ist die Klausel in den Bedingungen eines Partnervermittlungsvertrages, die das außerordentliche Kündigungsrecht ausschließen (BGHZ 106, 341).

Pauschalgebühr: Unwirksam sind Klauseln, die dem Partnervermittler in den Fällen der vorzeitigen Beendigung des Vertrages einen Pauschalbetrag als Ersatz für Einrichtungskosten des Partnerschaftsdepots, Bürokosten und weitergehende Ansprüche geltend machen kann (OLG Hamm NJW-RR 1991,182).

Klauseln, die im Versicherungsvertrag auftauchen können

Antrags-Richtigkeit: Unwirksam ist in Versicherungsformularanträgen der Zusatz: „Für die Richtigkeit der Angaben bin ich allein verantwortlich, auch wenn ich den Antrag nicht selbst ausgefüllt habe. Der Vermittler darf über die Erheblichkeit von Antragsfragen oder Erkrankungen keine verbindlichen Erklärungen abgeben" (BGH NJW 92, 828).
Aushöhlungsklauseln: Grundsätzlich unwirksam sind Klauseln, die durch weitgehende Ausschlüsse den Versicherungsschutz aushöhlen (LG Frankfurt/M VersR 77, 351; LG Berlin NJW-RR 89, 990). Beispiel: Eine Skiversicherung, die Versicherungsschutz wegen Diebstahl ausschließt, wenn die Ski unbeaufsichtigt vor einer Hütte in den Schnee gesteckt sind.
Leistungseinschränkung: Als unzulässig ist auch eine Regelung in den Geschäftsbedingungen anzusehen, wonach die Hausratversicherung nicht eintritt, wenn der Dieb durch Einbruch in eine Einliegerwohnung in die versicherte Wohnung gelangt (OLG Saarbrücken NJW-RR 94, 539).
Leistungswegfall: Eine Klausel ist unzulässig, nach der das Krankentagegeld nach dreimonatiger Arbeitslosigkeit wegfällt (LG Bremen 85, 868).

Streit um Vertragsklauseln: Auch hier haben Sie gute Karten

Bei unklaren Formulierungen

Grundsätzlich gehen Unklarheiten in der Formulierung zu Lasten des Verwenders, also desjenigen, der die Klausel von Ihnen unterschrieben haben möchte.
Es gilt immer die für den Verbraucher günstigere Auslegungsmöglichkeit einer Klausel oder eines Begriffes. Beispiel: Wenn es in einem Vertrag Rechtsfolgen hat, ob bei einer Person „Bewußtseinsstörungen" vorlagen, ist nicht eine enge medizinisch-psychologische Fachdefinition maßgeblich, sondern der allgemeine Sprachgebrauch des angesprochenen Kundenkreises.
Typische Beispiele für unklare Formulierungen sind die folgenden Floskeln:

- künftige Forderungen
- aus jedem Rechtsgrund
- Nebenkosten
- Maßstäbe eines vernünftigen und sorgfältigen Inlandskunden
- weitere Leistungen
- alle weitergehenden Ansprüche
- unmittelbare und mittelbare Schäden

In allen Fällen ist nicht ohne weiteres erkennbar, was wirklich mit der Formulierung gemeint sein soll, es fehlen also erklärende Zusätze. Wo die nicht gegeben werden, kann man sich die günstigste Auslegungsmöglichkeit denken.

SIEHE MUSTER: FORDERUNGSABLEHNUNG WEGEN UNKLARER GESCHÄFTSBEDINGUNGEN

Bei unangemessener Benachteiligung des Kunden

Klauseln sind unwirksam, wenn sie den Vertragspartner des Verwenders unangemessen benachteiligen. Das hat der Gesetzgeber auch ausdrücklich geregelt, so daß es hier kein Vertun bezüglich der Unwirksamkeit gibt – nämlich in § 10 AGBG.

Insbesondere sind solche Klauseln unwirksam, die Annahme-, Ablehnungs- und Leistungsfristen unangemessen zu Gunsten des Verwenders verlängern.

Denn grundsätzlich sind Erklärungen sofort abzugeben und Leistungen sofort zu erbringen. Das geht natürlich nicht immer, aber die Bindung an Erklärungen und das Hinauszögern von Leistungen soll nicht durch das Kleingedruckte in unzumutbare Länge gezogen werden.

- Unangemessen lange Fristen laufen bei Alltagsgeschäften ab 14 Tagen.
  Im Kfz-Bereich, bei Darlehen, im Versicherungsbereich, Möbelhandel und im Handwerkerbereich werden vereinbarte Fristen immer dann bedenklich, wenn sie länger als einen Monat dauern.
- Zu lange oder ungenau bestimmte Fristen haben keine Bindungswirkung für den Verbraucher.

Als unangemessene Benachteiligung des Verbrauchers wird außerdem angesehen (nach § 10 AGBG), wenn Klauseln es ihrem Verwender ermöglichen,

- sich ohne sachliche Gründe vom Vertrag zu lösen.
- von der versprochenen Leistung abzuweichen.
- eine stillschweigende Zustimmung oder Ablehnung zu erwirken. Beispiel: „Wenn sie bei Austausch des Telefonapparates nicht widersprechen, verlängert sich der Vertrag um weitere drei Jahre."
- unangemessen hohe Abwicklungskosten bei vorzeitigem Vertragsende zu verlangen. Beispiel: „Wenn der Mietwagen vor Vertragsende zurückgegeben wird, verdoppelt sich der zu leistende Tagespreis."
- Preiserhöhungen (im Gegensatz zu Preisanpassungen, die ja auch nach unten ausfallen können) zu verlangen, wenn die Vertragsleistung innerhalb von vier Monaten nach Vertragsschluß erbracht werden soll.
- auf eine Abmahnung des Vertragspartners zu bestimmten Leistungen zu verzichten, obwohl das seine Pflicht wäre, bevor er z.B. Schadenersatzforderungen anmelden kann.

Unzulässig sind auch Klauseln, die es dem Vertragspartner verbieten, sich auf berechtigte Gegenforderungen zu berufen und Aufrechnungen vorzunehmen.

Bei Gegenforderungen, die geltend gemacht werden sollen, ist allerdings wichtig, daß auch die ihre Begründung in demselben konkreten Vertragsverhältnis haben, für das die Klausel gelten soll. Beispiel für eine solche Klausel: „Auch bei Mängeln an der Kaufsache darf der Käufer den Kaufpreis nicht zurückbehalten oder mit Schäden aufrechnen, die ihm durch den Fehler der Kaufsache entstanden sind."
Im Klartext bedeutet das, daß z.B. eine noch offene Restzahlung nicht geleistet werden muß, wenn die gekaufte Sache einen Mangel aufweist.

Siehe Muster: Forderungsablehnung wegen unangemessener Benachteiligung

Bei einem Scheitern des Vertrages durch Verschulden des Verbrauchers

---

Viele Klauseln über pauschalen Schadenersatz, pauschale Wertminderung, pauschalen Nutzungsersatz bei gescheiterten Verträgen sind ungültig, weil die Ansprüche des Klausel-Verwenders oft unangemessen sind.

Gemeint sind vorgedruckte Bestimmungen, die für den Fall eintreten sollen, daß z.B. ein bestelltes Auto nicht abgenommen wird oder von einem anderen Vertrag zurückgetreten werden soll. Angemessen wäre dann eine Forderung, die sich auf die Höhe des tatsächlich entstandenen Schadens beim Händler oder Verkäufer bezieht. Und dieser Schaden wird beim Vertrag über ein Serienprodukt (Auto) immer geringer ausfallen als bei einer Einzelanfertigung (Möbel-Einbauwand). Dazu einige Beispiele:

- Die Forderung von 15 Prozent des Kaufpreises eines Neuwagens als Schadenersatz bei Nichtabnahme des Wagens ist nicht unangemessen (BGH NJW 82, 2316, OLG Schleswig NJW 88, 2247).
- Die Forderung von 25 % des Kaufpreises beim Kauf fabrikneuer Möbel ist angemessen (BGH NJW 70, 2017, 85, 322).
- Die Forderung von 30 % des Kaufpreises im Möbelversandhandel ist angemessen (OLG Frankfurt/M NJW 82, 2564).
- Die Forderung von 35 % im Möbelhandel ist unangemessen (LG Berlin AGBE I Nr. 27).
- Unangemessen ist die Vereinbarung von 20 % des Kaufpreises als monatliche Lager gebühr (OLG Stuttgart BB 79, 1468).
- Unangemessen ist es, 50 % der Restmiete für eine Telefonanlage zu verlangen (BGH NJW-RR 88, 1491).
- Unangemessen ist das Verlangen von einer Zinspauschale in Höhe von 6 % über dem Diskontsatz der Bundesbank (BGH NJW 84, 2941).
- Unangemessen ist das Verlangen von 1,8 % Zinsen je Monat als Verzugsschaden (OLG Düsseldorf NJW 86, 385).

Unwirksam sind weiter Klauseln, in denen der Verwender im Falle der verspäteten Annahme oder der Nichtannahme der Vertragsleistung, bei Zahlungsverzug oder wenn der Vertragspartner sich vom Vertrag lösen will, eine Vertragsstrafe, Reueprovision oder einen Abstand verlangt.

Wenn der Kunde seinen Pflichten aus einem Vertrag nicht oder nicht rechtzeitig nachkommt, können dafür nicht von vornherein Vertragsstrafen in den Allgemeinen Geschäftsbedingungen festgesetzt werden. Der Trick, statt des Begriffs „Vertragsstrafe" andere Formulierungen wie Abstand, Reuegeld, Aufwandspauschale o.ä. zu verwenden, zieht nicht – auch Klauseln über solche Forderungen sind unzulässig.

Bei der Einschränkung gesetzlicher Rechte

An erster Stelle wäre da die Haftung für solche Schäden zu nennen, die durch mangelnde Sorgfalt entstehen. Die Haftung für solche Schäden kann auch durch Vertragsklauseln nicht eingeschränkt werden. – Unwirksam sind Klauseln, die die Haftung für Schäden ausschließen oder begrenzen, die der Verwender durch besonders unsorgfältiges Handeln verursacht hat. Hier sind sie als Verbraucher weitgehend vor Haftungsausschlüssen geschützt.

Unwirksam sind Klauseln, mit denen der Verwender Rechte seines Vertragspartners ausschließt oder einschränkt, sich vom Vertrag zu lösen, wenn er seine Leistung nicht oder trotz Aufforderung nicht rechtzeitig erbringt.

Das gilt auch, wenn nur Teilleistungen erbracht werden, berechtigtes Interesse aber nur an einer gesamtheitlichen Leistung besteht. Beispielsweise ist ein Schachspiel, für das nur schwarze Figuren geliefert werden können, eine uninteressante Teilleistung. Wird eine Sitzecke bestehend aus zwei Sesseln und einem Sofa bestellt, ist die Teilleistung von zwei Sesseln unbrauchbar, wenn das Sofa nicht lieferbar ist.

Bei neuen Sachen sind Klauseln unwirksam, mit denen der Verwender Gewährleistungs-, Nachbesserungs- oder Ersatzlieferungsansprüche ausschließt, oder diesbezüglich auf Dritte verweist.

Der Begriff Sache ist hier sehr weitreichend auszulegen. So ist beispielsweise damit auch ein Computerprogramm oder Obst und Gemüse gemeint, wo ja fraglich ist, ob es bis zum Hineinbeißen noch neu ist.
Die Gewährleistung ist ein Recht, was im Gesetz festgelegt ist und Ihnen im Grundsatz sechs Monate nach Übergabe der Sache das Recht gibt, sie bei Mängeln zurückzugeben oder einen Teil des Kaufpreises zurückzuverlangen.

- Unwirksam sind Klauseln, mit denen der Verwender bei neuen Sachen oder Leistungen seine Gewährleistung auf Nachbesserung oder Ersatzlieferung beschränkt, sofern dem andern Teil nicht ausdrücklich das Recht vorbehalten wird, bei Fehlschlagen der Nachbesserung oder Ersatzlieferung, die Vergütung herabzusetzen oder vom Vertrag zurückzutreten. Bei Bauleistungen gelten besondere Regeln, weil so ein Haus oder ein Anbau nicht so einfach wegzuschaffen ist.
- Unwirksam sind Klauseln, die die Verpflichtung des Verwenders ausschließen oder beschränken, beispielsweise Transport-, Wege-, Arbeits- oder Materialkosten zu tragen, die für die Mangelbeseitigung notwendig sind.
- Unwirksam sind Klauseln, in denen der Verwender die Mängelbeseitigung von der vollständigen Zahlung oder eines unverhältnismäßig hohen Anteils des Entgeltes abhängig macht.

Kapitel 5

Wenn Sie selbst Verträge gestalten: Diese Formzwänge müssen Sie einhalten

Bisher haben wir uns fast ausschließlich mit Verträgen beschäftigt, die man Ihnen zur Unterschrift vorlegt. Aber es gibt ja noch die andere Seite der Medaille: Man bestimmt weitestgehend selbst alle Inhalte einer Vereinbarung – auch das Kleingedruckte.
Wer sich nun selbst in Bereiche der umfassenden selbständigen Gestaltungsfreiheit seiner Rechtsgüter begibt, riskiert damit oft ganz gravierende Konsequenzen. Deshalb schreibt der Gesetzgeber in bestimmten Fällen Formzwänge bei Verträgen vor. Ein Klassiker ist da z.B. in § 1410 BGB erwähnt: *„Der Ehevertrag muß bei gleichzeitiger Anwesenheit beider Teile zur Niederschrift eines Notars geschlossen werden."*
Der Formzwang kann dabei als Schutzverordnung angesehen werden: Nicht, weil er das gesicherte Einkommen von Notaren und Rechtsanwälten schützt, sondern weil der Mensch vor sich selbst geschützt werden soll – und vor möglicherweise unüberlegten, hormongesteuerten Willenserklärungen.
So eine Schutzverordnung drückt sich auch in § 518 BGB aus. Da geht es um die Schenkung, und im Gesetz heißt es:
(Abs. I) „Zur Gültigkeit eines Vertrages, durch den eine Leistung schenkungsweise versprochen wird, ist die notarielle Beurkundung des Versprechens erforderlich..."
(Abs. II) „Der Mangel der Form wird durch die Bewirkung der Leistung geheilt."

Formzwänge bei Verträgen
Sie sind zum Teil gesetzlich vorgeschrieben oder werden von den Vertragspartnern vereinbart, um Klarheit in die Absprachen zu bringen und das Vereinbarte einfach belegbar zu machen.

Die Schriftform und/oder die Einschaltung eines Notars sollen dabei die Beratungsfunktion sicherstellen. Konsequenz:
Wenn diese Formzwänge nicht eingehalten werden, gilt dieser Teil des Vertrages als nicht vereinbart. Der verbleibende Rest ist dann meist nur noch wertlose Hülle, oder er wird nach den Regeln des Gesetzes abgewickelt. Und die sind ja, wie wir schon festgestellt haben, überwiegend verbraucherfreundlich bzw. so gestrickt, daß der Schwächere Schutz genießt.
Beispiele für solche Formvorschriften, von denen wir oben schon zwei genannt hatten, finden sich über das ganze BGB verteilt:

- §§ 127, 126 BGB: *„Die Parteien können sich freiwillig Formvorschriften als Wirksamkeitsbedingung für ihre Erklärungen unterwerfen."*

- § 313 BGB: *„Ein Vertrag, durch den sich der eine Teil verpflichtet, das Eigentum an einem Grundstück zu übertragen oder zu erwerben, bedarf der notariellen Beurkundung. Ein ohne Beobachtung dieser Form geschlossener Vertrag wird seinem ganzen Inhalte nach gültig, wenn die Auflassung und die Eintragung in das Grundbuch erfolgen."*
- § 564 a I BGB (Satz 1): *„Die Kündigung des Mietverhältnisses über Wohnraum bedarf der Schriftform."*
- § 766 BGB: *„Zur Gültigkeit einer Bürgschaft ist die schriftliche Erteilung der Bürgschaftserklärung erforderlich. Sobald der Bürge die Hauptverbindlichkeit erfüllt, wird der Mangel der Form geheilt."*
- § 781 BGB (Satz 1): *„Zur Gültigkeit eines Vertrages, durch den das Bestehen eines Schuldverhältnisses anerkannt wird, ist die schriftliche Erteilung der Anerkennungserklärung erforderlich."*
- § 2247 I BGB: *„Der Erblasser kann ein Testament durch eine eigenhändig geschriebene und unterschriebene Erklärung entrichten."*

Aber auch in den anderen Gesetzen, die sich in erster Linie mit dem Verbraucherschutz beschäftigen, gibt es aus genau diesem Grund festgeschriebene Formvorschriften:

Im Verbraucherkreditgesetz

§ 4 Abs. I VerbrKrG: *„Der Kreditvertrag bedarf der schriftlichen Form. Der Form ist genügt, wenn Antrag und Annahme durch die Vertragsparteien jeweils getrennt schriftlich erklärt werden. ...*
Die vom Verbraucher zu unterzeichnende Erklärung muß angeben: ..."
Es folgt dann ein umfassender Katalog.

Im Gesetz über den Widerruf von Haustürgeschäften und ähnlichen Geschäften

§ 1 HausTWG (sinngemäß): *„Ein Geschäft im Direktvertrieb wird erst wirksam, wenn der Kunde nicht binnen einer Woche widerruft."*
§ 2 HausTWG (sinngemäß): *„Zur Wahrung der Frist genügt die rechtzeitige Absendung des Widerrufs. Die Frist beginnt erst zu laufen, wenn der Verbraucher über sie und die Anschrift des Vertragspartners schriftlich belehrt worden ist."*

Kapitel 6

Der Vertrag ist fertig – aber Sie haben immer noch ein paar Asse im Ärmel

Nehmen wir mal an, daß unser selbstgestalteter Vertrag formuliert ist und wir uns mit dem anderen auf den Inhalt geeinigt haben. Dann ist unser Gegenüber zum Vertragspartner geworden. Wir können jetzt von ihm – sonst hätten wir den Vertrag nicht benötigt – etwas verlangen. Unser Gegenüber kann aber auch etwas von uns verlangen. Und wenn wir das nicht wollen, haben wir noch ein paar Asse im Ärmel.

Der Aufhebungsvertrag

Wenn wir uns vom Vertragspartner trennen wollen, können wir einen Aufhebungsvertrag schließen, der sich durch eine kleine Draufgabe für den anderen noch versüßen läßt.

Grundsätzlich ist ein Aufhebungsvertrag immer eine Vereinbarung, mit der Sie den Grundvertrag wirkungslos machen und alle sich daraus ergebenden Rechte und Pflichten aufheben wollen. Das kann nötig werden, wenn Sie den Abschluß des ursprünglichen Vertrages bereuen. Und da gibt es zwei Möglichkeiten:

- Das Ende ohne Schrecken

In diesem Fall entstehen aus dem aufzuhebenden Vertrag keine Ansprüche mehr, von Ihnen können keine Leistungen mehr verlangt werden. Und mit ein wenig Geschick gelingt es eventuell sogar, um Schlußzahlung oder um eine vereinbarte Zahlung wegen Nichterfüllung des Vertrages herumzukommen.

SIEHE MUSTER: ALLGEMEINER AUFHEBUNGSVERTRAG

- Das Ende mit Schrecken

Wenn man einem Spruch aus dem Volksmund glauben darf, ist es manchmal besser, dieses Ende mit Schrecken hinzunehmen als einen Schrecken ohne Ende zu riskieren. Der Schrecken meint in unserem Fall eine Zahlung, die wegen der Aufhebung des Vertrages wirksam wird.

SIEHE MUSTER: AUFHEBUNGSVERTRAG MIT ENTSCHÄDIGUNGSVEREINBARUNG

Damit das nicht so theoretisch klingt, wählen wir mal ein einfaches Beispiel: Stellen Sie sich vor, Sie haben in einer Lebensphase, in der Sie vor lauter Verliebtheit kurzzeitig ausgerastet sind (weil Liebe ja bekanntlich blind macht), eine Gärtnerei wirksam beauftragt, ein Jahr lang der anmutigsten aller Frauen täglich in Ihrem Namen eine Rose zu schicken. Das kostet Sie bei einem mittleren Rosenpreis von sieben Mark innerhalb eines Jahres rund 2500 Mark.

Das kann eine sehr frustrierende Aufwendung sein, wenn die anfangs noch anmutigste Frau Ihre Gefühle nur ausgesprochen armselig erwidert. Die Gefühlsarmut bei der Angebeteten bekommen Sie wahrscheinlich auch nicht gelöst – jedenfalls nicht mit einem Vertrag. Aber Sie können sich zumindest vom Problem lösen und vom Gärtner. Hilfreich wäre es für Sie jetzt, wenn die Angebetete und der Gärtner auf einer Urkunde unterzeichnet hätten. Dann könnte die Not des einen Rechtsgeschäftes auf das andere durchschlagen. Aber mit der Angebeteten haben Sie keinen Vertrag, also kommt das hier nicht in Betracht. Wichtig ist diese Koppelung aber trotzdem.
Bedenken Sie 'mal, wie günstig es sein kann, wenn z.B. der Finanzierungsvertrag und der Kaufvertrag für ein Auto mit Mängeln auf einer Urkunde stehen. Wer will schon gern einen Kredit abzahlen für ein mit Mängeln behaftetes Auto, das Sie dem Händler längst zurückgegeben haben?

Der gesetzgeberisch unerwünschte Vertrag – die Sittenwidrigkeit

Einerseits läßt uns das Gesetz zwar die Freiheit, Verträge nach dem eigenen Geschmack zu schließen. Andererseits verpflichtet es uns aber auch, dabei Anstand und Moral nicht ganz aus den Augen zu lassen. Geschieht das, hilft uns das Gesetz aus der Bürde vertraglicher Pflichten heraus.
So heißt es in § 138 BGB (Abs. I): *„Ein Rechtsgeschäft, das gegen die guten Sitten verstößt, ist nichtig."*
(Abs. II): *„Nichtig ist insbesondere ein Rechtsgeschäft, durch das jemand unter Ausbeutung der Zwangslage, der Unerfahrenheit, des Mangels an Urteilsvermögen oder der erheblichen Willensschwäche eines anderen sich oder einem Dritten für eine Leistung Vermögensvorteile versprechen oder gewähren läßt, die in einem auffälligen Mißverhältnis zu der Leistung stehen."*
Nun werden Sie wahrscheinlich begeistert, uns für den Hinweis auf § 138 BGB dankbar sein und sich freuen: Ja,
exakt,
na klar,
freilich,
in der Tat,
ganz sicher,
auf jeden Fall,
absolut ohne Zweifel
trifft die Sittenwidrigkeit auf Ihren Fall zu!
Dann müssen wir Ihnen jetzt leider sagen, daß eine solche Begeisterung in den meisten Fällen zu früh einsetzt.

Die Sittenwidrigkeit eines Vertrages ist zwar der stärkste Hebel, den man gegen diesen Vertrag ansetzen kann – aber leider taugt der Hebel in 99,9 % aller Fälle nicht. Weil es immer eine Auslegungsfrage ist, ob nun gute Sitten beachtet oder schlechte ausgenutzt werden sollten.

Denn was sind eigentlich gute Sitten? Die werden am Sonntagmorgen um acht Uhr im Schatten der Dorfkirche von Grainau anders beurteilt als am Sonntagmorgen um acht Uhr auf dem Hamburger Fischmarkt. Sogar ein und dieselbe Person hat ein verändertes Wertgefühl, abhängig von Ort und Zeit. Das hängt ganz einfach mit dem Umfeld zusammen. Auch Sie werden Wertigkeiten immer wieder anders und neu setzen. Dazu ein Beispiel: Angenommen, Sie sollen eine Stellungnahme zur Thematik von Flaschenpfand und der Einwegflaschenproblematik für Sektflaschen abgeben.
Wenn man diese Bitte an Sie heranträgt,

- nachdem Sie an einem Sommertag morgens bei Sonnenaufgang aus einem Zelt gekrochen und sich in einem klaren Gebirgsbach bei Sonnenaufgang gewaschen haben,

werden Sie diese ganze Thematik garantiert anders betrachten als in einer Situation,

- in der Sie an einem Sommertag morgens bei Sonnenaufgang ein Fischbrötchen mit einem Schluck Sekt im Freundeskreis auf dem Hamburger Fischmarkt genießen und sich über die Stärkung freuen, weil Sie seit nachts um halb eins bummeln waren.

Sie sehen: Es ist dieselbe Frage, derselbe Staat, dieselbe Urzeit, es gilt gleiches Recht – aber man hat ein ganz anderes Erlebnis und kommt – zum Glück – auch zu einem ganz anderen Ergebnis. Das ist übrigens auch der Grund dafür, daß Juristen auf noch so präzise Fragen fast immer erst mal mit einer Floskel zu antworten beginnen: „Es kommt darauf an…"
Juristen meinen mit den guten Sitten das Anstandsgefühl aller billig und gerecht Denkenden – das ist genauso unklar wie die Formulierung im Gesetz, eigentlich wird nur ein Platzhalter durch den nächsten ersetzt.

Wie erkennt man, was sittenwidrig ist?

Am leichtesten läßt sich die Antwort darauf finden, wenn wir uns mal wieder für kurze Zeit auf die andere Seite vom Zaun stellen und uns selbst – aus der Sicht anderer – drei Fragen stellen:

- „Habe ich bei diesem Geschäft auf Grund meiner Machtposition mehr als 20 % zu gut abgeschnitten?"
- „Hat der Vertragspartner durch mein Verhalten nicht nur ein ungünstiges Geschäft gemacht, sondern einen Schaden erlitten oder ist er geknebelt worden?"
- „Bin ich froh, daß ich nicht in der Situation meines Vertragspartners stecke?"
  Wenn Sie zweimal mit „ja" geantwortet haben, spricht einiges dafür, daß der Vertrag nicht von der Rechtsordnung gebilligt wird. Es lohnt sich, dagegen anzugehen.

SIEHE MUSTER: ANFECHTUNG WEGEN SITTENWIDRIGKEIT

Es ist aber, wie schon gesagt, selten der Fall, daß die Sittenwidrigkeit vorliegt. Denn der Vertragspartner wird meist zäh an uns und unserem Gelde kleben – und deshalb mit allen Mitteln nachzuweisen versuchen, daß die guten Sitten eingehalten wurden. Und am Ende entscheidet irgend jemand in einer Richterrobe darüber, wie das nun mit den Sitten war. Und da sind Sie dann dessen Betrachtungsweise ausgeliefert. Das kann bitter werden – weshalb man eventuell doch lieber andere Wege beschreiten sollte.

Die Vertragsanfechtung wegen Irrtums oder Täuschung

Es gibt Möglichkeiten gegen das Einverständnis des Vertragspartners Veränderungen am Regelungsgehalt des Vertrages herbeizuführen. Das Gesetz nennt die Erklärung, daß Sie sich an eine Willenserklärung nicht mehr gebunden fühlen, „Anfechtung" und läßt diese Anfechtung unter ganz bestimmten Voraussetzungen zu.

SIEHE MUSTER: ANFECHTUNG WEGEN IRRTUM

Kommen Sie mit der Anfechtung durch, gilt die ursprüngliche Willenserklärung als nicht existent und es ist mangels Einigung nicht zum Vertrag gekommen.

Vorsicht bei Anfechtungen! Manchmal nützt auch ein Vertrag, den man nicht will.

Auch das läßt sich mit einem Beispiel erklären: Es wäre ausgesprochen ungeschickt, einen Flugreise-Beförderungsvertrag für die Strecke „München-Sibirien-München" in Sibirien wegen Irrtums anzufechten, weil sie in Wirklichkeit nach Florida wollten. Schlimmstenfalls kann Ihnen nämlich passieren, daß durch die Anfechtung in Sibirien der Vertrag weg ist – und Ihr Rückticket auch. Sie müßten in Sibirien die Frage Ihres Rückfluges neu aushandeln.

Weil Sie das nicht wollen, könnten Sie natürlich erst mal den Rückflug nach München abwarten. Aber dann hat es sich 'was mit der Anfechtung – die Möglichkeit ist dann vertan. Denn:

- Anfechtungen müssen sofort erklärt werden, wenn Kenntnis davon erlangt wurde, daß am Vertrag etwas nicht stimmt.

Bei jeder Anfechtung sollte man sich also genau überlegen, ob man diesen Weg wirklich beschreiten und dadurch eventuelle Nachteile riskieren will.

Irrtum – was ist damit gemeint?

Leider ist diese juristische Formulierung mißverständlich. Hier sind nämlich nicht die Fälle gemeint, in denen einem etwas am Vertrag qualitativ nicht gefällt. Gemeint sind statt dessen nur die Fälle, in denen Sie etwas gesagt haben, das tatsächlich anders gemeint war.

Mit dem Hebel „Irrtum" können eigentlich nur Verständigungs- oder Übermittlungsfehler durch Anfechtung behoben werden.

Diese Anfechtungen sind relativ kompliziert und sollten bei größeren Summen oder wichtigeren Geschäften von einem Fachmann für Juristerei betreut werden, also von einem Anwalt.

Beispiele für typische Irrtümer:

- „Unser Hausmeister hat Ihnen für DM 300,00 monatlich die Wohnung … angeboten. Hierbei handelt es sich um einen Übermittlungsfehler. Er hat die handschriftliche Notiz unseres Büros, die einen Mietzins von DM 800,00 vorsah, falsch gelesen und Ihnen übermittelt. Wir fechten diese Erklärung an und bieten Ihnen zugleich aber die Möglichkeit, die Wohnung für DM 800,00 monatlich zu mieten."

- „Ich habe bei Ihnen ein Angebot für den Erwerb eines Motorrades mit der Typenbezeichnung R 100 abgegeben. Ich bin davon ausgegangen, daß es sich dabei um ein Motorrad der Marke BMW handelt. Bei einem Gespräch mit Ihrem Verkäufer ... mußte ich jedoch feststellen, daß es sich hierbei um ein Motorrad der Marke Yamaha handelt. Ich erkläre insoweit die Anfechtung meiner Erklärung wegen Inhaltsirrtums."

Die Anfechtung wegen Täuschung

Nun kann natürlich ein böser Mensch versucht haben, den Irrtum bei Ihnen absichtlich herbeizuführen. Dann können Sie die Anfechtung ihrer Willenserklärung auch wegen arglistiger Täuschung erklären.

SIEHE MUSTER: ANFECHTUNG WEGEN ARGLISTIGER TÄUSCHUNG

Eine arglistige Täuschung liegt immer dann vor, wenn Sie eine Willenserklärung abgegeben haben, zu der es niemals gekommen wäre, wenn die andere Seite Ihnen die Wahrheit erzählt hätte.

Oft passiert so etwas beim Gebrauchtwagenkauf, so wie überhaupt die meisten Gaunereien in diesem Bereich vorkommen. Wir wollen Ihnen dazu nur einmal zwei Beispiel nennen:

- Die klassische Täuschung wäre der Fall, in dem das Fahrzeug angeblich erst 110 000 Kilometer gelaufen ist. Tatsächlich aber ist die fünfstellige Tachometeranzeige schon einmal mehr rumgelaufen, was Sie aber anhand der angezeigten Kilometer nicht nachprüfen können. Man hat Ihnen also 100 000 Kilometer unterschlagen, oder es ist ein anderer Tachometer eingebaut worden.
- Ebenfalls um eine klassische Täuschung handelt es sich im folgenden Fall: Der neu lackierte Gebrauchtwagen wird als besonders gepflegtes Modell dargestellt, ist aber als Totalschaden auf einer Richtbank gerade gezogen worden und mußte für den anschließenden Verkauf neu lackiert werden.

In diesen Fällen ist der Käufer durch eine Täuschung des Verkäufers zu einer Kaufentscheidung, die er **so** nicht getroffen hätte, beeinflußt worden. Er kann nun, wie bei allen anderen Vertragsarten auch, die Anfechtung dieses Vertrages wegen arglistiger Täuschung erklären.

Das machen Sie am besten in einem Einschreiben mit Rückschein. In dem Brief genügen wenige Zeilen. Erklärt werden muß folgendes:

- was man Ihnen erzählt hat
- worin die Täuschung bestand und
- was Sie nun wollen.

Für das Hauptproblem Autokauf würde das wie auf der folgenden Seite dargestellt aussehen:

Absender
Empfänger (Verkäufer)

Anfechtung wegen arglistiger Täuschung

Am ... habe ich bei Ihnen den Pkw ... mit der Fahrgestellnummer ... erworben.

Im Verkaufsgespräch hat mir Ihre Verkäuferin, Frau ... , vor der Zeugin ... zugesichert, daß das Fahrzeug unfallfrei ist.
Heute wurde ich darauf aufmerksam gemacht, daß das Fahrzeug offensichtlich einen schweren Unfall hatte.
Ich fechte den Kaufvertrag wegen arglistiger Täuschung an und werde mich wegen der Rückabwicklung des Vertrages mit Ihnen in den nächsten Tagen in Verbindung setzen.

Unterschrift

Die Zurückbehaltung oder Aufrechnung

Hierbei handelt es sich um Rechte, die dem Vertragspartner entgegengehalten werden können, wenn der seinen Pflichten nicht nachgekommen ist.
Beispiel: Der Maler stellt Ihnen die Renovierung des Wohnzimmers in Rechnung. Er hat aber mit der Leiter im Treppenhaus eine Ecke aus dem Putz herausgestoßen und dadurch einen Schaden von DM 300,00 verursacht:

• Möglichkeit 1: Zurückbehaltung

„Ich zahle den Malerlohn erst, wenn der Putz wieder ausgebessert ist."

SIEHE MUSTER: GELTENDMACHUNG DES ZURÜCKBEHALTUNGSRECHTS

Dabei müssen Sie aber die Verhältnismäßigkeit beachten!
Sie dürfen also nicht 100 Mark einbehalten, weil Ihnen der andere noch eine Mark schuldet. Oder ein Vermieter dürfte nicht die Eingangstür zumauern, weil der Mieter die offene Summe aus der Nebenkostenabrechnung noch nicht gezahlt hat.

Bei der Zurückbehaltung ist es durchaus erlaubt, das eineinhalb- bis zweifache des Betrages zurückzubehalten, den der andere schuldet.

Das wird deshalb anerkannt, weil
1. alles teurer ist oder werden kann, als man glaubt,
2. eine Motivation der Gegenseite bewirkt werden soll und
3. man sich ja auch 'mal über die Höhe irren und sich später entschuldigen kann.

• Möglichkeit 2: Aufrechnung

„Ich zahle die Malerrechnung abzüglich DM 300,00 für die Reparatur."

SIEHE MUSTER: AUFRECHNUNGSERKLÄRUNG

Das funktioniert bei allen Schuldverhältnissen und sieht etwa so aus, daß Sie den Begriff Aufrechnung wortwörtlich nehmen sollten. Sie schreiben also kurz auf, welche Forderung der andere an Sie hat und rechnen Ihre eigene Forderung dagegen.

Wenn Sie das beschriebene Verfahren abkürzen wollen, fügen Sie Ihrem Schreiben zum Nachweis Ihrer Kosten gleich Rechnungskopien bei.

Die Leistungsablehnung

In einem Vertrag wird natürlich geregelt, welche Leistungen zu erbringen sind und wann dies zu geschehen hat. Daraus erwachsen für den einen Rechte, für den anderen entsteht daraus die Leistungspflicht. Und wenn er dieser Pflicht nicht nachkommt, hat der andere das Recht, die Leistung abzulehnen. Dabei ist allerdings eine Tücke zu beachten:

Eine Leistungsablehnung kann nicht einfach so ausgesprochen werden, sondern Sie müssen den anderen zunächst warnen bzw. abmahnen – sonst geht der Schuß nach hinten los und trifft Sie selbst. Deshalb können nicht alle Leistungsablehnungen über einen Kamm geschoren werden, weshalb wir kein Muster für eine allgemeine Leistungsablehnung vorgeben wollen. Sie finden entsprechende Muster bei den jeweiligen Vertragstypen.

Beispiel: Angenommen, Sie haben einen Handwerkerauftrag erteilt, aber der Meister kommt seiner Vertragspflicht nicht nach. Dann schreiben Sie ihm, was an den bisherigen Arbeiten zu beanstanden ist:

„Den mit Ihnen geschlossen Vertrag vom ... haben Sie bisher nicht erfüllt. Bisher wurden folgende Leistungen nicht, nicht vertragsgemäß bzw. mit den aufgeführten Fehlern behaftet erbracht ...

Ich fordere Sie auf, die vertraglichen Leistungen bis zum ... erledigt zu haben. Bisherige Leistungen werden, soweit sie erbracht sind, nicht als vertragsgemäß abgenommen, weil ...

Sollte der Auftrag nicht bis zum oben genannten Datum erfolgreich abgeschlossen sein, werde ich die Leistung nach fruchtlosem Fristablauf ablehnen. Diese Leistungsablehnung wird Ihnen unverzüglich nach Fristablauf zugehen.

Ich weise Sie darauf hin, daß ich bei eventuellen Mehrkosten durch eine Ersatzvornahme Forderungen gegen Sie geltend mache und eventuell schon an Sie gezahlte Beträge zurückfordern werde. Dies wird dann mit einem separaten Schreiben geschehen.“

Mit einem solchen Inhalt hat Ihr Brief alle Vorschriften erfüllt, die Sie zu beachten haben. Enthalten sind

- die Warnung,
- die Fristsetzung

und auch schon der Hinweis darauf, daß Sie bei weiterer Leistungsverweigerung eine

- „Ersatzvornahme“

überlegen. Das klingt schrecklich juristisch – in Wahrheit ist es nichts anderes als die Auftragsvergabe an ein anderes Unternehmen. Und da greift dann die Schadenhaftung: Wird die Erledigung der Arbeiten durch einen anderen teurer, muß Ihnen der Bummel-Handwerker die Mehrkosten erstatten.

Der Vertragsrücktritt

Es kann Situationen geben, in denen die eine oder die andere Seite kein Interesse mehr am Vertrag hat. Das wird normalerweise immer dann der Fall sein, wenn eine Seite ihren Pflichten nicht oder nicht rechtzeitig oder nicht im gewünschten Umfang nachkommt. Beispiele gefällig? Bitte sehr:

- Wenn Sie mit ihrer schwangeren Freundin ein Umstandskleid aufmessen lassen und die Schneiderin erklärt nach einer Woche, sie könne leider erst in sieben Monaten liefern, haben Sie ein Rücktrittsrecht.
- Wenn Sie Ihr Lieblingsmotorrad mangels Geld für Versicherung und Steuern verkauft haben, Ihnen auf dem Weg zur Auslieferung an den Käufer aber der Gerichtsvollzieher begegnet und blitzschnell das Hoheitszeichen auf den Tank drückt, haben Sie ein Rücktrittsrecht vom Vertrag mit dem Käufer.

So funktioniert die Rückabwicklung von Verträgen in der Praxis

Nun haben wir Ihnen alle Gründe genannt, aus denen Sie mit einem geschlossenen Vertrag zur Unzufriedenheit berechtigt wären. Zwar können die Anforderungen an die Ausübung der Rücktritts- oder Auflösungsrechte sehr unterschiedlich sein. Aber im Detail gehen wir darauf zu den einzelnen Verträgen ein.

Auf der sicheren Seite stehen Sie aber immer dann, wenn Sie Ihren Vertragspartner

- darauf aufmerksam machen, daß er eine Grundvertragspflicht verletzt,
- Sie ihm eine Frist zur Bereinigung setzen,
- anderenfalls schon mal den Vertragsrücktritt androhen und
- nach Ablauf der Frist erklären, daß Sie sich vom Vertrag lösen.

Dann ist das Vertragsverhältnis beendet. Es wird rückabgewickelt, soweit sich nicht Leistung und Gegenleistung wertmäßig schon aufgebraucht haben.

Die Rückabwicklung ist angebracht, wenn wichtige Vertragspflichten gar nicht oder nicht rechtzeitig erbracht werden.

Nun könnte man darüber streiten, welche Vertragspflichten gemeint sind – muß man aber nicht. Denn es geht hier um solche Pflichten, die im Austauschverhältnis stehen. Das ist immer der Fall beim Prinzip

- Waren gegen Geld,
- Miete gegen Wohnung oder
- Arbeit gegen Lohn

oder in anderen Fällen, wenn da irgendwelche Pflichten als besonders wesentlich vereinbart wurden.

Daß sich so etwas manchmal auch ganz nebenbei ergeben kann, verdeutlicht ein Beispiel:

Angenommen, Sie haben einen wasserdichten und warmen Overall bestellt. Sie bekommen ihn geliefert und stellen begeistert fest: Er ist wasserdicht und warm – trägt

aber orangefarbene und neongelbe Streifen. Das ist hervorragend für einen Motorradfahrer oder für einen Segler. Für einen Jäger würde das allerdings nur von Tierschützern als hervorragend angesehen.
Hier ergeben sich also wirklich wichtige Pflichten aus den Vereinbarungen und Umständen:

- Ein Jadgausrüster hätte seinen Jäger schlecht bedient.
- Ein Yachtausrüster hätte den Segler gut bedient.

Es gibt also gute Gründe für die Rückabwicklung. Und wenn Sie da nun wirklich eine einvernehmliche Regelung finden, bestehen aus dem Vertrag nach dem Rücktritt keine Pflichten mehr – aber auch keine Rechte. Das übersieht manch teurer Anwalt.

Tücken bei Rücktritt und Rückabwicklung

Um Ihnen diese Knackpunkte aufzuzeigen, aus denen heraus man eventuell doch zumindest vorläufig noch am Vertrag festhalten sollte, konstruieren wir wieder mal ein Beispiel:
Angenommen, sie wollen vom Kauf einer Teppich-Reinigungsmaschine zurückzutreten. Sie erklären also die Wandelung, weil das Ding auch nach dem dritten Werkstattbesuch noch immer nicht wie zugesagt Flecken aus dem Boden seift.
Dieser Rücktritt wäre ziemlich ungeschickt. Sie bekommen zwar das Geld gegen Rückgabe des Gerätes zurück – das ist aber auch alles. Sie wollen jedoch mehr. Denn sie mußten sich schließlich einen Teppichreiniger im Supermarkt mieten, weil es am Sonntag für den Besuch schön sauber sein sollte. Und für das Mietgerät haben Sie zusätzliches Geld bezahlen müssen. Kurzum: Wenn Sie forsch wandelnd zurückgetreten sind, bleiben Sie auf der Miete für das Ersatzgerät hängen.
Das ist im Gesetz geregelt, denn dort steht etwas Ungerechtes, aber das ist so deutlich festgehalten, daß kein Gericht (nicht mal das schlaue und mutige OLG Hamm) sich traut, auf dem Weg zu einer vernünftigen Lösung darüber hinwegzugehen. Lesen Sie selbst:
§ 463 BGB (Satz 1): *„Fehlt der verkauften Sache zur Zeit des Kaufes eine zugesicherte Eigenschaft, so kann der Käufer statt der Wandelung oder der Minderung Schadenersatz wegen Nichterfüllung verlangen."*
Dieses „statt" stört. Statt „statt" stünde dort besser „und". Dann könnten wir nämlich den Teppichreiniger zurückgeben „und" das Geld fürs Mietgerät verlangen.
Hier ist es also besser, Schadenersatz wegen Nichterfüllung zu verlangen. Denn dann haben wir schon mal die Staubsaugermiete im Sack. Und weil Schadenersatz immer etwas damit zu tun hat, daß alles wieder so gemacht werden soll, wie es einmal war (Naturalrestitution), machen wir es auch so, wie es einmal war – aber uns interessiert nur

- der große Schadenausgleich:

Wir verlangen zur vollständigen Schadenbeseitigung nun unseren Kaufpreis zurück und übergeben den Staubsauger dem Verkäufer.

Die Sache mit dem Schadenersatz

Dazu haben wir zwar jetzt schon ein paar Sätze gesagt – aber weil das Thema wichtig genug ist, wollen wir uns doch noch ausführlich damit beschäftigen. Den Anspruch auf Schadenersatz haben wir, wenn bei einem Rechtsverhältnis von der Gegenseite

1. eine wichtige Pflicht gar nicht erfüllt wird.

Angenommen, jemand hat sich unseren Fotoapparat ausgeliehen und das gute Stück aus Versehen im Meer versenkt. Dann kann er eine wichtige Pflicht, nämlich die Rückgabe an uns, kaum noch erfüllen. Oder nehmen wir an, die Reinigung am Urlaubsort hat Ihre Lederjacke einem anderen Touristen mitgegeben. Auch dann wird das gute Stück unwiederbringlich weg sein.

2. eine wichtige Pflicht nicht rechtzeitig erfüllt wird.

Dafür muß ein vertraglich vereinbarter Zeitpunkt überschritten sein. Aber der ist in den meisten Verträgen genannt: Der Arbeitgeber z.B. verpflichtet sich, bis zum zehnten Tag des Monats den Lohn zahlen. Der Mieter z.B. hat sich verpflichtet, bis zum dritten Tag eines jeden Monates die Miete zu zahlen.

Es kann sich aber auch um eine Frist handeln, die von Ihnen gesetzt wurde und die überschritten ist: Zum Beispiel, wenn Sie die gegnerische Versicherung anweisen, bis zum Tag X auf ihrem Konto eingehend den bezifferten Schaden am linken vorderen Kotflügel bezahlt zu haben.

Schadenersatz ist immer dann angebracht, wenn nicht nur die Leistungen rückabgewickelt werden sollen, sondern ein Schaden zu ersetzen ist, der über dieses reine Zurückgeben von gegenseitigen Leistungen hinausgeht.

SIEHE MUSTER: SCHADENERSATZFORDERUNG ALLGEMEIN

Das klingt nun schon wieder nach dem kleinen Juristerei-Seminar. Deshalb wollen wir dazu noch ein paar Beispiele anführen.

Wann macht es Sinn, Schadenersatz zu verlangen?

• Beispiel 1: Der Bus

Für einen Theaterbesuch mit Freunden haben Sie einen Bus gemietet. Aber der kommt nicht. Was hilft es Ihnen dann, wenn der Busunternehmer für den Ausfall der Transportgelegenheit auf seinen Fuhrunternehmerlohn verzichtet, Sie aber die Freunde nun per Taxi rechtzeitig ins Theater bringen lassen müssen? Also verlangen Sie Schadenersatz und die Erstattung der Taxikosten.

• Beispiel 2: Die Wohnung

Sie haben eine neue Wohnung gemietet. Ihre alte ist gekündigt und neu vermietet, Sie räumen deshalb das Feld und fahren im Möbelwagen zur neuen Bleibe. Aber da sitzen noch die Vormieter drin. Erst zehn Tage später als vereinbart können Sie wirklich in die von Ihnen angemietete Wohnung einziehen. Nun müssen Sie zwar für diese zehn Tage keine Miete zahlen. Aber das Aufrechnen bringt Sie nicht weiter. Die ersparte Miete steht schließlich in keiner Relation zu den Hotelkosten und den Einlagerungskosten für die Möbel. Außerdem entstanden vielleicht noch ganz andere Mehrkosten, etwa für eine Wäscherei, weil Sie die eigene Waschmaschine nicht benutzen konnten. Also verlangen Sie Schadenersatz – auch für die Wäschereikosten.

• Beispiel 3: Die Autoreparatur
Ohne eigene Schuld wurden Sie Opfer eines Unfalls. Zum Glück war es nur ein Blechschaden. Und die Reparaturkosten wurden in voller Höhe von der gegnerischen Versicherung übernommen. Aber: Wie üblich ließ sich die Versicherung viel Zeit mit der Überweisung. Sie mußten für die Autoreparatur ihr Konto überziehen und dafür DM 75,00 Zinsen zahlen. Nur die Begleichung der reinen Reparaturkosten hilft Ihnen deshalb nicht. Also verlangen Sie Schadenersatz.

Bittere Beute mundet keinem Räuber: Legale Tricks zum Vertragsausstieg

Normalerweise wird es nicht so ganz einfach sein, aus einem Vertrag herauszukommen. Wie also bringt man sein Gegenüber dazu, sich zum Beispiel auf eine einverständliche Vertragsaufhebung einzulassen? Manchmal einfach nur, indem man sich den aufzuhebenden Vertrag selbst zunutze macht.
Pedantisches Bestehen auf Erfüllung von Vertragspflichten kann einerseits auf nicht ganz seriöse, andererseits aber auch auf besonders seriöse Weise den Vertragspartner zur Aufgabe seiner Interessen an der Vertragseinhaltung veranlassen.
Wie das geht, läßt sich an einem Beispiel erklären:

• Wie wird man das Telefon wieder los?

Stellen Sie sich vor, Sie haben eine Telefonanlage für einen Wuchermietzins von einem Monopolisten (dessen Namen wir nicht erwähnen) gemietet. Sie wollen diese Anlage den Bedürfnissen Ihres wachsenden Büros oder Haushaltes anpassen. Das macht der Monopolist aber nur, wenn Sie sich verpflichten, den alten Vertrag nochmals zu verlängern. Bei einem anderen Anbieter dagegen gibt es eine viel leistungsfähigere und problemlos installierbare Telefonanlage zum günstigeren und marktgerechten Preis.
Sie kommen aus dem alten Vertrag aber nicht heraus. Denn Sie wollten ja damals diese Anlage haben. Die Anlage funktioniert auch. Sie können diese Anlage auch erweitern. Hierzu müßten Sie nur den alten und teuren Vertrag nochmals verlängern. Ganz schön ärgerlich.
Der seriöse Vertragspartner aber hält sich – Ärger hin, Ärger her – an seine Pflicht: Verträge sind einzuhalten. Und genau hier ist der Ansatz, den sich mancher Kunde zu Nutze macht.
Es beginnt mit der Klage über Störungen – die der Telefonvermieter ohne Berechnung zu beheben hat. „Da ist immer so ein Rauschen und Knacken, aber so regelmäßig ist es nicht da“, klagt der Kunde. Aber es störe eben doch enorm und müßte dringend behoben werden.
Natürlich kommt der Servicemann. Einmal, zweimal, fünfmal. Denn es ist wie verhext. Wenn er da ist, ist das Geräusch weg. Ist er weg, ist das Geräusch da. Man kennt das und nennt es Vorführeffekt.

Das geht natürlich auch mit der Software, die so komische Zeichen auf dem Bildschirm erscheinen und dann den Computer abstürzen läßt – manchmal, nicht regelmäßig – aber immer öfter.
Oder es geht auch mit dem Auto, das immer so klappert, nicht anspringt – aber gerade jetzt, wo der Meister daneben steht, ist alles in Ordnung.
Der seriöse Kunde hält an seinem Vertrag fest. Aber er bittet seinen Vertragspartner, ob's nun die Telekom, der Computerladen oder die Autowerkstatt ist, ebenfalls den Sorgfaltspflichten nachzukommen. Und da soll es durchaus schon entnervte Monteure gegeben haben, die freiwillig etwas für die Vertragsauflösung bei dem mit den ewigen Störungen dazugegeben hätten.
Kurzum: Wir kämen niemals auf die Idee, Ihnen ein nicht seriöses Vorgehen vorzuschlagen oder ausführlich zu beschreiben. Aber es gibt Situationen, die können eine Neigung schaffen, sich ganz schnell im Wege einer gütlichen Einigung vom Vertrag zu trennen …

Kapitel 7

Alles, was Sie über alle Kaufverträge wissen müssen

„Durch den Kaufvertrag wird der Verkäufer einer Sache verpflichtet, dem Käufer die Sache zu übergeben und das Eigentum an der Sache zu verschaffen. ... Der Käufer ist verpflichtet, dem Verkäufer den vereinbarten Kaufpreis zu zahlen und die gekaufte Sache abzunehmen."
So steht es in § 433 BGB als Erläuterung zum Wesen eines Kaufvertrags. Und nur um es einmal gleich vorweg erwähnt zu haben: Kaufen und Verkaufen kann man Sachen und Rechte.

Der Kaufvertrag ist die Art Vertrag, dem Sie im normalen Alltag nicht aus dem Wege gehen können – vom Kaufvertrag über den Erwerb einer Tageszeitung auf dem Weg zur Arbeit bis zum Kaufvertrag über das Feierabendbier in der Eckkneipe: Überall schließen Sie Verträge, auch wenn Sie diese nicht unmittelbar als solche erkennen.

Manche Leute sind nun süchtig nach dem Erlebnis Kaufrausch. Sie gehen „Shopping" und konsumieren, was die Mark erlaubt. Und in vielen Fällen ist das mehr, als der Geldbeutel erlaubt.
Nun läßt sich aber gerade an denen mit dem Kaufrausch besonders gut verdienen. Und so verfügt die Intensivstation für Konsumenten über zusätzliche Verträge zum reinen Kaufvertrag. Man könnte sie als konsumverlängernde Instrumentarien bezeichnen, die wären dann

- Teilzahlungskauf,
- Abzahlungsgeschäfte,
- Mietkauf,
- Leasing und
- Konsumentenkredite,

die wie jede Intensivmedizin etwas für den Notfall ist.
Der Verbraucher kann sich dieser Instrumentarien im Notfall bedienen. Er sollte sich aber niemals dazu verleiten lassen, durch diese Instrumentarien selbst zum Notfall zu werden.
Konsumfinanzierungen sind teuer und können oft vermieden werden. Wo bleibt die Erholung, wenn Sie nach dem Urlaub noch mehr Schulden abzahlen müssen und Sie die Urlaubserinnerung nicht auf der Haut tragen, sondern mit der Schuldnerberatung eines Verbraucherverbandes oder dem Gerichtsvollzieher auszutauschen haben.
Warum alle zusätzlichen Vereinbarungen zum reinen Kaufvertrag dem Verbraucher wenig Segen, aber Zusatzkosten bringen, läßt sich leicht aufzeigen:

Wer profitiert eigentlich wovon?

Beim Kaufvertrag verdient
1. der Verkäufer

Beim finanzierten Kauf verdienen
1. der Verkäufer
2. die Bank

Beim Leasing verdienen
1. der Verkäufer
2. die Bank
3. der Leasinggeber

Wem das noch nicht deutlich genug ist, dem kann mit einer zweiten kleinen Übersicht geholfen werden. Denn schließlich geht es nicht nur um den Verdienst, sondern auch um die Rechtsverhältnisse, die wir mit dem jeweiligen Vertrag begründen.

Was bewirkt eigentlich welcher Vertrag?

Beim Kaufvertrag haben Sie
1. ein Rechtsverhältnis zum Verkäufer
2. das Eigentumsrecht – die Sache gehört Ihnen

Beim finanzierten Kauf haben Sie
1. ein Rechtsverhältnis zum Verkäufer
2. ein Rechtsverhältnis zum Kreditgeber
3. kein Eigentumsrecht, Sie werden erst später Eigentümer

Beim Leasing
1. haben Sie einen ausgesprochen komplizierten Vertrag,
2. werden Sie nie Eigentümer,
3. haben Sie aber Instandhaltungspflichten wie ein Eigentümer,
4. müssen Sie Regeln einhalten, die der Eigentümer bestimmt und
5. haben selbst praktisch gar nichts zu melden, aber kräftig zu zahlen.

Wobei mancher Vertrag aber auch nicht das bewirkt, was in ihm geschrieben steht. Denn zahlreiche in Kaufverträgen verwendete Klauseln sind rechtlich unzulässig – im Kapitel über Allgemeine Geschäftsbedingungen gehen wir dann noch ausführlich darauf ein.

Wenn Sie nun kein Modehansel sind und auch ohne gemietetes Scheinvermögen glücklich sein können, nutzen Sie zur Deckung der Bedürfnisse von Konsumgütern den Kaufvertrag.

Gute Gründe für Finanzierung und Leasing – bitte sehr

Nun wollen wir aber natürlich nicht alle jene rundheraus verdammen, die ihren Konsum mit Krediten finanzieren oder Leasingverträge abschließen. Es kann für eine solche Entscheidung gute Gründe geben. Aber fragen Sie sich doch mal selbst, wie gut diese Gründe bei Ihnen waren. Also:

Haben Sie finanziert oder geleast, weil

- ... der vom Hersteller angebotene Zinssatz so günstig war, daß weniger Zinsen für den Herstellerkredit zu zahlen sind, als Sie für ihr eigenes Geld von der Bank als Guthabenzins bekommen?
- ... Sie dieses Produkt für Ihre Gesundheit, für Ihre Familie für Ihren Beruf genau jetzt unbedingt brauchen und nur in diesem Augenblick kein Geld haben?
- ... Sie dieses Produkt haben wollen, und wenn Sie mit ihm untergehen?
- ... Sie darauf angewiesen sind, immer das neueste Modell des Produktes zu haben und froh sind, daß der Leasinggeber das Modell nach Ablauf der Leasingzeit unbürokratisch zurücknimmt – egal, was es kostet? (Wenn sie diese Frage mit ja beantworten, betreiben Sie wahrscheinlich eine Röntgenpraxis mit dem Ziel, auf dem neusten Stand der Technik zu sein, um Ihre Kunden der geringstmöglichen Strahlendosis auszusetzen.)
- ... Sie alles Geld in Geschäfte gesteckt haben und zukünftiges Geld auch in diese Geschäfte stecken werden, die so rentabel sind, daß die Kosten für die Leasingrate ein Spaß sind, verglichen mit den Verlusten, die Sie durch die Kapitalbindung erleiden, wenn Sie das Geld nicht wieder in diese Geschäfte, sondern in einen Kaufgegenstand stecken. (Sie müssen Finanzmakler sein und Millionen verdienen.)

Für den Verbraucher lohnt sich die Kreditfinanzierung nur, wenn der Kaufgegenstand von bleibendem (oder bei Immobilien von wachsendem) Wert ist und wenn die Haltbarkeit größer ist, als die Rückzahlung der Kreditraten dauert.
Leasing lohnt sich nur, wenn das dabei nicht gebundene Geld für neue Geschäfte genutzt werden kann und man damit mehr verdient, als die Leasingraten kosten – für Verbraucher also nie!

Unser Tip lautet deshalb, für Konsumgüter den Kaufvertrag zu verwenden. Hier erhalten Sie gegen Geld das Eigentum und die Verfügungsgewalt an der Sache oder, wenn Sie ein Recht kaufen, werden Sie Inhaber dieses Rechtes. Punkt.
Wenn Sie sich nun verkauft haben, können Sie sich jeder Zeit von der Sache trennen, sie wieder verkaufen. Damit ist für Sie die Sache erledigt. Denn niemand hat Sicherungseigentum am verwunschenen Kaufgegenstand, keinem Banker haben Sie noch zwei Jahre lang monatlich Raten zu zahlen. Sie haben sich verkauft. Aber dieser Fehler hinterläßt keine Narben – wozu gibt es für jede Art gebrauchter Sachen einen Trödelmarkt?

Was es mit den Rechten anderer und dem Gefahrübergang auf sich hat

Was das BGB in § 433 zum Kaufvertrag sagt, haben wir schon festgestellt. Aber es gibt noch einen Zusatz, und den finden wir in § 434. Dort steht, daß der Verkäufer dem Käufer den Kaufgegenstand frei von Rechten Dritter zu verschaffen hat.
Das mag ein wenig absurd klingen, aber es läßt sich leicht erklären, was damit in der Praxis gemeint sein kann.

• **Das Beispiel mit dem Rasenmäher:**
Angenommen, Sie kaufen einen gebrauchten Rasenmäher. Der bisherige Besitzer aber hatte eine Vereinbarung mit dem Nachbarn. Weil der nämlich den Motor im Winter reparierte, durfte er den Mäher bis Ende Mai behalten und nutzen. Dieser Vertrag (auch der nur mündliche) mit seinem Nachbarn muß vom Verkäufer beseitigt werden, bevor er Ihnen den Mäher übergibt.
• **Das Beispiel mit dem Gebrauchtwagen:**
Angenommen, Sie verkaufen Ihr altes Auto. Und dabei vergessen Sie ganz, den Käufer auf eine noch unbezahlte Reparaturrechnung hinzuweisen. Der Werkstattbesitzer kann dann sein Werkunternehmerpfandrecht geltend machen, gleichgültig, wer Eigentümer des Autos ist. Er gibt den noch in seiner Werkstatt stehenden Wagen erst heraus, wenn die Rechnung bezahlt ist. In diesem Fall hätten Sie gegen das BGB verstoßen.

Der Verkäufer schuldet den Kaufgegenstand so, daß der Käufer frei und ungehindert darüber verfügen kann.

Aber der Verkäufer hat noch weitere Pflichten:
- Er muß auch alle Urkunden herausgeben, die mit der Kaufsache in Verbindung stehen (z.B. Betriebsanleitung, Serviceheft, Fahrzeugbrief).
- Er trägt das Risiko für den Zustand der Sache bis zur Übergabe an den Käufer. Das ist der Zeitpunkt, zu dem die Gefahr der zufälligen Verschlechterung vom einen auf den anderen Eigentümer übergeht (nachzulesen in § 446 BGB). Deshalb spricht man auch vom Gefahrübergang.

Warum die Übergabe-Vereinbarung wichtig werden kann

Wenn Sie also den Terrakotta-Blumenkübel für den Balkon gekauft haben, hat der Verkäufer Pech, wenn der Kübel auf dem Weg vom Lager zur Kasse kaputtgeht. Sie haben Pech, wenn der Blumenkübel Ihnen beim Einladen ins Auto herunterfällt.

Man kann für den Gefahrübergang natürlich auch etwas anders vereinbaren. Jede Vereinbarung, die einen früheren Gefahrübergang als zur Aushändigung vorsieht, ist für den Verbraucher aber nicht sinnvoll.

Im Normalfall, wenn gar nichts vereinbart wird, wird stillschweigend eine Abmachung getroffen, die folgenden Inhalt hat:
1. **Für den Verkäufer:** „Ich bin damit einverstanden, daß das Eigentum, die tatsächliche Sachherrschaft (das ist der Besitz) und die Gefahr des zufälligen Unterganges auf Dich übergeht.“
2. **Für den Käufer:** „Einverstanden. Ich bin jetzt Eigentümer, kann über die Sache frei verfügen und trage die Gefahr des zufälligen Unterganges der Sache.“

Grundsätzlich geht das Eigentum, wenn nichts anderes vereinbart ist, durch den Abschluß des Kaufvertrages noch nicht auf den anderen über.

Auch ein Satz wie: „Ich hab' das Ölfaß gekauft", sagt noch nichts darüber aus, daß der Käufer wirklich Eigentümer ist. Das wird dem Käufer dann ganz recht sein, wenn das Ölfaß nach Unterzeichnung des Kaufvertrages aber vor Übergabe im Erdboden versikkert ist.
Haarspalterei, möchte man jetzt vielleicht denken – aber in der Praxis sind solche Feinheiten oft wichtiger, als man glauben mag. Denken Sie nur mal daran, was passieren könnte, wenn Sie die Feinheiten nicht kennen – aber einen Gebrauchtwagen-Kaufvertrag unterschrieben haben, kurz bevor das Geschäft des Gebrauchtwagenhändlers abbrennt. Weil der Wagen noch aufpoliert und erst dann an Sie übergeben werden sollte, hat der Händler dann Pech gehabt – und Sie Glück. Den Kaufpreis für das verkohlte Wrack müssen Sie nicht mehr zahlen. Es gab ja noch keine Übergabe. Und jetzt wollen wir nur hoffen, daß diese gesetzliche Regelung nicht durch anderslautende Vereinbarungen ersetzt wurde.
Wenn Sie aber ihr Auto an ihren Arbeitskollegen verkaufen, tun Sie gut daran, eine Feinheit beim Gefahrübergang zu vereinbaren – für den Fall, daß Sie zur Übergabe noch nicht den ganzen Kaufpreis erhalten haben.

Ist der Kaufpreis bei der Übergabe noch nicht oder nicht vollständig bezahlt, sollte ein Eigentumsvorbehalt eingeräumt werden.

Sie schreiben dazu in den Kaufvertrag oder sagen bei Übergabe des Fahrzeuges unter Zeugen, daß sie sich das Eigentum am Fahrzeug bis zur vollständigen Bezahlung vorbehalten.

SIEHE MUSTER: RATENZAHLUNGS-KAUFVERTRAG

Mit einer solchen Vereinbarung ist nämlich anzunehmen (§ 455 BGB), daß *„die Übertragung des Eigentums unter der aufschiebenden Bedingung der vollständigen Zahlung des Kaufpreises erfolgt und daß der Verkäufer zum Rücktritt vom Vertrag berechtigt ist, wenn der Käufer mit der Zahlung in Verzug kommt."*
Mit dem Verzug ist gemeint, daß der Käufer ein vereinbartes oder ihm später gesetztes Datum für die Zahlung ohne Wirkung hat verstreichen lassen.

Wird eine Sache ohne Eigentumsvorbehalt verkauft und der Kaufpreis nicht oder nicht vollständig gezahlt, haben Sie als Verkäufer gegen den Käufer nur einen Zahlungsanspruch. Ihr Eigentum ist aber durch die Übergabe schon weg.

Segensreich kann der Eigentumsvorbehalt auch sein, wenn z. B. der Käufer Ihres Autos damit nach Hause fährt und dort schon der Gerichtsvollzieher wartet. Dem können Sie dann erklären, daß ihr Arbeitskollege zwar Besitzer, Sie aber der Eigentümer des Autos sind. Ihre Sachen aber darf der Gerichtsvollzieher eben nicht mit einem Titel (vollstreckbares Urteil, vollstreckbares notarielles Schuldanerkenntnis, vollstreckbarer Behördenbescheid z. B. vom Finanzamt oder Bußgeldbescheid vom Ordnungsamt wegen Falschparkens) gegen ihren Arbeitskollegen pfänden. Sollte das doch einmal passieren, wenden Sie sich an den Gerichtsvollzieher oder das zuständige Amtsgericht und weisen Sie ihm nach, daß Sie der/die rechtmäßige Eigentümer(in) sind. Er wird die Sache von sich aus schnell wieder herausgeben, weil er andernfalls einen Prozeß riskiert (Drittwiderspruchsklage).

Häufigster Streitpunkt: Wenn der Kaufgegenstand Mängel aufweist

„Sachmängelhaftung" sagen die Juristen. Aber damit meinen Sie zwei verschiedene Dinge: Es wird unterschieden nach

1. **Fehlern** oder nach
2. **zugesicherten Eigenschaften,**

weil auch das Gesetz zwischen diesen beiden Begriffen unterscheidet.

BGB § 459 Abs. I: *„Der Verkäufer einer Sache haftet dem Käufer dafür, daß sie zu der Zeit, zu welcher die Gefahr auf den Käufer übergeht, nicht mit Fehlern behaftet ist, die den Wert oder die Tauglichkeit zu dem gewöhnlichen oder dem nach dem Vertrage vorgesehenen Gebrauch aufheben oder mindern. Eine unerhebliche Minderung des Wertes oder der Tauglichkeit kommt nicht in Betracht."*

BGB § 459 Abs. II: *„Der Verkäufer haftet auch dafür, daß die Sache z. Zt. des Überganges der Gefahr die zugesicherten Eigenschaften hat."*

Warum die Unterscheidung in der Praxis wichtig ist, läßt sich leicht erklären:

• Das Beispiel mit dem Möbelkauf

Angenommen, Sie kaufen am langen Samstag im Möbelmarkt die letzten drei Kartons eines sensationellen und zeitlosen Regalsystems im Sonderangebot. Doch obwohl auf alle drei Kartons „Buche" als Farbangabe gestempelt war, bestand das Regal im dritten Karton aus Brettern, die mit weißem Schleiflack beschichtet waren.

Diesen Karton hatten Sie unglücklicherweise erst geöffnet, als die anderen beiden Regalteile schon standen. Leider ist aber ausgerechnet das Schleiflack-Element unentbehrlich, weil es den anderen beiden Teilen Halt gibt.

Am Montag gehen Sie wieder in den Möbelmarkt, um zu reklamieren. Aber man erklärt Ihnen, daß diese Modellreihe nicht mehr geführt wird und man ihnen für das Schleiflackteil einen Gutschein geben will. Vorausgesetzt, Sie bringen das Schleiflackmodell originalverpackt zurück. Außerdem erklärt man Ihnen, die anderen Elemente wären ja aus Buche, wie gewünscht. Deshalb könnten sie nicht zurückgenommen werden, schließlich wäre ja auch die Modellreihe ausgelaufen.

Spätestens jetzt erscheint die Unterscheidung zwischen Fehlern und zugesicherten Eigenschaften überhaupt nicht mehr als Haarspalterei. Denn jetzt muß alles in den richtigen Zusammenhang gebracht werden – damit Sie auch die beiden eigentlich ja fehlerfreien Teile des Regals zurückgeben und Ihr Geld zurückbekommen. Jetzt zeigt sich, wie weise die Formulierung im BGB getroffen ist.

Die Unterscheidung nach Fehlern und zugesicherten Eigenschaften ermöglicht es uns, auch solche Dinge zurückzugeben, die zwar im eigentlichen Sinne keinen Mangel aufweisen, für uns aber unbrauchbar sind, weil Ihnen eine zugesicherte Eigenschaft fehlt. Die zugesicherte Eigenschaft ergab sich in diesem Fall übrigens aus der Beschriftung aller drei Pakete – wir mußten davon ausgehen, daß der Inhalt farblich zusammenpaßt. Dem war aber nicht so – also fehlte die zugesicherte Eigenschaft. Und deshalb können wir alle Teile zurückgeben.

Das sind Ihre Rechte bei Mängeln

Nach dem Kaufvertragsrecht haben wir nun die drei schon einmal beschriebenen Möglichkeiten, die hier nur noch einmal kurz angesprochen werden sollen: Wir können wahlweise (!)

- wandeln
  (Ware zurück – Geld zurück),
- mindern
  (Ware behalten, aber zu einem geringeren Kaufpreis),
- Schadenersatz wegen Nichterfüllung verlangen.

Das Wandeln und Mindern wird uns aber meist zu wenig bringen. Denn wir haben oft durch Transportkosten oder Kosten für eine kurzfristige Ersatzbeschaffung einen Schaden erlitten, der über das reine Rückgewähren von Leistungen hinausgeht.
Wie schon im Zusammenhang mit den Vertragsaufhebungen erwähnt, räumt uns das Gesetz bei falschen Versprechungen über den Kaufgegenstand wunderbare Möglichkeiten ein:
BGB § 463: *„Fehlt der verkauften Sache zur Zeit des Kaufes eine zugesicherte Eigenschaft, so kann der Käufer statt der Wandelung oder der Minderung Schadenersatz wegen Nichterfüllung verlangen. Das gleiche gilt, wenn der Verkäufer einen Fehler arglistig verschwiegen hat."*
Den Schadenersatz bekommen wir also nur in zwei Fällen:

- wenn der Verkäufer uns den Mangel der Kaufsache arglistig verschwiegen hat.

Beispiel: Wir kaufen einen Gebrauchtwagen beim Händler und stellen nach einer Woche einen sehr hohen Ölverbrauch fest. Aus den Papieren können wir den Vorbesitzer ermitteln. Der zeigt uns seinen Vertrag mit unserem Händler. Und dort heißt es: „Maschine defekt, extrem hoher Ölverbrauch." Hier können wir ausnahmsweise beweisen, daß ein Fehler arglistig verschwiegen wurde. In der Regel wird uns das aber wohl nie gelingen.

- wenn unserer Kaufsache eine zugesicherte Eigenschaft fehlt.

Beispiel: Wir kaufen unser schon bekanntes Regalsystem und stellen fest, daß zwei Teile nicht zum dritten passen – Sie wissen ja schon, wie's ausgeht: Alles muß zurückgenommen werden.

Jeder Kaufgegenstand sollte aus Sicht des Käufers möglichst viele zugesicherte Eigenschaften aufweisen. Dann ist uns der Schadenersatzanspruch sicher, wenn die Kaufsache nicht unseren Vorstellungen entspricht.

Der Streit um zugesicherte Eigenschaften

Bleiben wir noch einmal bei unserem Beispiel mit dem Regal – die Sache hätte auch anders ausgehen können: Angenommen, wir hätten von dem dreiteiligen Regal am Dienstag Teil eins, am Mittwoch Teil zwei und Donnerstag Teil drei gekauft, dann müßten wir die ersten beiden Teile behalten. Ebenso wäre es, wenn wir Regal eins um zehn Uhr, Regal zwei um elf Uhr und Regal drei um 12 Uhr gekauft hätten. Streiten könnten wir uns sogar noch, wenn Regal eins, zwei und drei auf einer Rechnung ausgedruckt sind. Wir sagen: „Da muß man doch die Einheit erkennen." Der Verkäufer

aber sagt: „Nein. Pro Regal gibt es einen Kaufvertrag, das sieht man auch daran, daß drei Einzelpreise auf der Rechnung ausgedruckt sind. Zweimal Buche – dieser Vertrag ist erfüllt. Die Teile haben keinen Mangel. Und wegen des Schleiflackregals können Sie mindern. Aber Schleiflack statt Buche ist lediglich ein unbedeutender kleiner Fehler der Kaufsache – man müßte nur ein paar Mark vom Kaufpreis nachlassen."
Also gehen wir dem Streit aus dem Weg und zum Beginn des Regalkaufes zurück – und zwar in das Stadium, in dem sich unsere Willenserklärung und die Willenserklärung des Verkäufers das erste Mal begegnen.
Wir wissen aus dem ersten Kapitel dieses Buches noch, daß es egal ist, ob die Willenserklärungen auf einem Schild stehen, ob sie in den Schnee geschrieben sind oder ob sie aus dem Munde eines Verkäufers kommen oder ob sie auf einem Stück Papier geschrieben stehen.
Am Schluß muß feststehen, was wir wollen. Unverrückbar festgestellt werden unsere Erklärungen durch einen Zeugen oder – am sichersten – auf einer Urkunde.

Die Quittung hilft, Streit zu vermeiden

Wenn Sie sich also eine Quittung haben geben lassen, auf der vermerkt ist „eine Regalwand, dreiteilig, Farbton Buche", haben wir Trümpfe in der Hand. Nun ist beweisbar, daß

- die drei Regale als eine Vertragseinheit gesehen werden und daß
- eine Eigenschaft der Kaufsache (Farbton Buche) zugesichert ist.

Juristisch ergibt das folgende Formel:

Kaufvertrag + zugesicherte Eigenschaft = Schadenersatz bei fehlender Eigenschaft.

Wir sollten deshalb immer versuchen, daß wir uns möglichst viele Qualitäten der Kaufsache als Eigenschaft zusichern lassen. Alle Banalitäten können zu zugesicherten Eigenschaften befördert werden, indem Sie sich diese Eigenschaft quittieren lassen.

SIEHE MUSTER: EINHEITLICHER KAUFVERTRAG

Unser Lohn dafür ist der weitreichendere Schadenersatz statt der bloßen Wandelung oder der nicht lohnenden Minderung.

Treffen Sie die richtige Wahl

Voraussetzung für den Schadenersatz aber ist neben dem Beweis von zugesicherten Eigenschaften auch, daß Sie sich nicht verwählen. Denn der schon zitierte § 463 im BGB ist wörtlich zu nehmen: *„... so kann der Käufer statt der Wandelung oder der Minderung Schadenersatz wegen Nichterfüllung verlangen."*
Sie haben also als Käufer ein Wahlrecht, das bis zum Vollzug rückgängig gemacht werden kann, falls sie sich verwählt haben.
Ihr Schadenersatz ist jedoch dahin, wenn Sie dem Verkäufer die Sache zurückgeben, und der Verkäufer gibt Ihnen den Kaufpreis zurück. In diesem Augenblick macht es

„Bingo“, und durch Erfüllung sind alle Rechte erloschen. Daraus wird aber auch umgekehrt ein Schuh, und den sollten wir uns von Fall zu Fall anziehen:

Wenn Sie Verkäufer sind und Schadenersatzansprüche auf sich zukommen sehen, sollten Sie die Kaufsache natürlich sofort zurücknehmen und dem Käufer das Geld in die Hand drücken. Dann sind alle gegen Sie gerichteten weitergehenden Ansprüche durch Erfüllung erloschen.

Wenn wir das berücksichtigen wollen, muß ein Kaufvertrag, den wir als Verkäufer schreiben, natürlich anders aussehen als der, den wir als Käufer gewählt haben.

SIEHE MUSTER: ALLGEMEINER KAUFVERTRAG

Wenn Sie diese Regeln beachten und den Vertrag immer danach aussuchen, auf welcher Seite Sie selbst gerade stehen, ist die Sache mit dem dreiteiligen Regal schnell geklärt. Es gibt Schadenersatzansprüche, um die Sie weder betteln noch lange prozessieren müssen. Und das alles verdanken wir den zugesicherten Eigenschaften, oder wir verdanken es eben der Tatsache, daß gerade eben diese zugesicherten Eigenschaften fehlten.

Das gilt aber natürlich nicht zeitlich unbegrenzt. Denn kein Verkäufer kann vom Gesetz gezwungen werden, auf ewig für das Funktionieren seiner Kaufsache zu haften. Das würde die Wirtschaft unseres Volkes ruinieren. Freiwillig kann er allerdings beliebige Funktionszusagen geben und/oder mit dem Käufer aushandeln.

Die Sache mit der Garantie

Jede Funktionszusage wird allgemein als „Garantie“ bezeichnet. Und vom Gesetz her haftet der Verkäufer für Mängel mindestens sechs Monate. Es sei denn, Sie haben sich als Käufer damit einverstanden erklärt, daß der Verkäufer gar nicht oder kürzer haften soll. Ansonsten heißt es:

BGB § 477 Abs. I Satz 1: „Der Anspruch auf Wandelung oder Minderung sowie der Anspruch auf Schadensersatz wegen Mangels einer zugesicherten Eigenschaft verjährt, sofern der Verkäufer den Mangel nicht arglistig verschwiegen hat, bei beweglichen Sachen in sechs Monaten von der Ablieferung, bei Grundstücken in einem Jahre von der Übergabe an.“

Nun gibt es allerdings in der Praxis auch Fälle, in denen die eben diese Garantie durch eine sich deckende Willenserklärung stillschweigend von beiden Parteien ausgeschlossen werden soll.

• **Beispiel für stillschweigenden Garantieausschluß:**

Angenommen, Sie haben einen 20 Jahre alten Fernsehapparat gekauft und dafür 50 Mark bezahlt. Nach fünf Monaten gibt die Bildröhre ihren Geist auf – das ist irreparabel, weil es Ersatzteile für die alte Kiste schon längst nicht mehr gibt.

In diesem Fall könnten Sie gegen den Verkäufer auch keine Rechte mehr geltend machen. Denn es ist anzunehmen, daß Sie ohne Worte mit dem Verkäufer stillschweigend besprochen haben, daß sie deshalb nur 50 Mark für den alten Fernsehapparat bezahlen, weil wohl bald mit Reparaturen zu rechnen ist.

Sollte in solchen oder ähnlichen Fällen doch die sechsmonatige Gewährleistung oder eine wie auch immer geartete Garantie gelten, müssen Sie das nachweisbar festlegen und hinterher beweisen können (Zeugen, Urkunde). Denn sonst wird jeder ehrliche Jurist Ihnen sagen, daß die gesetzliche Gewährleistung dem Anschein nach stillschweigend ausgeschlossen werden sollte.

Kapitel 8

Der finanzierte Kauf – Eigentum auf Kredit

Manchmal kommt alles zusammen. Es gibt die unausweichliche Lebenserfahrung, und auch Murphy bestätigt es in seinem allseits immer wieder zitierten Gesetz, daß Waschmaschinen immer in dem Monat kaputtgehen, in dem Weihnachts- oder Hochzeitsgeschenke zu kaufen sind. Das Auto streikt immer gerade in dem Moment, in dem die Urlaubs-Tickets zu bezahlen sind. Meist wird in diesem Monat auch noch der Jahresbetrag für Kfz-Steuer und sämtliche Versicherungen abgebucht. Kurzum: Man hat gespart und sich auf etwas gefreut, und urplötzlich bricht das Schicksal in Form von (un)erwarteten Geldausgaben für ganz andere Dinge über einen herein.

- **Das Beispiel mit der Waschmaschine**

Nehmen wir mal an, es wäre wirklich die kaputte Waschmaschine, die Ihnen Sorgen bereitet. Eine funktionierende Maschine muß her – egal, wie's in der Haushaltskasse ausschaut. Ein gebrauchtes Gerät tut es auch; denn sie müssen nicht die Trikots einer Bundesliga-Mannschaft waschen. Da trifft es sich gut, daß der Mechaniker ein Schnäppchen für 1000 Mark anzubieten hat.

Die Bank finanziert Ihnen diesen Betrag. Und Sie reichen die 1000 Mark an den freundlichen Monteur weiter. Er gibt Ihnen die Waschmaschine. Alles wäre prima – wenn sich das Schnäppchen nicht nach einer Woche bei 1000 Schleuderumdrehungen pro Minute in die Unreparierbarkeit verabschieden würde: Motor-, Lager- und Steuerungsschaden!

Der Monteur aber ist nicht mehr aufzutreiben. Und Sie haben sich als monatliche Erinnerung an die Waschmaschine nur noch die Kreditrate erhalten – auch wenn Sie nun mit der Hand waschen müssen.

So kann es wirklich kommen, auch wenn's im Beispiel übertrieben klingt. Deshalb sollte man sich eine Grundregel für den Kauf auf Kredit einprägen:

Gut ist es immer, wenn der Kreditvertrag und der mit dem Kredit zu erfüllende Kaufvertrag auf einem Stück Papier geschrieben stehen und wenn die Bank das Geld aus dem Kreditvertrag direkt an den Verkäufer zahlt.

In solchen Fällen könnte man nämlich den Kreditgeber und den Verkäufer als einen Ansprechpartner sehen und Kreditraten zurückbehalten, bis die Waschmaschine wieder läuft. Oder der ganze einheitliche Vertrag – also Kaufvertrag inklusive Finanzierung – könnte rückgängig gemacht werden.

SIEHE MUSTER: EINHEITLICHER FINANZIERTER KAUF INKLUSIVE KREDITVERTRAG

Versuchen Sie, den Verkäufer und den Kreditgeber in Ihrem Interesse an einen Tisch zu bringen.

Notfalls genügt zur Herstellung eines einheitlichen Vertrages aus Finanzierung und Kauf auch, wenn der Kreditgeber seinen Firmenstempel mit auf dem Kaufvertrag drückt und den Vertrag abzeichnet.

Sie können dem Kreditgeber das schmackhaft machen, indem Sie ihn mit dem Sicherungseigentum am Kaufgegenstand ködern.

SIEHE MUSTER: EINHEITLICHER FINANZIERTER KAUF UNTER BEZUG AUF GESONDERTEN KREDITVERTRAG

Diesem Bissen kann normalerweise kein Banker widerstehen. Bei Zeilen, die weitere Sicherheiten fürs ausgeliehene Geld versprechen, kommt jedes Kreditinstitut in einen Beißrausch. Zur Not nehmen Sie eben das Kreditformular des Geldinstitutes und binden dort den Kaufvertrag ein. Und wenn Sie sich schon nebenbei mit dem Kreditvertrag eingehender beschäftigen, können Sie dort wahrscheinlich die Klauseln entdekken, die ungültig sind.
Welche das sind, steht in unserem Kapitel über die Allgemeinen Geschäftsbedingungen.

Wichtig ist bei allen Geschäften dieser Art, daß die vertragliche Einheitlichkeit von Kauf und Finanzierung deutlich wird.
Sie haben dann gute Chancen, daß Kaufvertrag und Kreditvertrag als eine Einheit bewertet werden und daß Mängel des einen Vertrages auf den anderen Vertrag durchschlagen.

Im Klartext bedeutet das für Sie:

- Sind Sie beim Kauf betrogen worden, kann der Kreditgeber nicht sagen, daß ihn das nicht interessiert. Es handelt sich um ein Vertragsverhältnis – die Raten müssen Sie nicht mehr bezahlen.
- Auch wenn der mit Ihnen abgeschlossene Kreditvertrag fehlerhaft ist, weil Sie mit Modellrechnungen irregeführt wurden, die nicht auf Ihre persönliche Situation und ihre Einkommensverhälnisse abgestimmt waren, kann der Verkäufer nicht sagen, daß es ihn nichts angeht, wenn Sie nun irrwitzige Finanzierungskosten zu tragen haben.

Das müssen Sie übers Verbraucherkreditgesetz wissen

Bei größeren Anschaffungen kann der Verbraucher seine Schuld meist als Ratenzahlung begleichen. Juristen verstehen darunter, daß die Schuld in mindestens zwei zeitversetzten Beträgen beglichen wird.
Diese Finanzierungsform wird von Waren- und Versandhäusern, Auto- und Möbelhändlern und überhaupt von fast allen Verkäufern angeboten.
Zum Teil ist das ein Werbeargument (heute mitnehmen, morgen bezahlen), zum Teil ist es eine Notwendigkeit des Marktes, weil alle diese Möglichkeit anbieten. Immer aber ist es auch die Anstiftung zu einem Konsum, den sich der Verbraucher so eigentlich gar nicht leisten kann.

Der Gesetzgeber hat für alle Abzahlungsgeschäfte umfassende Verbraucherschutzvorschriften erlassen, die ein Verbraucher kennen sollte und die er für sich ausnutzen kann. Das Verbraucherkreditgesetz schützt den Konsumenten und lastet dem Anbieter umfassende formale Pflichten auf.

Wie überall in Rechtsbereichen, die spezielle Personengruppen schützen wollen, ist es auch hier möglich, daß die Absicht des Gesetzes ins Gegenteil verkehrt wird. Als Verbraucherschutzgesetz schützt dieses Gesetz also auch den cleveren Rechtsanwalt, der das Klavier für seine Tochter in Raten kauft. Der Anwalt kennt nämlich den Trick, wie er über die richtige Auslegung des Gesetzes eine Finanzierung zu vier Prozent bekommt.

Der Klavierhändler kennt den Trick nicht. Er freut sich über den Handel und bemerkt erst später, daß er das Klavier viel teurer finanzieren muß, als er es auf die Ratenzahlung draufschlagen konnte – ja, so ist das. Verbraucherschutz unterscheidet nicht zwischen guten und bösen Verbrauchern und nicht zwischen guten und bösen Anbietern. Es werden statt dessen ganz formalistisch Auflagen gemacht, und es kommt ganz formalistisch zu Rechtsfolgen.

Diese Rechtsfolgen sollen zwar von Richtern einzelfallbezogen auf ihre Wertungsrichtigkeit überprüft werden – allerdings gibt es nur wenige Richter, die ihren Job noch als eine solche großartige Aufgabe praktizieren – aber es gibt sie.

Ganz oft jedoch wird das Recht an fünf Tagen in der Woche von zehn bis fünfzehn Uhr inklusive Kaffee- und Mittagspause verwaltet.

Aber uns stört das nicht, weil wir nicht auf Hilfe hoffen, sondern uns selber zu helfen versuchen.

Wir als Verbraucher müssen wissen, wie das Verbraucherkreditgesetz funktioniert, damit es uns nutzt.

Der Anbieter muß als Gewerbetreibender wissen, wie das Verbraucherschutzgesetz funktioniert, damit es ihm nicht schadet.

Wo und wann gilt das Verbraucherkreditgesetz?

Das läßt sich am einfachsten erklären, wenn wir uns das Verbraucherkreditgesetz (abgekürzt: VerbrKrG) einmal selbst anschauen. Da heißt es in § 1 Abs. I: *„Dieses Gesetz gilt für Kreditverträge und Kreditvermittlungsverträge zwischen einer Person, die in Ausübung ihrer gewerblichen oder beruflichen Tätigkeit einen Kredit gewährt (Kreditgeber) oder vermittelt oder nachweist (Kreditvermittler), und einer natürlichen Person, es sei denn, daß der Kredit nach dem Inhalt des Vertrages für ihre bereits ausgeübte gewerbliche oder selbständige berufliche Tätigkeit bestimmt ist (Verbraucher).“*

Weiter heißt es in Abs. II: *„Kreditvertrag ist ein Vertrag, durch den ein Kreditgeber einem Verbraucher einen entgeltlichen Kredit in Form eines Darlehens, eines Zahlungsaufschubes oder einer sonstigen Finanzierungshilfe gewährt oder zu gewähren verspricht.“*

Und dann folgt noch Abs. III: *„Kreditvermittlungsvertrag ist ein Vertrag, nach dem ein Kreditvermittler es unternimmt, einem Verbraucher gegen Entgelt einen Kredit zu vermitteln oder ihm die Gelegenheit zum Abschluß eines Kreditvertrages nachzuweisen.“*

Mit wenigen Ausnahmen werden durch dieses Gesetz praktisch die gesamten Kredit- und Abzahlungsgeschäfte von Verbrauchern geregelt.
Vereinfacht kann gesagt werden, daß das Gesetz auf alle Ab- oder Teilzahlungsgeschäfte zwischen Verbrauchern und Profis anwendbar ist.

Und hier handelt es sich nun auch um eine der wenigen Vereinbarungen, bei denen es nicht nur auf den Inhalt ankommt:

- Damit der Verbraucher gewarnt ist, daß er sich hier längerfristigen und wohl auch schwerwiegenderen Verpflichtungen unterwirft, ist für diesen Vertrag die Schriftform gesetzlich vorgeschrieben (§ 4 Abs. I VerbrKrG).

Dadurch und durch die Anforderungen, die das Gesetz an den Inhalt eines solchen Vertrages stellt, ist schon vor Vertragsschluß gewährleistet, daß der Verbraucher weiß, worauf er sich einläßt. In der Vertragsurkunde müssen folgende Angaben enthalten sein:

- der Barzahlungspreis (er ist als eine Zahl inklusive der Mehrwertsteuer anzugeben),
- der Teilzahlungspreis (er ist der summenmäßige Gesamtbetrag von Anzahlung und allen vom Verbraucher zu entrichtenden Teilzahlungen einschließlich Zinsen und sonstiger Kosten. Er muß vom Anbieter berechnet sein, es genügt nicht, wenn nur die Möglichkeit der Berechenbarkeit besteht – OLG Hamm NJW-RR 1989, 379),
- die Ratenhöhe (Summe als Betrag),
- die Anzahl der einzelnen Raten,
- die auf ein Datum bezogene Fälligkeit der einzelnen Raten, der Hinweis, daß ein Eigentumsvorbehalt vereinbart ist (Wenn der Eigentumsvorbehalt nicht abgezeichnet ist, gilt er als nicht vereinbart.) und
- die Angabe des effektiven Jahreszinses (das ist der Prozentsatz pro Jahr, den der Verbraucher wirklich zu tragen hat, wobei neben der eigentlichen Ausleihgebühr fürs Geld, dem Nominalzins, auch alle Nebenkosten eingerechnet sind).

Diese Vielzahl von Angaben ist deshalb erforderlich, weil nicht irgendwelche Zinsen, Nebenkosten oder Bearbeitungsgebühren irgendwo versteckt oder das eine hinter dem anderen verborgen werden soll. Der Gesetzgeber will möglichst viel Klarheit und Durchblick für den Verbraucher schaffen.

Beispiel für scheinbare und wirkliche Kreditkosten:

Angenommen, Sie finden folgendes Kreditangebot: „Den Kredit von DM 1000 zahlen Sie in 12 Raten á DM 86,66 zurück."

Sie rechnen und stellen schnell fest: Zwölf Monatsraten á 86,66 bedeuten einen Gesamtbetrag von 1040 Mark. Innerhalb eines Jahres bedeutet das auf den Kreditbetrag von 1000 Mark einen Zinssatz von vier Prozent. Das wäre günstig. Aber: Damit ist es leider nicht getan, es kommt noch einiges hinzu:

Bearbeitungsgebühr	50 DM
Konteneinrichtungsgebühr	30 DM
Kontenlöschungsgebühr	20 DM
Auskunftsgebühr (Schufa)	20 DM
Vertragsausfertigungsgebühr	10 DM
Summe	130 DM

Rechnen wir diesen Betrag zu der bereits genannten Summe von 1040 Mark hinzu, ergeben sich insgesamt 1170 Mark – und nun sieht unser Abzahlungsgeschäft schon etwas anders aus, denn der effektive Jahreszins beträgt danach 17 %. Deshalb müssen die oben aufgeführten Angaben dem Verbraucher schriftlich im Vertrag vor Augen gehalten werden.

Fehlen die Angaben zum Teilzahlungspreis oder effektiven Jahreszins, ist der Vertrag nichtig. Er wird zwar wirksam, wenn die finanzierte Sache übergeben wird. Aber dann schuldet der Verbraucher nur einen Teilzahlungspreis, der sich aus dem Barzahlungspreis zuzüglich der gesetzlichen Zinsen errechnet – und das sind 4 Prozent Zinsen pro Jahr (§ 246 BGB). Diesen Preis kann der Verbraucher in den vereinbarten Raten bezahlen.

Wenn ein Barzahlungspreis nicht genannt wird, gilt übrigens automatisch der übliche Marktpreis als vereinbart. Hierauf sollten Sie bestehen, wenn Sie zu teuer eingekauft haben.
Für den Verbraucher schlummert also in jedem Abzahlungsgeschäft die Chance der Ratenzahlung zum Barpreis, und jedem Anbieter droht bei Formfehlern eine unfreiwillige Finanzierung zu Barzahlungskonditionen.

- Rechenfehler werden immer zu Gunsten des Verbrauchers ausgelegt.

Der Verbraucher ist also – bevor er unterschreibt – umfassend unterrichtet und gewarnt vor dem, was auf ihn zukommt. Aber die gesetzgeberische Verbraucher-Beglückung geht noch weiter:

- Fast wie gegenüber einem Unmündigen, wird dem Verbraucher noch eine weitere Bremse in Form eines Widerrufsrechtes (§ 7 VerbrKrG) zur Verfügung gestellt. Das hat seine Ursache aber in den Erfahrungen der Vergangenheit, in denen eine Unterschrift im Kaufrausch ganze Familien überschuldet und ruiniert hat.

Ihr Widerrufsrecht bei Verbraucherkreditverträgen

- Die Erklärung bezogen auf ein Abzahlungsgeschäft des Verbrauchers wird erst wirksam, wenn er sie nicht binnen einer Woche schriftlich widerruft.
- Zur Wahrung der Frist genügt das rechtzeitige Absenden des Widerrufes.
- Die Frist beginnt erst zu laufen, wenn der Verbraucher

1. drucktechnisch deutlich auf sein Widerrufsrecht hingewiesen wurde,
2. er diese Erklärung gesondert unterschrieben hat,
3. ihm diese Erklärung mit Namen und Anschrift des Widerrufsadressaten ausgehändigt worden ist.

Aber diese Vorschriften kennen natürlich auch manche gerissenen Geschäftemacher und beugen deshalb vor:

Achten Sie unbedingt darauf, daß die Verträge beim Unterschreiben nicht schon um eine Woche zurückdatiert sind!

Wenn Sie den Darlehensbetrag schon ausgezahlt bekommen haben, den Vertrag aber nicht mehr wollen, müssen Sie

- fristgerecht innerhalb einer Woche widerrufen und
- innerhalb von zwei Wochen nach Erhalt des Darlehens oder
- innerhalb von zwei Wochen nach Widerruf

das Darlehen zurückgezahlt haben. Unbedingt beachten müssen Sie, daß bei keiner Variante die Frist von zwei Wochen überschritten wird.

SIEHE MUSTER: WIDERRUF NACH DEM VERBRAUCHERKREDITGESETZ

Geben Sie die Widerrufserklärung so ab, daß sie einen Beleg dafür haben. Das ist möglich per Einschreiben Rückschein (ihr Postamt hilft ihnen), per Telefax (sie bewahren das Sendeprotokoll auf) oder Sie bedienen sich eines Boten, der bezeugen kann, daß Sie die Erklärung abgegeben haben (Namen und Anschrift des Boten notieren, der Bote darf ihren Abzahlungsvertrag jedoch nicht mitunterschrieben haben, in einer Gerichtsverhandlung wäre er dann nämlich „Partei" und kein Zeuge mehr – er wäre also kein geeignetes Beweismittel für die Abgabe der Widerrufserklärung.)

Die andere Seite: Wann Kreditkündigung droht

Wer's nachlesen will, findet die entsprechenden Texte dazu in § 12 (Abs. I Ziffer 1 und 2) des Verbraucherkreditgesetzes. Aber wir wollen's mal kurz und bündig machen:

Beim ersten Verstoß gegen die Zahlungspflichten aus dem Vertrag droht nicht sofort Unheil. Sie haben noch eine Galgenfrist – aber keine lange.

Bei vom Profi an einen privaten Verbraucher gewährten Teilzahlungskredit kann der Profi wegen Zahlungsverzug des Verbrauchers nur dann kündigen und eventuell auch die Herausgabe einer Sicherheit verlangen, wenn

- der Verbraucher mit mindestens zwei aufeinanderfolgenden Teilzahlungen ganz oder teilweise und mindestens mit zehn Prozent (wovon kommt gleich) in Verzug ist,
- bei einer Laufzeit des Kredites von über drei Jahren muß der Verbraucher mit fünf Prozent in Verzug sein.

Die Prozentsätze beziehen sich auf den Nennbetrag (das ist der Betrag, auf den der Kredit lautet) oder den Teilzahlungspreis. Die für den Verbraucher jeweils günstigere Regelung ist gültig.

- Der Profi muß dem Verbraucher erfolglos eine zweiwöchige Frist zur Zahlung des rückständigen Betrages mit der Erklärung gesetzt haben, daß er bei Nichtzahlung innerhalb der Frist die gesamte Restschuld verlangt.

Sie sehen also: Aus heiterem Himmel gibt es keinen Ärger mit Kündigungen.

Besonderheiten beim Versandhandel

Wenn aus einem Verkaufsprospekt des Versandhandels das Angebot

- den Barzahlungspreis,
- den Teilzahlungspreis,

- die Anzahl der einzelnen Raten,
- die auf ein Datum bezogene Fälligkeit der einzelnen Raten sowie
- den effektive Jahreszins enthält,
- der Verbraucher diese Daten ohne Anwesenheit des Anbieters zu Kenntnis nehmen konnte und wenn
- dem Verbraucher ein uneingeschränktes Rückgaberecht binnen einer Woche

eingeräumt wird, steht das dem Widerruf und der Widerrufsbelehrung gleich. Achten Sie darauf, daß Sie die Rückgabe durch Einlieferungsquittungen bei der Post belegen können. Oder Sie lassen sich vom Paketfahrer des Versandhandels die Entgegennahme des Paketes quittieren. Die Frist beginnt erst zu laufen, wenn Sie deutlich über das Rückgaberecht belehrt wurden.

Das Rückgaberecht wird ausgeübt durch Rücksendung der Ware und bei nicht postpaketversandfähigen Sachen (über 20 Kilogramm) durch schriftliches Rücknahmeverlangen.
Rücksendung und Rücknahme erfolgen auf Kosten und Gefahr des Anbieters.

Sie müssen die Seidenbluse also auch dann nicht bezahlen, wenn sie auf dem Rückweg ins Versandhaus – ob nun per Post oder Spediteur – einen Wasserfleck bekommt. Ihre Haftung hört auf, sobald die Ware dem Transporteur übergeben worden ist.

Kein Gesetz ohne Ausnahmen

Neben den Besonderheiten bei Versandhandels-Geschäften gibt es noch ein paar Situationen, in denen das Verbraucherkreditgesetz keine Anwendung findet. Das sind

- Geschäfte mit einem Grundvolumen, das 400 Mark nicht übersteigt,
- Geschäfte mit einem Grundvolumen, das 100 000 Mark nicht übersteigt, wenn damit eine selbständige Tätigkeit begründet werden soll,
- Geschäfte, durch die lediglich ein Zahlungsaufschub (also ohne Zinszahlungen) von nicht mehr als drei Monaten vereinbart wird,
- Arbeitnehmerkredite durch den Arbeitgeber, die unter dem Zinssatz des Marktes liegen,
- öffentliche Förderkredite, die unter dem Zinssatz am Markt liegen.

Wenn's Probleme mit Krediten gibt

Nun wissen wir zwar, welches Unheil drohen kann, wenn wir vertragliche Pflichten als Kreditnehmer nicht erfüllen. Aber so weit sollte man es nicht kommen lassen. Wichtig ist vor allem, selbst und rechtzeitig zu reagieren. Wer den Kopf in den Sand steckt und darauf hofft, daß andere die Schulden einfach vergessen, hat immer schlechte Karten.

Machen Sie selbst den ersten Schritt und nehmen Sie Kontakt mit Ihren Gläubigern auf.

Im Geschäftsleben ist es absolut üblich, daß Firmen sich ein längeres Zahlungsziel ausbitten. Das können Sie auch als Privatperson tun – und im Normalfall wird man auf solche Wünsche eingehen, weil niemand daran gelegen sein kann, Sie in eine Notlage zu treiben. Da gilt dann der alte Spruch von der Kuh, die man nicht schlachten sollte, solange sie noch Milch gibt.

SIEHE MUSTER: ZAHLUNGSAUFSCHUB

SIEHE MUSTER: TEILZAHLUNGSANGEBOT

Wenn sich der Gläubiger darauf nicht einlassen will, kann auch eine notarielle Schuldanerkenntnis angeboten werden.

SIEHE MUSTER: SCHULDANERKENNTNIS

Dies sollte aber nur im Notfall überlegt werden, denn die darin enthaltenen Zusagen müssen unbedingt eingehalten werden.

Kapitel 9

Besondere Tücken bei anderen Bank- und Geldgeschäften

Bankkunden sind treu: Nur zwei von hundert Kontoinhabern wechseln pro Jahr ihr Geldinstitut. Die Banken wissen das – und nutzen es gern aus: Ob man sein Spargeld anlegen will oder einen Kredit benötigt. Deshalb darf auch niemand damit rechnen, bei „seiner Bank" besonders gut bedient zu werden – dem treuen Kunden werden die teuersten Kredite verkauft und die schlechtesten Anlagen. Denn der treue Kunde läuft nicht zur Konkurrenz. Und die Bankmitarbeiter müssen, um Bonuspunkte für Aufstieg und Gratifikationen zu sammeln, vor allem das verkaufen, was der Bank viel Geld einbringt, den Kunden aber viel Geld kostet.

Nur dann, wenn die Bank befürchten muß, daß der Kunde zur Konkurrenz abwandert, werden Zugeständnisse und Preisvorteile gewährt. Deshalb sollte jeder seiner Bank deutlich machen, daß er auch zu einem Wechsel des Instituts bereit wäre.

Genau betrachtet, sind alle dem Kunden genannten Konditionen Bluff, auch die gedruckten Preislisten. Schon der Sachbearbeiter kann ein wenig davon abweichen. Bei hartnäckigen Kunden darf der Filialleiter noch mal bessere Bedingungen anbieten. Und wenn's um große Geschäfte wie Baufinanzierungen geht, kann die Zentrale der Bank noch bessere Konditionen genehmigen. Im Klartext: Wer sofort dem zustimmt, was seine Bank ihm hinlegt, wird gnadenlos über den Tisch gezogen, genauso wie bei jedem Einkauf ohne Preisvergleich. Und den kann man auch bei Geldgeschäften anstellen.

SIEHE MUSTER: PREISVERGLEICH WEGEN KREDITKOSTEN

SIEHE MUSTER: ABFRAGE VON KONDITIONEN BEI GELDANLAGEN

Wer sich von mehreren Instituten schriftlich Angebote bestellt, gibt sich sofort als kritischer Kunde zu erkennen – um den man sich bemühen muß. Und er wird schnell erhebliche Unterschiede bei den Konditionen feststellen.

Warum die Preisunterschiede zwischen den Geldinstituten so groß sind, läßt sich leicht erklären: Die großen Sparkassen zum Beispiel verfügen über Riesensummen niedrig verzinster Geldeinlagen, vor allem auf den Sparbüchern älterer Kunden. Dieses Geld können die Sparkassen zu niedrigen Zinsen wieder ausleihen.

Wer Preisvergleiche für Geldanlagen und Kredite ohne großen Aufwand anstellen will, muß nur vier Institute abfragen.

Natürlich ist es gut, einen möglichst großen Kreis anzuschreiben, aber wem der Aufwand zu groß ist, der kann sich an dieses Raster halten und schreibt nur vier Konkurrenten an:

- eine Großbank (Commerz-, Deutsche oder Dresdner Bank haben am gleichen Ort fast immer gleiche Konditionen),
- die örtliche Sparkasse,
- die Postbank (Infos in jedem Postamt, feste Sätze, kein Verhandlungsspielraum) und
- eine Genossenschaftsbank (Sparda- oder Volksbank, Raiffeisenkasse, Sparda-Banken oft mit niedrigsten Kontogebühren).

Wenn es Probleme mit einer neuen oder zusätzlichen Bankverbindung gibt, liegt das fast immer an negativen Eintragungen bei einer Kreditauskunftei.

An diese Auskunfteien werden z.B. von den Geldinstituten, Kreditkartenfirmen oder Versandhäusern Kundendaten übermittelt, Hinweise auf eingeräumte Kredite oder Probleme bei Kreditrückzahlungen. Die Einwilligung dazu erteilt man bei der Kontoeröffnung. Und da kann es durchaus vorkommen, daß auch mal falsche oder alte Daten gespeichert werden, die einem anschließend das Leben schwermachen.
Wer dann überprüfen will, welche Daten überhaupt gespeichert sind, muß sich von seiner Bank die Auskunftei nennen lassen, mit der Daten ausgetauscht werden. Meist handelt es sich dabei um Schufa, Creditreform oder Schimmelpfeng. Dorthin kann man sich wenden, die gespeicherten Daten (gegen Gebühr) abfragen, korrigieren lassen bzw. die Weitergabe von Daten untersagen.

siehe Muster: Datenabfrage bei einer Auskunftei
siehe Muster: Korrektur von gespeicherten Daten
siehe Muster: Verbot der Datenspeicherung und Weitergabe

Allerdings müssen Sie bei einem Verbot der Datenweitergabe damit rechnen, daß es künftig Probleme bei Geldgeschäften gibt: Wenn die Auskunfteien nichts mehr über Sie mitteilen dürfen, sind Sie für die Banken kein gläserner Kunde mehr – und damit ein Risikofaktor.

So wehren Sie sich gegen unzulässige Gebühren

Ohne Girokonto läuft nichts. Die Banken wissen's und langen bei Gebühren kräftig zu (normal: 60 bis 450 Mark pro Jahr). Viele Positionen werden verschleiert, verschlüsselt, in Pauschalen versteckt.
Entgehen kann man dem nur, wenn man Gebührenabrechnungen nicht mehr einfach hinnimmt, sondern sich Posten für Posten erklären lassen. Dabei kann auch geprüft werden, ob Kontoführungspauschalen billiger werden.

Berechnet werden dürfen nur solche Gebühren, die auch im Preisaushang ausgewiesen sind.

In allen anderen Fällen sollte einer Gebührenbelastung widersprochen und die Rückerstattung verlangt werden.

SIEHE MUSTER: WIDERSPRUCH GEGEN GEBÜHRENBELASTUNG

Durch Gerichtsentscheide sind mittlerweile eine ganze Reihe von üblicherweise verlangten Gebühren für unzulässig erklärt worden. Dazu gehören die folgenden Kosten:

Unzulässige Forderungen der Banken

Art	Begründung	Gericht/Aktenzeichen
Ablösekosten für vorzeitige Darlehensrückzahlung (Vorfälligkeitsentschädigung)	Müssen nur zum Teil gezahlt werden, weil die Bank ein bei der Kreditaufnahme gezahltes Disagio (Abschlag, vorweggenommene Zinszahlung) anteilig erstatten und abziehen muß – was gern vergessen wird.	BGH XI ZR 70/93
Ausstellungsgebühr von Urkunden für Hypothekenlöschung	Es darf kein Geld dafür kassiert werden, daß die Bank nach einer Hypotheken-Rückzahlung die gesetzlich vorgesehene Bewilligung zur Löschung im Grundbuch erteilt. Die Ausstellung ist eine gesetzliche Verpflichtung, für die kein Geld verlangt werden kann.	BGH XI ZR 244/90
Barzahlungsgebühren für Ein- oder Auszahlungen am Schalter	Sind immer unzulässig, auch wenn für Auszahlungen als kostenfreie Alternative ein Geldautomat angeboten wird. Denn jede Geldschuld muß als Barzahlung zu begleichen sein – ohne „Strafe".	BGH XI ZR 80/93
Bearbeitungsgebühr für nicht abgeschlossenen Kreditvertrag	Wenn ein Kreditvertrag nicht zustande kommt, darf die Bank – auch wenn das Scheitern nicht ihr Verschulden war, keine Bearbeitungsgebühr verlangen. Das Scheitern ist als normales Geschäftsrisiko zu werten.	AG Iserlohn 42 C 346/88
Buchungsgebühr für Ein- oder Auszahlungen am Schalter	Sind ebenso wie Barzahlungsgebühren (siehe vorstehendes Stichwort) unzulässig, weil damit das BGH-Urteil durch die Hintertür umgangen werden soll. Bargeldauszahlung ist keine Dienstleistung, sondern die Verpflichtung der Bank, das ihr anvertraute Geld zurückzugeben.	AG Krefeld 10 C 336/94-2/95

Art	Begründung	Gericht/Aktenzeichen
Kreditgebühren bei „geplatzter" Autofinanzierung	Müssen nicht gezahlt werden, wenn trotz Kreditvertrag der Autokauf nicht zustande kommt und es sich um die Hausbank (Finanzierungsgesellschaft) des Herstellers handelt.	LG Braunschweig 7 S 7/94
Kreditgebühren für das Darlehen eines Ehegatten	Trotz übernommener Bürgschaft muß eine erst seit kurzer Zeit volljährige Ehefrau, die über keine qualifizierte Berufsausbildung verfügt und auch kaum praktische geschäftliche Erfahrungen hat, nicht Kreditschulden des Ehemannes ablösen – sie ist von der Bank aufgrund ihrer schwächeren Verhandlungsposition ausgenutzt worden.	BGH XI ZR 184/93-4/94
Löschungsbewilligung bei einer Hypothek/Grundschuld	Für die Ausfertigung darf keine Gebühr verlangt werden, weil die Erteilung einer solchen Quittung eine untrennbar mit dem Darlehensvertrag verbundene Nebenpflicht ist, zu der das Institut (hier: Sparkasse) verpflichtet ist.	AG Steinfurt 21 C 275/94
Mahngebühr wegen fälliger Kreditraten	Wenn beim Kunden fällige Kreditraten für eine Hypothek angemahnt werden, darf dafür keine Gebühr verlangt werden – Pech für die Wiesbadener Volksbank, die 10 DM für die erste und 20 DM für die zweite Mahnung haben wollte.	BGH XI ZR 244/90
Schätzgebühren für Grundstück/Haus wegen einer Hypothek	Kommt ein Darlehensvertrag gar nicht zustande, darf die Hypothekenbank keine pauschalierten Kosten für die Schätzung eines Beleihungsobjekts verlangen.	LG Dortmund 1 S 491/92-5/93
Überweisungsgebühr aus dem Ausland auf ein deutsches Konto	Das Geldinstitut darf vom Überweisungsbetrag keine Gebühren einbehalten – es sei denn, es gab darüber vorher schon eine Vereinbarung mit dem Kunden.	AG Düsseldorf 37 C 13617/92

Art	Begründung	Gericht/Aktenzeichen
Überziehungsgebühr als Pauschale für Kreditkarten-Konten	Die rückwirkende Berechnung von Zinsen bei versäumtem Zahlungstermin ist unzulässig, eine pauschale Überziehungsgebühr nicht fristgerechter Einzahlungen kann nicht als Vertragsstrafe verlangt werden – zumal wenn der Kunde nicht mal durch eine Mahnung in Verzug gesetzt wurde.	BGH XI ZR 69/93
Überziehungszinsen für einen Kredit	Auch wenn der Kreditkunde ein Darlehen über den Fälligkeitstermin hinaus in Anspruch nimmt, darf die Bank keine Überziehungszinsen, sondern nur die vereinbarten Zinsen verlangen. Im übrigen müßte ein Verzugsschaden nachgewiesen werden.	OLG Düsseldorf 6 U 220/90
Überziehungszinsen trotz Kontoausgleich	Sind unzulässig, wenn ein Überweisungsauftrag durch Direkteingabe in das Kassenterminal einer Sparkasse sofort ausführbar ist, weil das Konto des Empfängers bei derselben Sparkasse geführt wird. Die Gutschrift muß am Tag der Direkteingabe am Terminal erfolgen (sofortiger Kontoausgleich, keine Überziehungszinsen), auch wenn der Kontoauszug aus technischen Gründen erst einen Tag später erstellt wird.	OLG Hamm 21 U 126/92-1/93
Überziehungszinsen trotz Kontoausgleich per Bareinzahlung	Bareinzahlungen am Schalter müssen dem Kunden am selben Tag gutgeschrieben werden, nicht erst mit einer Wertstellung am nächsten Tag. Den Kunden wird sonst die Zinspflicht für einen Schuldsaldo auferlegt, den es in Wirklichkeit gar nicht gibt. Pech für die Bezirkssparkasse Heidelberg (und alle anderen Geldinstitute), daß die Verbraucherzentrale Baden-Württemberg so hartnäckig blieb und durch alle Instanzen ging.	BGH XI ZR 54/88

Wenn eine der genannten Gebühren berechnet werden soll oder wurde, ist ein sofortiger Widerspruch mit Hinweis auf die jeweilige Gerichtsentscheidung sinnvoll.

SIEHE MUSTER: RÜCKFORDERUNG UNZULÄSSIGER GEBÜHREN

Schutz vor falschen Abbuchungen und Überweisungen

Die Banken dürfen mit Ihrem Girokonto natürlich nicht machen, was sie wollen. Trotzdem tun sie's gelegentlich. Da kommt es vor, daß eine Überweisung zwar dem richtigen Empfänger zugeht, aber nicht auf das von Ihnen gewünschte, sondern auf ein anderes Konto. Beispiel: Sie sollten jemandem einen bestimmten Betrag auf das Privatkonto überweisen, die Bank hat das Geld aber auf ein Firmenkonto gebucht, weil das erheblich überzogen war. Wenn aber nur die Überweisung auf das Firmenkonto „befreiende Wirkung" für Sie hat, also nur dadurch Ihre Schuld zu begleichen ist, kann eine solche ungewollte Umbuchung Ärger geben. Deshalb sollte sofort widersprochen werden.

SIEHE MUSTER: BUCHUNGSKORREKTUR

Vorkommen kann es auch, daß ohne Ihre Zustimmung und ohne Ihre Genehmigung plötzlich Geld von Ihrem Girokonto verschwindet.

Wer Ihre Bankverbindung, Ihren Namen und Ihre Anschrift kennt, kann Ihr Girokonto plündern!

Der Grund ist, daß Lastschriften im Einzugsverfahren nicht oder kaum von den Banken geprüft werden. Aber: Innerhalb von sechs Wochen kann man jede Lastschrift, mit der man nicht einverstanden ist, wieder rückgängig machen.

SIEHE MUSTER: LASTSCHRIFTRÜCKGABE

Die Bank ist verpflichtet, Ihnen das Geld wieder aufs Konto zu schicken, ob die Abbuchung nun gerechtfertigt war oder nicht. Das geht die Bank nichts an. Damit solche Pannen gar nicht erst passieren, sollten die erteilten Abbuchungs- oder Einzugsgenehmigungen sofort widerrufen werden, wenn der Zahlungsanspruch nicht mehr besteht.

SIEHE MUSTER: WIDERRUF EINER EINZUGSERMÄCHTIGUNG

Ebenso ist es bei Daueraufträgen, die ihre Berechtigung verloren haben. Hier ist der Widerruf noch wichtiger, weil bei erfolgter Buchung das Geld nicht mehr von der Bank, sondern nur noch vom Empfänger zurückgefordert werden kann.

SIEHE MUSTER: WIDERRUF EINES DAUERAUFTRAGES
SIEHE MUSTER: ÜBERWEISUNGS-RÜCKFORDERUNG

Bei Krediten an Minderjährige

Weil gerade die Geldinstitute heute schon gern die Kunden von morgen an sich binden möchten, bekommen schon Zwölfjährige von den Banken und Sparkassen die Möglichkeit eingeräumt, zu besonders günstigen Konditionen Giorokonten oder Sparbücher eröffnen. Gegen die Verfügung über solche Konto und die Eröffnung ist nichts zu sagen. Aber: zum Teil werden auch Minderjährigen schon Überziehungskredite eingeräumt. Und dies ist durch das Bürgerliche Gesetzbuch (§ 1643 Abs. 1 und § 1822, Abs. 8) verboten. Es ist auch verboten, dies mit Erlaubnis der Eltern zu tun – denn in jedem Fall müßte zusätzlich die Genehmigung vom Vormundschaftsgericht eingeholt werden – die aber liegt unter Garantie nicht vor, weil kein Richter mitspielen würde.

Eltern sind nicht verpflichtet, die Schulden ihrer minderjährigen Kinder auf dem Girokonto auszugleichen. Auf die Rückzahlung solcher Überziehungskredite haben Geldinstitute gar keinen Anspruch.

Dennoch versuchen Banken, in solchen Fällen Geld von den Eltern zu bekommen. Doch da sollte niemand mitspielen.

SIEHE MUSTER: WIDERSPRUCH BEI KREDITEN AN MINDERJÄHRIGE

Geldgeschäfte unter Privatpersonen

Durch das Verbraucherkreditgesetz (siehe besonderen Abschnitt) soll zwar vermieden werden, daß Kunden von Profis übers Ohr gehauen werden. Aber auch bei Geldgeschäften unter Privatpersonen gibt es eine Schutzbestimmung im Bürgerlichen Gesetzbuch, die ähnlich wirken soll:
§ 138 II BGB: *„Nichtig ist insbesondere ein Rechtsgeschäft, durch das jemand unter Ausbeutung der Zwangslage, der Unerfahrenheit, des Mangels an Urteilsvermögen oder der erheblichen Willensschwäche eines anderen sich oder einem Dritten für eine Leistung Vermögensvorteile versprechen oder gewähren läßt, die in einem auffälligen Mißverhältnis zur Leistung stehen."*
Wir können also bei privaten Geldgeschäften alle Vereinbarungen frei aushandeln, sollten aber nicht versuchen, den anderen wie ein Wucherer über den Tisch zu ziehen. Das wäre schon der Fall, wenn wir eine Verzinsung fordern, die um mehr als zehn Prozent über dem marktüblichen Zinssatz liegt. Grundsätzlich sollten beim privaten Geldverleih alle Modalitäten der Rückzahlung schriftlich festgehalten werden. Das kann Freundschaften retten und Streit vermeiden.

SIEHE MUSTER: PRIVATER DARLEHENSVERTRAG OHNE ZINSEN
SIEHE MUSTER: PRIVATER DARLEHENSVERTRAG MIT VERZINSUNG

Kapitel 10

Besondere Tücken beim schnellen Kauf: Haustürgeschäfte und ähnliche Verträge

Normalerweise kauft man nur dann etwas ein, wenn ein konkreter Bedarf vorhanden ist. Bei dieser Grundform des Kaufvertrages geht der Kunde auf den Anbieter zu und fordert ein Leistungsangebot ab.
Angenommen, Sie brauchen eine neue Jeans der Größe 34/32 und ein paar weiße T-Shirts Größe „L". Sie haben ihr Bedürfnis erkannt und gehen in einen Laden und sagen dem Verkäufer was Sie brauchen. Der gibt es Ihnen. Sie bezahlen. Fertig. Hier sind Sie mit einem festen Kaufentschluß zur Deckung eines Bedürfnisses in ein Geschäft gegangen und haben dieses Bedürfnis befriedigt. Ein besonderer Verbraucherschutz ist nicht notwendig. Andere Menschen machen einen „Shopping-Bummel". Diese Verbrauchergruppe weiß beim Start durch die Ladenpassagen noch nicht, was sie kaufen will, sondern sie weiß nur, daß sie etwas kaufen will. Ein Verbraucherschutz wäre zwar notwendig, wird aber nicht praktiziert.

Beim normalen Kauf kommt der Kunde zum Anbieter – beim Direktvertrieb kommt das Geschäft zum Kunden.

Das Gesetz bietet Schutz vor Überrumpelung

Ganz plötzlich kommt das Angebot auf einen zu – und zwar ungefragt, ohne Zurückhaltung. Vor den Gefahren, die mit diesem Direktvertrieb verbunden sind, will das Gesetz über den Widerruf von Haustürgeschäften und ähnlichen Geschäften (HausTWG) schützen. Der Kunde soll sich von Verträgen lösen können, die infolge einer Überrumpelung auf einem übereilten Beschluß beruhen.
Auf dem Direktvertriebsweg werden oft Ladenhüter angeboten, also Angebote, für die kein Bedarf besteht oder die überteuert sind.

- **So läuft ein Haustürgeschäfte ab – das Beispiel mit dem Münzverkauf**

Es klingelt und vor Ihnen steht ein adretter Vertreter. Ehe Sie die Tür zuwerfen oder etwas sagen können, hat er seinen Koffer geöffnet, aus dem es blitzt und funkelt. Lächelnd fragt Sie der Direktvertriebler, um nicht schon wieder Vertreter zu sagen, ob Ihnen seine Münzen gefallen.
Ein wohlerzogener Mitteleuropäer antwortet auf solche Fragen höflichkeitsbedingt immer mit „ja" – auch wenn Gustav Heinemann auf der ihm gewidmeten Münze nicht erkennbar ist. Aber immerhin ist doch der Name gut leserlich.

Nach Ihrem ersten „Ja" fragt Sie der Direktvertriebler, ob Sie Ihr Geld ohne Arbeit in einem Jahr verdoppeln wollen. Klar, daß Sie wieder „ja" sagen. Jeder Mitteleuropäer – diesmal auch die nicht wohlerzogenen – antwortet hier mit „ja".
Und nun holt der Mann an der Tür zum dritten Schlag aus. Er fragt Sie, ob Sie so eine Verdoppelungschance für Ihr Geld beim Schopfe packen würden, wenn sich eine Möglichkeit böte. Klar, daß Sie erneut „ja" sagen. Schließlich ist das Gespräch psychologisch geschickt aufgebaut. Zu diesem Zeitpunkt kann man logischerweise nicht mehr „nein" sagen. Kein Mitteleuropäer ändert seine Meinung von einem Satz zum anderen. Außerdem baut der Vertreter ganz nebenbei eine menschliche Komponente in das Gespräch ein. Sie erfahren, daß der Sohn des Direktvertrieblers auch gerade in der fünften Klasse sitzengeblieben ist – wie ihr Sohn. Und seine Tochter hat auch gerade eine Zahnspange bekommen – wie ihre Tochter. Und er ist heute auch so wetterfühlig – wie Sie.

Wer in psychologischer Gesprächsführung ungeübt ist, merkt oft gar nicht, daß der Vertreter sich ganz geschickt mit Informationen einschmeichelt, die er manchmal nur Sekundenbruchteile zuvor von Ihnen selbst geliefert bekommen hat.

So ein menschlicher Mensch denken Sie womöglich – der kann nichts Schlechtes im Schilde führen. Und Sie kaufen die Münze für zwölf Mark. Auch wenn nur ein Wert von zehn Mark 'draufsteht, interessiert Sie das im Moment wenig – man muß ja den zu erwartenden Kapitalertrag perspektivisch sehen.

- **Erst später wird einem klar, daß man ein schlechtes Geschäft gemacht hat**

Geahnt haben Sie es im Unterbewußtsein vielleicht sogar schon während des Vertretergesprächs. Aber da konnten Sie doch nicht „nein" sagen, weil Sie vorher immer „ja" gesagt hatten. Aber spätestens dann, wenn die Haustür ins Schloß schnappt, sind Sie sich sicher, ein ziemlich schlechtes Geschäft gemacht zu haben.
Und erst recht wird Ihnen alles klar, als Sie mit dem Nachbarn sprechen. Der besitzt nun auch eine der seltenen Münzen. Und vom Nachbarn erfahren Sie, daß der Direktvertriebler auch einen hinkenden Dackel hat – ein Autounfall war's – wie beim Dackel Ihres Nachbarn ...
Jetzt ist es ganz klar und eindeutig: Dieser Vertreter hat Sie und ihren Nachbarn durch seine überraschende Geschäftsanbahnung übervorteilt. Gott sei Dank waren Sie nicht so gierig und haben ein paar hundert der seltenen Stücke zur Vermögensverdopplung erworben.
Aber es hätte ja auch um einen größeren Betrag gehen können – und dann kann das Gesetz über den Widerruf von Haustürgeschäften und ähnlichen Geschäften (HausTWG) zur Rettung werden.

Wann spricht man eigentlich von Haustürgeschäften?

Nach dem Gesetz steht dem Verbraucher für mehrere bestimmte Arten von Geschäften ein besonderes Widerrufsrecht zu.

- **Das Gesetz gilt bei Verträgen**

die am Arbeitsplatz des Kunden (wozu das gesamte Betriebsgelände zählt) oder
in irgendeiner Privatwohnung (wozu auch Garten und Treppenhaus zählen)
ausgehandelt wurden.

Auch sogenannte Verkaufsparties, bei denen luftdichte Plastikdosen für die Küche, Gesundheitskochtöpfe, Kosmetik- und Putzmittel oder billige, aber sündhaft teuer aussehende Dessous präsentiert werden, fallen unter die Bestimmungen dieses Gesetzes.

• **Das Gesetz gilt auch für Vertragsabschlüsse auf Freizeitveranstaltungen**
Gemeint sind Situationen unbeschwerter Stimmung, in die Sie bewußt gesteuert wurden und in denen jedermann die Spendierhosen trägt. Folglich kann das Widerrufsrecht auch entstehen, wenn die Veranstaltung ausdrücklich als Verkaufsveranstaltung angekündigt wurde (KG NJW-RR 91,1524).
Typischerweise sind Veranstaltungen gemeint wie
Ausflugsfahrten,
Schiffsreisen mit preisgünstigem Einkauf, sogenannte
Kaffee- und Butterfahrten,
Filmvorführungen,
Tanz- und Wanderveranstaltungen,
Modeschauen,
letztere aber nur, wenn dort etwas anderes als Kleidung an den Kunden gebracht werden soll.
• **Das Gesetz gilt auch bei überraschender Ansprache**
Gemeint ist damit ein Vertragsschluß im Anschluß an ein überraschendes Ansprechen
in öffentlichen Verkehrsmitteln,
auf öffentlichen Straßen, Wegen, Parks,
in Raststätten,
also eigentlich überall außer im Geschäft des Anbieters. Auf einem Wochenmarkt aber gilt es nicht – da muß man damit rechnen, von Händlern angesprochen zu werden.

Wann es sich nicht um Haustürgeschäfte handelt

• **Wenn Sie den Verkäufer ins Haus oder an den Arbeitsplatz bestellen**
Als Verbraucher kann man sich nicht des Tricks bedienen, den langjährig bekannten Autoverkäufer in die eigene Wohnung zu locken, dort den Vertrag abzuschließen um sich dann auf das besondere Widerrufsrecht zu berufen. In diesem Fall wäre nämlich nicht die typische Überrumpelungssituation eingetreten.
Das Gesetz sagt, daß der Kunde zu so einer Vertragserklärung „bestimmt worden" sein muß. Das trifft nicht zu, wenn der Verkäufer in die Wohnung gelockt wird. Deshalb ist diese Situation im Gesetz auch ausdrücklich ausgeschlossen (§ 1 Abs. II Nr. 1 HausTWG). Entsprechendes gilt, wenn man den Verkäufer an den Arbeitsplatz lockt und das Geschäft dort abschließt.
• **Wenn der Kunde gewerblich handelt**
Das wird uns nicht wundern, denn dann ist er kein normaler Verbraucher mehr, wird vom Gesetz als Profi eingestuft und genießt keinen besonderen Schutz.
• **Wenn der Anbieter nicht geschäftsmäßig handelt**
Damit ist geregelt, daß Gelegenheitsgeschäfte unter Privatpersonen nicht unter das Gesetz für Haustürabschlüsse fallen. Das wäre auch nicht in unserem Sinn. Denn so ein

typisches Geschäft wäre der Verkauf des alten Fahrrads über eine Kleinanzeige. Wenn da noch ein besonderes Widerspruchsrecht beachtet werden müßte, wäre niemandem gedient, aber unser Alltagsleben noch komplizierter.

• **Wenn es sich um Versicherungsverträge handelt**

Das mag zunächst erschreckend klingen – aber keine Sorge: Dafür gibt es besondere Vorschriften, nämlich das Versicherungsvertragsgesetz.

• **Wenn es sich um Kleingeschäfte handelt**

In der Juristensprache sind alle „vollzogenen Kleingeschäfte" vom besonderen Widerspruchsrecht ausgenommen. Das sind alle kleinen Bargeschäfte des täglichen Lebens, bei denen nach den Verhandlungen gleich bar bezahlt und die Ware übergeben wird. Das Geschäft ist dann ja auch – rechtlich betrachtet – bereits vollzogen.

Die Grenze für Kleingeschäfte hat der Gesetzgeber bei 80 Mark gezogen.

Eine einleuchtende Erklärung dafür gibt es nicht. Aber irgendwo muß die Grenze schließlich liegen – und vielleicht hatte der damals amtierende Justizminister seine tägliche steuerfreie Aufwandspauschale vor Augen, als er den Gesetzentwurf einbrachte und der Betrag beschlossen wurde.

• **Tricks mit der Kleingeschäfts-Grenze funktionieren nicht**

Ein gerissener Direktvertriebler könnte nun auf eine tolle Idee kommen: Er teilt den Kaufpreis in zwei Raten zu je 45 Mark. Auf diese Weise hätte er die bei 80 Mark liegende Grenze für das Kleingeschäft ausgetrickst.

Aber wenn Sie zu den von uns besonders geschätzten Lesern gehören, die sich Zeile für Zeile vom Anfang bis zum Ende durch dieses Buch kämpfen, werden Sie sich jetzt an eines der vorhergehenden Kapitel erinnern: Bei einer Aufteilung des Kaufpreises eventuell auch in noch viel mehr Raten wird die trickreiche Sache nämlich zu einem Fall für das Verbraucherkreditgesetz. Es handelt sich dann um Ratenzahlung.

Es könnte auch versucht werden, dem Kunden im Kleingedruckten (auch das haben wir schon unter die Lupe genommen) unterzujubeln, daß er auf sein Widerrufsrecht verzichtet. Doch diesem Trick steht das AGBG im Wege.

Überhaupt war der Gesetzgeber hier verdammt clever und hat gleich ein Umgehungsverbot ins Gesetz hineingebaut. Dies ist ausdrücklich geregelt (§ 5 I HausTWG):

„Dieses Gesetz findet auch Anwendung, wenn seine anderweitigen Vorschriften umgangen werden."

Das Beispiel aus der Praxis: Die Ausflugsfahrt zum Heizdecken-Verkauf

Nehmen wir mal an, Sie erhalten auf einer Wanderfahrt in die Lüneburger Heide oder in die Fränkische Schweiz die bekannte Heizdecke aus rheumabeseitigender Schafwolle – geschenkt. Denn die Decke kostet nichts. Sie haben sie als Dankeschön für den Eintritt in den „Verein zur Förderung der Umgehung von Verbraucherschutzrechten beim Vertrieb von Heizdecken" erhalten.

160 Mark wurde als einmalige Aufnahmegebühr (Teilnahmepreis für die Veranstaltung) bezahlt, um passives Vereinsmitglied zu werden. Aber der Veranstalter hat ent-

weder gar keine Ahnung oder einen dummen Rechtsanwalt. Denn trotz aller Tricks auch bei so einem Geschäft gilt natürlich das Verbraucherrecht.

Und so sehen in der Praxis die Rechte aus

Der besseren Übersicht wegen haben wir sie stark vereinfacht nach dem HausTWG zusammengestellt:

- Ein Geschäft, das außer in Geschäftsräumen des Anbieters überraschend an den Kunden herangetragen wird, ist unwirksam.
- Es hat also noch keinen wirksamen Vertragsabschluß gegeben.
- Das Geschäft wird erst wirksam, wenn der Kunde es nicht binnen einer Frist von einer Woche widerruft.
- Die Frist beginnt erst zu laufen, wenn der Kunde schriftlich und deutlich auf sein Widerrufsrecht und den Namen und die Anschrift des Widerrufsempfängers auf einem nur hierfür bestimmten Extrablatt hingewiesen wurde.
- Wenn der Kunde dieses Extrablatt nicht unterschrieben hat, erlischt das Widerrufsrecht erst einen Monat nach vollständiger Leistung (Zahlung, Lieferung) beider Seiten.
- Es genügt das rechtzeitige Absenden des Widerrufes (Zeugen für das Einstecken dieses Widerrufes in den Briefkasten besorgen. Am besten lassen Sie den Zeugen das Doppel ihres Widerrufes unterschreiben.).
- Bei Widerruf des Kunden gibt es die Ware zurück – Zug um Zug (wie beim Schachspiel) gegen Herausgabe des Geldes. Der Kunde hält die Ware hin. Der Anbieter hält das Geld hin. Der Kunde läßt die Ware los. Der Anbieter läßt das Geld los.

Wenn das nicht freiwillig geht, schreiben Sie den Anbieter wie folgt an.

SIEHE MUSTER: RÜCKABWICKLUNGSAUFFORDERUNG

SIEHE MUSTER: RÜCKABWICKLUNGSKLAGE

Jetzt kennen wir uns mit Geschäften an der Haustür und anderen Überrumpelungsversuchen schon verdammt gut aus – und kommen noch mal auf das erste Beispiel in diesem Abschnitt zurück: das war der Münzkauf. Da stünden Sie trotz aller Verbraucherrechte auf verlorenem Posten:

Es war ein Kleingeschäft unter der 80-Mark-Grenze.

Sie haben Namen und Anschrift des Verkäufers nicht notiert.

Aber freuen sollten Sie sich, wären Sie betroffen, trotzdem über die Münze. Weil sie nur 12 Mark gekostet hat und der Schaden dadurch im Rahmen bleibt.

Kapitel II

Besondere Tücken beim Autokauf

Ein Jurist wird diesem Kapitel wohl kopfschüttelnd gegenüberstehen. Denn im Prinzip und den Paragraphen des Kaufrechts ist es egal, ob Sie ein Auto oder einen Badeschwamm kaufen. Das altmodische Gesetz unterscheidet da nicht.
Im Land der unbegrenzten Geschwindigkeiten schlägt das Herz beim Autokauf im anderen Takt. Da hängen Emotionen dran. Und viel Geld. Denn ohne Auto rollt bei den meisten nichts. Aber verdammt teuer kann so eine Kiste sein – also ist für uns als Verbraucher der Autokauf doch etwas Besonderes.
Wer nun nicht in eine ehemals schon bewohnte rollende Höhle ziehen mag, kann ein frisches Territorium erwerben:

Der Neuwagenkauf

Obwohl Sie die Wertverluste von Neuwagen kennen, haben Sie trotzdem genügend Argumente gefunden, warum es ein Neuwagen sein muß: Es soll ein Auto sein, auf das sie sich verlassen können, daß genau diese und jene Eigenschaften und Merkmale hat. Über den Preis sind sie sich mit dem Verkäufer auch einig geworden. Alles klar. Zu Beweiszwecken wollen Sie diese Daten zu Leistung, Farbe, Ausstattung und Preis kurz auf einem Blatt fixieren, da holt der Verkäufer ein Formular heraus. Seine Rückseite sieht aus wie grobes Leinen. Und nur bei näherem Betrachten stellt sich das Gewebe als eine Verknüpfung von Buchstaben dar: Es handelt sich um Allgemeine Geschäftsbedingungen in kleinstgedruckter Form.
Aus diesem Buch wissen Sie aber schon, daß die AGB einverständlich einbezogen werden müssen, um als Vertragsgegenstand zu gelten. Das wäre leicht zu verhindern, wenn den AGB mit dem Schriftzug „ohne AGB Müller" unter dem Vertrag widersprochen wird.
Das kann jedoch schon im Vorwege lange Diskussionen geben, weil der Verkäufer den Vertrag nur zu seinen AGB akzeptieren will. Da kann er nämlich besondere Regelungen zum Beispiel zu

- Lieferfristen,
- Preisanhebungen nach Vertragsabschluß oder
- Ausstattungsänderungen

hineinschreiben, die gerade beim Neuwagenkauf von besonderer Bedeutung sein können.

Der Hinweis auf die AGB muß zu deren Einbeziehung so auf dem Bestellformular angeordnet sein, daß ein Kunde ihn auch bei flüchtiger Betrachtung nicht übersehen kann (BGH ZIP, 1986, 1126).

Außerdem müssen die AGB verständlich und leserlich sein und dem Kunden zumutbar zugänglich gemacht werden. Sie müssen ihm also ausgehändigt werden, wenn sie umfangreicher sind. Das alles und viele Beispiele zu diesem Punkt haben wir ausführlich im Kapitel zu den Allgemeinen Geschäftsbedingungen zusammengestellt.

Der Vertragsschluß

Voraussichtlich wird es sich beim Neuwagenkauf um die Neuwagenverkaufsbedingungen (NWVB) handeln, die Ihnen als Geschäftsbedingungen unterbreitet werden. Das sind Bedingungen, die vom Verband der Automobilindustrie im Zusammenwirken mit Verbraucherverbänden erarbeitet worden sind.

Die Bedingungen beim Neuwagenkauf (NWVB) sind so gefaßt, daß der Verbraucher damit eigentlich ganz gut leben kann. In manchen Bereichen stellen sie den Verbraucher sogar besser als das Gesetz es tut.

Wenn diese NWVB verwendet werden, kommt nicht gleich mit Unterzeichnung ein Vertrag zustande.

- Der Kunde gibt schriftlich nur ein Angebot ab, an daß er vier Wochen (sechs Wochen bei Nutzfahrzeugen) gebunden ist.
- Mit fristgerechter schriftlicher Bestätigung des Angebots durch den Händler oder mit Lieferung binnen dieser Frist kommt der Vertrag dann zustande.
- Wenn der Händler nicht den fristgerechten Zugang seiner Bestätigung beim Kunden beweisen kann, ist kein Vertrag zustande gekommen.
- Wenn die Bestätigung des Händlers inhaltlich vom Angebot abweicht, ist kein Vertrag zustande gekommen.

Man kann natürlich auch etwas anderes mündlich vereinbaren, muß das dann aber z.B. durch Zeugen beweisen können.

Die Juristen zanken sich, ob vier Wochen Bindungszeit an den Kaufantrag für den Käufer im Zeitalter des elektronischen Datenaustausches angemessen sind oder nicht. Sie haben rechtliche Bedenken und berücksichtigen Produktionsprobleme. Begeben Sie sich nicht zwischen die Mühlsteine solcher Glaubenskriege und zwischen die immer wieder zu diesen Fragen veröffentlichten Urteile in den Zeitungen. Es kann ihnen egal sein, was die Juristen denken. Das ändert sich ohnehin wie die Saumlänge in der Mode.

- Wenn Sie sich nicht vier Wochen an ihr Angebot binden lassen wollen, dann schreiben Sie mit der Hand in das Formular: „Bindungsfrist für mein Angebot ist der (gewünschtes Datum mit Tag, Monat, Jahr konkret eintragen) einschließlich.“

Die Lieferfristen

Lieferfristen können ein Problem werden, wenn Sie den alten Wagen schon verkauft haben, der neue Wagen aber mit der Anhängerkupplung nicht in Sicht kommt – ganz anders als das Datum ihres Caravanurlaubs.
Ärger gibt es auch, wenn die Bank Ihrem Konto freudig die 30 000 Mark gutschreibt, Sie das Geld jetzt aber noch nicht brauchen und die Zinsen lieber erst ab dem Datum zahlen würden, wenn Ihnen das Auto übergeben wird.

- Wenn Sie allen Problemen aus dem Wege gehen wollen, schreiben Sie in den Auftrag: „Es wird vereinbart, daß der Käufer nach dem (exaktes Datum mit Tag, Monat und Jahr) darüber entscheiden kann, ob er sich an den Vertrag binden läßt, wenn zu diesem Datum eine Lieferung des Fahrzeuges nicht erfolgt ist."

Diese Formulierung hält nur Ihnen die Möglichkeit offen, eine verspätete Lieferung doch noch zu akzeptieren. Das hat den Vorteil, daß sich der Verkäufer nicht durch Verstreichenlassen der Frist seiner Leistungspflicht entziehen kann. Als handschriftliche Individualabrede ist die Vereinbarung in jedem Fall wirksam.

- Sie können auch schreiben: „Es wird vereinbart, daß der Käufer nach dem (exaktes Datum), wenn zu diesem Datum eine Lieferung des Fahrzeuges nicht erfolgt ist, vom Verkäufer verlangen kann, daß dieser ihm kostenlos bis zur Lieferung ein dem gekauften Fahrzeug gleichwertiges Ersatzfahrzeug stellt. Kommt der Verkäufer dieser Pflicht nicht nach, kann der Käufer ein gleichwertiges Fahrzeug mieten und den Mietpreis vom Verkäufer erstattet verlangen."

Wenn man sich so ein Ersatzauto mietet, sollte man sich aber vergewissern, daß der Verkäufer auch liquide ist und die Kosten tragen kann – sonst bleibt man selbst darauf hängen.

Im Prinzip sind alle nur denkbaren handschriftlichen Zusätze möglich. Wie in diesem Buch zum Thema Allgemeine Geschäftsbedingungen beschrieben, verdrängen Individualabreden immer das vorformulierte Kleingedruckte, auch wenn darin etwas ganz anderes gesagt ist.

Die Neuwagenverkaufsbedingungen (NWVB) sehen die Banalität vor, daß

- **Lieferfristen** (Zeiträume, in denen geliefert werden kann) zu laufen beginnen, wenn der Verkäufer und der Käufer den Vertrag unterschrieben haben.
- **Liefertermine** (Zeitpunkt, zu dem geliefert werden soll) unverbindlich oder verbindlich vereinbart werden können.
- In den Formularen ist meist beides vorgesehen, so daß Sie sich für den verbindlichen Termin entscheiden müssen, weil sonst unklar ist, was und ob überhaupt etwas vereinbart ist.

Besser stehen Sie als Verbraucher immer da, wenn Sie ein festes Datum mit der oben vorgeschlagenen Rücktrittsmöglichkeit für sich bestimmen. Sie brauchen ja von diesem Recht keinen Gebrauch zu machen. Großzügig zu sein fällt leichter, als in der Zange der Lieferbedingungen zu klemmen. Das kann ärgerlich werden, denn dort heißt es

- für unverbindliche Termine und Fristen:

„Der Käufer kann sechs Wochen nach Überschreitung eines unverbindlichen Liefertermins oder einer unverbindlichen Lieferfrist den Verkäufer schriftlich auffordern, binnen angemessener Frist

(**Tip:** genau bestimmtes Datum mit Tag, Monat und Jahr als Frist setzen – Größenordnung der Frist zehn Tage)
zu liefern mit dem Hinweis, daß er die Abnahme des Kaufgegenstandes mit Ablauf der Frist ablehne. Mit dem Zugang der Aufforderung kommt der Verkäufer in Verzug. Der Käufer kann neben Lieferung Ersatz eines durch die Verzögerung etwa entstandenen Schadens verlangen; dieser Anspruch beschränkt sich bei leichter Fahrlässigkeit des Verkäufers auf höchstens 5 % des vereinbarten Kaufpreises.
Nach erfolglosem Ablauf der Nachfrist ist der Käufer berechtigt, durch schriftliche Erklärung vom Kaufvertrag zurückzutreten
(**Tip:** nicht auf die Androhung der Ablehnung verlassen, sondern ausdrücklich ablehnen)
oder Schadenersatz wegen Nichterfüllung
(**Tip:** immer Schadenersatz wählen; denn er umfaßt den Rücktritt und geht zusätzlich darüber hinaus)
zu verlangen; dieser beschränkt sich bei leichter Fahrlässigkeit auf höchstens 10 % des vereinbarten Kaufpreises."

Diese eben genannte Klausel zu Terminen und Fristen ist für den Verbraucher nicht vorteilhaft. Sechs Wochen und eine angemessene Frist – das sind zusammen zwischen sieben und acht Wochen. Wenn Sie nun noch bedenken, daß der Verkäufer weitere vier Wochen Frist zur Annahme ihres Kaufangebotes hat (siehe oben), liegen wir bei etwa einem Vierteljahr. Das dürfen Sie sich nicht antun, um ein Massengut von der Halde zu holen.

Das Unterzeichnen der Klausel heißt im Klartext: Zwei Monate wird mit sinnlosen Finanzierungskosten die Bank unterstützt, zwei Monate muß man sich Mangels anderer Transportgelegenheit eventuell sein Selterswasser per Lasttaxi bringen lassen und auch noch den Urlaub ohne Auto antreten, was beim Autourlaub ein echtes Hindernis ist.

- Nach Ablauf der Frist können Sie einen Verzögerungsschaden verlangen – aber der ist kaum durchzusetzen.

Den Schaden können Sie nämlich nicht einmal beziffern. Warum das so schwierig ist, wollen wir Ihnen erläutern:

Das Beispiel mit nicht durchsetzbaren Schadenersatzansprüchen:

1. Die Kosten für das Lasttaxi, mit dem Sie sich Selterswasser liefern ließen, können Sie noch belegen. Allerdings haben Sie eine Schadengeringhaltungspflicht und müßten folglich gleich zehn Kisten statt zehnmal das Taxi bestellen.
2. Wenn Ihr neues Auto zwischendurch geliefert wird, sind allerdings nur die anteiligen Kosten für das bisher getrunkene Selterswasser aus den zehn Kisten ersatzfähig.
3. Hiervon ist jedoch der Betrag abzuziehen, den sie hätten aufwenden müssen, wenn Sie Selterswasser mit dem eigenen Auto geholt hätten. Also Benzin, Verschleiß, anteilige Versicherung und Steuer.
4. Zudem hätten Sie ihren Nachbarn um Hilfe bitten können und dann ist der Schaden nur begrenzt auf fünf Prozent des Kaufpreises – jedenfalls bei leichter Fahrlässigkeit des Verkäufers.
5. Fünf Prozent von 30 000 Mark sind 1500 Mark – also können Sie auch keinen Mietwagen für den Urlaub nehmen...

Wer das alles weiß, wird sich niemals auf unverbindliche Lieferzeiten einlassen, sondern eine handschriftliche Individualvereinbarung treffen. Das rettet Sie nämlich davor, daß die vorgedruckten Bestimmungen zu den verbindlichen Lieferfristen und -terminen wirksam werden – denn da ergeht es Ihnen auch nicht besser:

„Wird ein verbindlicher Liefertermin oder eine verbindliche Lieferfrist überschritten, kommt der Verkäufer bereits mit Überschreitung des Liefertermins oder der Lieferfrist in Verzug. Der Käufer kann neben Lieferung Ersatz eines durch die Verzögerung etwa entstandenen Schadens verlangen; dieser Anspruch beschränkt sich bei leichter Fahrlässigkeit des Verkäufers auf höchstens 5 % des vereinbarten Kaufpreises. Nach erfolglosem Ablauf der Nachfrist ist der Käufer berechtigt, durch schriftliche Erklärung vom Kaufvertrag zurückzutreten

(**Tip:** nicht auf die Androhung der Ablehnung verlassen, sondern ausdrücklich ablehnen)

oder Schadenersatz wegen Nichterfüllung

(**Tip:** immer Schadenersatz wählen; denn er umfaßt den Rücktritt und geht zusätzlich darüber hinaus)

zu verlangen; dieser beschränkt sich bei leichter Fahrlässigkeit auf höchstens 10 % des vereinbarten Kaufpreises."

Unser Rat kann nur lauten: Finger weg von diesen vorgedruckten Lieferzeitklauseln. Treffen Sie handschriftliche Individualvereinbarungen. Wenn's nämlich um den Autokauf geht, setzt zum Teil auch bei Obergerichten das gesunde Verbraucherempfinden aus und die merkwürdigsten Klauseln werden akzeptiert. Kopfschüttelnd muß man dann Urteile lesen, in denen plötzlich vier Wochen Bindungsfrist des Verbrauchers an den Antrag und sechswöchige Überschreitungen von Lieferzeiten als füglich angesehen werden.

Solche Verbraucherknebelungen sind nun aus unerklärlichen Gründen mit dem Gesetz, das den Verbraucher vor den unangenehmen Überraschungen des Kleingedruckten schützen soll, vereinbar.

Uns interessiert das aber nicht weiter, und wir versuchen das auch nicht zu verstehen. Was geht es uns an, ob und wen die Autolobby mit kostenlosen Testwagen versorgt hat, damit es so ist wie's ist. Wir diktieren den Lieferzeitpunkt und behalten uns – und zwar nur uns – ein Rücktrittsrecht (siehe Formulierungsvorschlag oben) handschriftlich auf dem Vertragsformular vor.

Keine Angst vor handschriftlichen Zusätzen aus Ihrer Feder, kein Respekt vor gedruckten Formularen: Sie werden sehen, da läßt sich kein Verkäufer einen Vertrag durch die Lappen gehen. Es gibt doch tausend Tricks, die Kunden zu vertrösten, um den begehrten Wagen vom einen Kunden auf den anderen umzuleiten. „Höhere Gewalt" oder „kein Verschulden" heißt das Zauberwort.

Im Klartext: Wenn Sie Ihr Auto fristgerecht bekommen, muß eventuell ein anderer Kunde auf seinen Wagen länger warten. Und der andere Verbraucher wird dann mit den tollsten Tricks vertröstet.

Beispiel für Händler-Tricks, Liefertermine hinauszuzögern:

Da wird dann vom Autohaus womöglich ein netter Brief geschrieben, der folgenden Inhalt hat:

„Sehr geehrter Herr Äugleblau,
Ihr Liefertermin rückt näher. Wir bitten Sie jedoch, den Neuwagen am zugesagten Datum nicht in unseren Verkaufsräumen abzuholen, sondern in der Autolackiererei unseres Betriebes. Beim Transport ist von einer Bahnbrücke ein Gullideckel auf Ihren Pkw geworfen worden. Wir haben den Schaden aber behoben. Ein Verschulden trifft uns nicht. Das Fahrzeug weist keine Schäden mehr auf."
Klar, daß Herr Äugleblau sofort reagiert und von sich aus entscheidet, diesen Wagen nicht zu nehmen. Dafür nimmt er sogar einen späteren Liefertermin im Kauf.
Der Wagen aber hatte nie einen Schaden. Es gab nur einen anderen Käufer, der mehr Druck wegen des Liefertermins gemacht hat oder der für eine Eillieferung des Wagens mit der gleichen Ausstattung wie bei Herrn Äugleblau ein paar Scheine draufgelegt hat.

Der Kaufpreis des Autos

Wir nehmen natürlich an, daß Sie ein Kind des Sonnenscheins sind und ihr Auto pünktlich erhalten. Spätestens dann muß bezahlt werden – aber wir sollten uns schon vorher mit dem Kaufpreis befassen, denn da ist einiges zu bedenken.

Der Kaufpreis ist die wesentlichste Sache unseres Vertrages. Wenn hier Unklarheit besteht, ist der Vertrag nicht zustande gekommen.

Sie können natürlich auch vereinbaren, daß der Kaufpreis vom Verkäufer festgelegt wird. Das kann durch verschiedene Formulierungen geschehen:

- „Es gelten die zur Zeit der Lieferung gültigen Preise."
- „Es gilt der Tagespreis bei Lieferung."

Sie sollten sich auf solche Konstellationen aber nicht einlassen. Denn ein Ansteigen der Preise haben Sie auf allen Gebieten schon erlebt – und dem stimmen Sie hier zu. Die Wahrscheinlichkeit, das die Preise fallen, ist aber eher verschwindend gering.
Wichtig ist für Sie im Zeitalter von hoher Rabattgewährung auch, daß der Listenpreis nicht über dem Marktpreis liegt. Das wäre der Fall, wenn man Ihnen den Listenpreis abknöpfen will, obwohl das zwischenzeitlich schwer verkäuflich gewordene Modell ansonsten immer mit mehreren tausend Mark Preisnachlaß losgeschlagen wird. Wenn Ihr Preisvergleich allerdings ergibt, daß der Autoverkäufer den Preis über dem Marktpreis festgelegt hat, zahlen Sie nur den Marktpreis und nicht mehr.
Mit einem festen Preis können Sie rechnen und wirtschaften, so daß Sie wirtschaftlich voraussichtlich und juristisch garantiert besser beraten sind, wenn Sie den Autopreis im Vertrag festschreiben. Trotz Preisfestlegung verbauen Sie sich nicht die Chance, zusätzliche Rabatte zu erlangen.

Grundsätzlich darf der Autohändler den Preis frei gestalten

Zwar hält sich zunächst die überwiegende Zahl der Händler an die für sie mehr oder weniger unverbindliche Preisempfehlung (Listenpreis) der Hersteller. Aber spätestens dann, wenn ein Kunde zu handeln beginnt, ist alles Schnee von gestern. Denn eigentlich dürfte der Händler auch dem hartnäckig verhandelnden Kunden nie mehr als drei Prozent Barzahlungsrabatt einräumen. So sieht es das Rabattgesetz vor.
Tatsächlich aber kann man auch schon mal um fast 20 Prozent unter dem Listenpreis einen Neuwagen kaufen, über

- echte Preisnachlässe,
- höhere Preise bei der Inzahlungnahme des Gebrauchtwagens oder
- kostenlose Extras.

Um bei echten Preisnachlässen oder kostenlosen Zugaben nicht Ärger mit Wettbewerbshütern bzw. der Konkurrenz zu bekommen, wird der Autohändler jedoch niemals von einem Rabatt sprechen. Er wird immer darauf hinweisen, daß er in seiner Preisgestaltung frei ist und wegen der Marktlage neu kalkuliert hat.

Lassen Sie sich bei Preisverhandlungen nicht dadurch bluffen, daß man Ihnen Rabatte über drei Prozent mit Hinweis auf gesetzliche Vorschriften verweigern will. Verlangen Sie einfach, daß der Händler für Sie eine völlig neue Kalkulation für einen „Hauspreis" aufmacht – dann spielt der Listenpreis keine Rolle mehr.

Die Verbraucherrechte im Vorfeld des Vertrages: Der Händler hat eine Aufklärungspflicht

Von sich aus muß natürlich kein Verkäufer über die Nachteile seines Produktes plaudern. Er hat aber die Pflicht, auf ihre Fragen wahrheitsgemäß zu antworten.

Wenn der Verkäufer Ihre Fragen nicht richtig beantwortet, kann er sich der arglistigen Täuschung schuldig machen. Sie können den Vertrag deswegen anfechten (siehe hierzu unseren Abschnitt über die Vertragsaufhebung). Das berechtigt Sie zu Schadenersatzforderungen wegen Nichterfüllung.

Juristen und Gerichte zanken sich natürlich darüber, was der Verkäufer dem Käufer mitteilen muß und was nicht. Ein einhelliges Ergebnis wird es gewiß nicht geben. Darum ist es besser, dem Juristenhader den Rücken zu kehren und sein Geschick in die eigenen Hände zu nehmen.

Checkliste für Fragen an den Verkäufer eines Neuwagens:

- **Auslaufmodell** – wie lange wird es diese Baureihe noch geben?
- **Geschäftsstandzeiten** – wie lange steht das Fahrzeug schon hier?
- **Konstruktionsdaten** – haben die sich gegenüber den schriftlichen Unterlagen angebotsbezogen geändert?
- **Lieferzeitüberschreitung** – was ist bei Lieferzeitüberschreitung?

- **Maschine** – ist es die für meinen Einsatz am besten geeignetste?
- **Modelljahr** – sind Modelljahr und Herstellungsjahr identisch?
- **Neukonstruktionen** – liegen die in Teilen bei meinem Fahrzeug bereits vor?
- **Neumodell** – wann kommt das neue Modell?
- **Nutzung** – ist die von mir geplante Nutzung, die genau beschrieben wird, möglich und zulässig?
- **Reimport** – ist mein Fahrzeug ein Rück- oder Grauimport?
- **Standzeit** – wann wurde vom Hersteller an Händler ausgeliefert?
- **Steuer** – welche steuerlichen Besonderheiten, Vorteile oder Nachteile, sind bei diesem Fahrzeug zu berücksichtigen?
- **Vorjahresserie** – stammt das Auto aus der Vorjahresserie?

All diese Fragen bewirken, daß der Verkäufer darauf wahrheitsgemäß antworten muß. Wenn er das nicht tut, haben Sie Ersatzansprüche, weil er seine Aufklärungspflichten verletzt hat.
Es ist daher wichtig, daß Sie diese Fragen stellen und sich nicht mit ausweichenden Antworten abspeisen lassen, sondern auf konkreten Zusicherungen schriftlich oder vor Zeugen bestehen. Mit denen sollten Sie am besten nicht verwandt sein und Zeugen sollten nicht mit unter dem Vertrag zeichnen. Gut wäre es also, z.B. Arbeitskollegen oder Nachbarn mitzunehmen.

- Es handelt sich bei den oben aufgeführten Fragen nämlich um Punkte, die nicht die Qualität der Kaufsache betreffen.

Das ist für Sie wichtig. Ein Beispiel macht es deutlich:
Ein Transporter mit vierzig Kilowatt Motorleistung kann in Ostfriesland voll ausreichend sein. In den Alpen, zur Versorgung einer Alm, wird er wahrscheinlich untermotorisiert, aber nicht mangelhaft sein. Das gleiche kann für ein Vorjahresmodell gelten, daß Sie genau zum Zeitpunkt des Modellwechsels als Neuwagen erworben haben. Es ist neu, technisch einwandfrei und von Ihnen so bestellt – hat also keinen Mangel. Folglich können Sie wegen der Qualität des Autos nichts unternehmen – aber wegen falscher Angaben auf Ihre Fragen und wegen des Fehlens zugesicherter Eigenschaften.

Die Vorführfahrt

Hier handelt es sich eigentlich um einen Produkttest vor der Kaufentscheidung. Und – locker betrachtet – sollte es so eine Vorführfahrt eigentlich nicht geben. Weil man sich auf das Fahren eh' nicht konzentrieren kann, zumal der Kopf blockiert ist.
Der Ökonom rechnet, der homo technicus hat nur noch Augen für Kurvenverhalten in Grenzbereichen und das Brems- und Beschleunigungsgebaren, Fritz Wichtig ist nur noch fasziniert von dem doppelten verchromten Auspuff, Bruder Leichtfuß sitzt das erste Mal überhaupt am Steuer eines neuen Autos. Kurzum: Alle sind abgelenkt – und die Unfallgefahr steigt. Das wissen die Richter natürlich auch und haben für dann passierende Unfälle Regeln aufgestellt:

- **Die Haftung des Testfahrers bei leicht fahrlässigem Verschulden:** Ersatz kann der Autohändler für Schäden, die am oder durch den Vorführwagen entstanden sind, nicht verlangen, „wenn die Schäden im Zusammenhang mit den durch die Probefahrt eigentümlichen Schäden stehen" – sagt der Bundesgerichtshof.

Da ist so etwas wie ein stillschweigender Haftungsausschluß vereinbart. Die Gerichte tragen dem Umstand Rechnung, daß nicht jeder potentielle Kunde ganz freiwillig im Vorführwagen sitzt. Diese Autos werden dem Interessenten zum Teil über das Wochenende aufgedrängt. Nun soll verhindert werden, daß der Kaufinteressent, der beim Einparken mit der Felge am Bordstein entlangscheuert, hierfür tausend Mark zu bezahlen hat nur weil der Vorführwagen besonders augenfällige und wertvolle Felgen besitzt, um den Kunden anzusprechen. Das gleiche gilt für die Schleifspur des Basketballes, den das spontane Streetball-Turnier irgendwelcher Nachbarskinder hinterlassen hat.
Hiergegen kann sich der Verkäufer schließlich auch versichern. Er gibt das hochwertige Wirtschaftsgut Neuwagen ja aus der Hand, um dem Kunden die Alltagstauglichkeit zu beweisen. Diese Risiken des Alltags sind also für den Verkäufer vorhersehbar. Er hat Vorsorge zu treffen, meinen deshalb die Richter.

Wer ganz sicher sein will, daß er nicht in die Haftung genommen wird, der läßt sich schriftlich oder unter Zeugen vom Verkäufer garantieren, daß das Vorführfahrzeug gegen die Risiken einer Kundenfahrt versichert ist und daß man selbst als Käufer nicht für Schaden in Anspruch genommen wird.

Es ist das alte Spiel. Sie sehen eine Gefahr, sprechen ihr Gegenüber darauf an und treffen eine möglichst einfache und klare Vereinbarung, schließen also einen Vertrag mit dem Inhalt „Ich fahre nur, wenn ich für das Risiko der Vorführfahrt nicht in Anspruch genommen werde."

SIEHE MUSTER: HAFTUNGSAUSSCHLUß FÜR VORFÜHRFAHRT

Sie können sich als Kaufinteressent natürlich auch verpflichten, das Risiko der Vorführfahrt zu übernehmen. Das muß aber ausdrücklich vereinbart werden. Wenn man Ihnen das im Kleingedruckten unterjubeln will, ist eine solche Vereinbarung unwirksam.

Was ist leicht fahrlässiges Verschulden im Straßenverkehr?

Im Normalfall läßt sich darauf antworten, daß jeder unabsichtliche Fehler, der trotz sorgfältiger Beachtung der Vorschriften und Einhaltung von Grundregeln (Vorfahrt, kein Alkohol) aus einem Augenblicksversagen heraus entsteht, leicht fahrlässig ist. Zur besonderen Problematik von Fahrten mit ungewohnten Autos gibt es aber zusätzliche Entscheidungen der ständigen Rechtsprechung, von denen wir die wichtigsten nennen:

- **Abkommen von der Fahrbahn** in einer scharfen abschüssigen Kurve
- **Automatikgetriebe-Probleme,** zum Beispiel hervorgerufen durch Verschalten des Fahrers
- **Bedienungsfehler,** zum Beispiel wenn wegen eines ungewohnten Automatikgetriebes eine Verwechslung von Kupplung und Bremse erfolgt
- **Bremsverzögerung,** zum Beispiel verspätetes Bremsen wegen Umstellungsproblemen des Fahrers aufs neue Modell
- **Runterbremsen** aus einer hohen Geschwindigkeit und dadurch bedingtes Abkommen von der Fahrbahn, weil das Verhalten des Fahrzeugs für den Fahrer ungewöhnlich ist

- **Verschalten,** zum Beispiel unbeabsichtigter Wechsel vom fünften in den zweiten Gang
- **Zusammenstoß** mit einem anderen Fahrzeug auf dem Betriebsgelände des Verkäufers

Die Probefahrt

Sie erkennen schon an dem Begriff, daß es hier einen juristischen Unterschied zur Vorführfahrt gibt. Ganz kurz erklärt: Mit der Probefahrt soll nicht mehr die Kaufentscheidung des Kunden beeinflußt oder seine Meinungsbildung unterstützt werden, sondern hiermit wird der Wagen als vertragsgemäß abgenommen.
Beim Neuwagenkauf werden einem die Papiere und der Schlüssel übergeben. Das Fahrzeug ist meist bereits auf den eigenen Namen angemeldet und versichert. Nachteil:

- Der Neuwagenkäufer haftet für die Schäden, die er auf der Probefahrt verursacht, fast immer selbst.

Eine Probefahrt im eigentlichen Sinne gibt es jedoch gar nicht. Sie wäre auch nicht nötig. Denn der Käufer hat Garantiezusagen des Herstellers und wird bei Unzufriedenheit und Mängeln den Händler zur Nachbesserung aufsuchen.

Die Finanzierung des Kraftfahrzeuges: Achten Sie auf den Eigentumsvorbehalt

Kraftfahrzeuge stellen oft eine kostspielige Anschaffung dar, die nicht aus der laufenden Liquidität getätigt werden kann. Das ist Ihnen zu kompliziert? Gut, dann sagen wir's noch mal anders: Die Karosse ist so teuer, daß sie auf Pump abgenikkelt werden muß.
Hier geben die Händler und Banken über Formulare vor, wie sie sich die Abwicklung der Finanzierung vorstellen. Bei Finanzierungen (ob für den Kauf eines Autos oder eines Containers voller Badeschwämme) gelten die Vorschriften des Verbraucherkreditgesetzes. Wir haben dazu ein eigenes Kapitel in dieses Buch gebastelt.
Es gibt nun verschiedene Möglichkeiten, mit denen derjenige, der das Geld für die Finanzierung gibt, sich den Gegenwert des Fahrzeugs versprechen läßt.
Das Auto wird als Sicherheit übereignet
Dies ist das Interesse der Banken. Der Verkäufer übereignet dann das Auto also an die Bank und die Bank übereignet das Auto an Sie, wenn Sie es voll bezahlt haben.
Eigentumsvorbehalt
Der begegnet Ihnen gleich im Autohaus – und zwar schon relativ frühzeitig. Denn:

- In den Neuwagenverkaufsbedingungen ist ein Eigentumsvorbehalt vorgesehen.

Das Fahrzeug wird Ihnen unter der Bedingung verkauft, daß sich der Verkäufer das Eigentum vorbehält, bis der Kaufpreis voll bezahlt ist.

- Ein Eigentumsvorbehalt muß als vereinbart vom Kunden gegengezeichnet sein, sonst gilt er als nicht vereinbart.

Was der Eigentumsvorbehalt in der Praxis bedeutet:
Streng genommen gibt es beim Eigentumsvorbehalt bereits Probleme, wenn am Fahrzeug, das bis zur vollständigen Bezahlung noch im Eigentum des Händlers oder der Bank steht, die Eigentumsvorbehaltsräder abgebaut und durch Breitreifen mit Felgen ersetzt werden.

- Darf also der das Auto fahrende Käufer, der noch nicht Eigentümer ist, diese Felgen, die der Bank gehören, einfach abbauen? Ja, das darf er!
- Darf er sie in Zahlung geben, um für die neuen breiteren und teureren Räder nicht den vollen Kaufpreis hinlegen zu müssen? Nein, die Reifen gehören ihm ja nicht.

In allen Fällen sollten Sie fragen, ob und wie Sie das Sicherungseigentum verändern dürfen. Zumindest dann, wenn Sie Ihnen noch nicht gehörende Teile weggeben und nicht wieder anbauen können, sollten Sie das schriftliche Einverständnis des Eigentümers einholen.

Im ersten Moment mag das etwas kleinkariert erscheinen. Aber: Sicher ist sicher; denn das noch nicht bezahlte Auto ist für Sie eine „fremde bewegliche Sache". Diese Dreierkombination steht so auch im Strafgesetzbuch. Sie soll verhindern, daß Ganoven mit „fremden beweglichen Sachen" etwas machen, was dem Eigentümer nicht gefällt.

SIEHE MUSTER: ANFRAGE WEGEN VERÄNDERUNGEN AN SICHERHEITEN ODER KAUFGEGENSTÄNDEN MIT EIGENTUMSVORBEHALT

Solange das Fahrzeug nicht voll abbezahlt ist, sollte auch für eine pflegliche Behandlung gesorgt sein. Man ist halt nicht Eigentümer und kann sich strafbar machen, wenn man mit dem Fahrzeug wie ein Eigentümer umgeht. Der Eigentümer kann die Sache dann sofort heraus verlangen.

Auf gar keinen Fall dürfen Sie das Auto

- weitervermieten,
- verpfänden,
- weiterverkaufen,
- an Autorennen teilnehmen oder
- nicht völlig unbedeutende Umbauten vornehmen.
- **Auf jeden Fall müssen Sie das Auto**
- pfleglich behandeln und seinen Wert erhalten,
- Wartungsarbeiten (Inspektionen) von einer autorisierten Fachwerkstatt durchführen lassen,
- Instandsetzungsarbeiten von einer autorisierten Fachwerkstatt vornehmen lassen,
- meist eine Vollkaskoversicherung abschließen.

Wenn der Eigentümer Ihnen das Fahrzeug wegnehmen will

Eigentlich könnte ja jeder Eigentümer sein Eigentum heraus verlangen. Könnten also Bank oder Autohändler das Fahrzeug vom Käufer heraus verlangen – jedenfalls bis das Eigentum durch vollständige Zahlung auf den Käufer übergegangen ist?

Nein, das können Sie nicht. Sie haben ein Recht zum Besitz des fremden Eigentums. Allerdings nur, solange Sie sich an die vertraglichen Pflichten halten.

Was sind das für Pflichten?

Das hängt zunächst mal ganz maßgeblich von dem Vertrag ab, der geschlossen wurde. Nur dort finden Sie, was für Ihren konkreten Fall gilt.

Wann muß das Fahrzeug herausgegeben werden?

Es genügt nicht, daß der Käufer seinen Vertragspflichten gegenüber dem Eigentümer nicht nachkommt. Es muß mehr passieren. Zunächst muß der Verkäufer oder die Bank uns auffordern, vertragstreu zu zahlen. Darauf kann man auch verklagt werden. Die Bank wird das lieber tun, als den Wagen zu verlangen. Autos passen schlecht in Tresore. Aber nach erfolgreich gewonnenem Prozeß wird die Bank das Auto verjubeln lassen, um ihr Geld zu bekommen.

Wenn vom Käufer nicht vertragsgemäß gezahlt wird, muß sich der Verkäufer aber auch nicht an seine Pflicht halten, das Auto bis zur vollständigen Zahlung zur Verfügung zu stellen. Er kann von dieser Verpflichtung zurücktreten und das Auto heraus verlangen.

SIEHE MUSTER: HERAUSGABEAUFFORDERUNG

Grundsätzlich kann der Verkäufer sofort bei Nichtzahlung das Fahrzeug heraus verlangen, wenn die Frist abgelaufen ist, die er gesetzt hat und wenn er dem Käufer angedroht hat, mit Ablauf der Frist vom Vertrag zurückzutreten. Das nächste Schreiben wird dann die Rücktrittserklärung mit dem Herausgabeverlangen sein.

Allerdings wird ein Auto in der Regel von einem Profi an einen Privatverbraucher veräußert. Es werden Kaufpreisraten gezahlt. Und da erinnern wir uns an das Verbraucherkreditgesetz – und schlagen vorn in diesem Buch noch mal nach, was da gilt.

Die Fahrzeugrücknahme wegen Zahlungsproblemen

Wenn der Händler nun vom Vertrag zurücktritt, geben Sie sich gegenseitig alles zurück, was Sie erhalten haben. Sie geben also das Auto hin und der Händler gibt Ihnen ihr Geld zurück – bzw. verzichtet er auf die Forderungen gegen Sie.

Aber das ist nicht alles. Denn Sie hatten ja einen Gebrauchswert – das Auto ist abgenutzt. Außerdem sind dem Händler Aufwendungen entstanden. Hier müssen Sie sich auf eine Summe einigen. Wenn Ihnen das nicht gelingt, stellt ein Sachverständiger im oder außerhalb eines Gerichtsverfahrens den Betrag fest.

Zu einem Gerichtsverfahren wird es garantiert kommen, wenn Sie das Fahrzeug nicht herausgeben und nicht angemessene Beträge für den Gebrauch des Fahrzeuges angerechnet wurden.

Sie haben hier als Faustpfand das Auto in der Hand. Der Autohändler ist in einem Prozeß voraussichtlich der wirtschaftlich stärkere. Denn schließlich stecken Sie ja in Zahlungsschwierigkeiten.

Also einigen Sie sich auf einen vernünftigen Betrag. Auch wenn Sie rechtsschutzversichert sind, führt so ein Prozeß nur dazu, daß Sie die mit dem Fahrzeug gefahrenen Kilometer bezahlen müssen.

Vor der Rückgabe des Fahrzeuges sollten Sie jedoch immer einen vereidigten Sachverständigen mit der Schätzung des Wertes beauftragen. Sagen Sie ihm, warum und wofür Sie das Gutachten benötigen: „Ich muß das Fahrzeug aus den Händen geben, ohne mich vorher schriftlich mit dem Händler geeinigt zu haben, welchen Betrag ich für das Fahrzeug zurückerhalte."

Dadurch ist gewährleistet, daß Sie nur die Abnutzungen bezahlen müssen, die auch von Ihnen verursacht sind. Schäden, die zum Beispiel auf dem Händlerhof hinzukommen, können Sie damit ausschließen; denn Sie können den Wert ja über das Gutachten beweisen.

Kapitel 12

Ihre Rechte bei den verschiedenen Möglichkeiten der Auto-Finanzierung

Hier interessieren uns natürlich die besonderen Gepflogenheiten beim Autokauf. Obwohl die Grundsätze für alle Finanzierungen schon im Zusammenhang mit dem Verbraucherkreditgesetz rechtlich durchleuchtet worden sind, gibt's da noch ein paar zusätzliche Feinheiten, die nicht unwichtig sind.

Abzahlungskauf

Da läßt der Verkäufer oder Händler Sie den Kaufpreis in Raten abstottern. Der Händler verkauft und kreditiert das Fahrzeug. Sie haben alles aus einer Hand – und Fehler in der Kaufsache (Fahrzeugmängel) schlagen auf die Kreditvereinbarung durch, Fehler in der Kreditvereinbarung schlagen auf den Kaufvertrag durch.
Als Verbraucher stehen Sie gut da.

Fremdfinanzierung

Hier gibt es den Käufer, den Händler und den Kreditgeber. Der Käufer schließt also einen selbständigen Vertrag mit dem Händler und einen selbständigen Vertrag mit dem Kreditgeber. Wenn nun das Montagsauto wegen zu vieler Mängel zurückgegeben und der Kaufpreis zurückerhalten ist, haben wir trotzdem einen selbständigen Kreditvertrag übrig. Wenn wir unser Geld zurückgeben wollen, winkt die Bank ab. Sie will das Geld nicht, denn ihr Spiel heißt Geld geben und Geld und Zinsen nehmen. Die Bank wird sagen: „Mit dem Auto und seinen Mängeln haben wir nichts zu tun. Wir sind ein Kreditinstitut und nicht Autohändler."
In diesem Fall erinnern wir uns an das, was wir allgemein zu den Vertragsauflösungen schon weiter vorn („Ein paar Asse im Ärmel") erfahren haben. Und wir entscheiden uns für den Weg, der für uns die meisten Vorteile bringt, uns vielleicht sogar die Zinsforderungen der Bank vergessen läßt.

SIEHE MUSTER: SCHADENERSATZFORDERUNG

Natürlich könnten wir auch versuchen, der Bank und dem Händler eine gemeinsame Sache nachzuweisen. Denn wenn eine wirtschaftliche Einheit von Kauf und Finanzierung vorliegt, gilt wieder die durchschlagende Wirkung des einen Vertrages auf den anderen. Indizien für diese Verbindung sind:

- Bedingung des Kaufes ist der Finanzierungsnachweis und umgekehrt
- Direktauszahlung des Kredites direkt ohne Anweisung an Verkäufer
- Kauf- und Kreditvertrag stehen in einer Urkunde
- Kaufgegenstand wird als Sicherheit an Kreditgeber übereignet
- Kredit wird nur bei Sicherheitsübereignung der Kaufsache gewährt
- Termin zum Finanzierungsgespräch vom Händler erhalten
- Verkäufer finanziert nur mit diesem bestimmten Kreditgeber
- Verkäufer handelt den Kredit für den Käufer aus
- Verkäufer hält Darlehensformulare vom Kreditgeber vorrätig
- Verkäufer und Kreditvermittler haben die selbe Anschrift
- Visitenkarte des Kreditgebers vom Händler erhalten
- Am besten wäre natürlich gerade beim Autokauf die Vereinbarung, daß Kauf und Kreditierung als wirtschaftliche Einheit zu sehen sind. Das können Sie bestimmen, indem Sie vor ihre Unterschrift auf den Kauf- und auf den Kreditvertrag die Formulierung setzen:

„Ich möchte, daß die Finanzierung und der Kauf des ... (beschreiben Sie das Auto oder Details des Kaufvertrages) *als wirtschaftliche Einheit bewertet werden."*

Wenn dies geschehen ist, genießen Sie die gleichen Vorteile wie beim Abzahlungskauf.

Grundsätzlich ist es sinnvoll, bei einer Herstellerbank zu finanzieren. Deren Geschäftspolitik ist davon getragen, die Autohalden abzubauen und den Kunden bei der Marke und beim Händler zu halten. Deshalb steht der Finanzierungsgewinn nicht im Vordergrund. Außerdem ist die wirtschaftliche Verflechtung zwischen Autokauf und Finanzierung bei der Herstellerbank ganz offensichtlich, so daß ein Durchgriff vom einen Vertrag auf den anderen Vertrag möglich ist.

Die zwei Hauptprobleme bei der Fremdfinanzierung

- Das Auto ist schwer mangelhaft, so daß Sie es zurückgeben wollen bzw. es ist nicht lieferbar. Den Kredit bekommen Sie aber trotzdem, der selbständige Kreditvertrag ist abgeschlossen.
- Der Kredit wird nicht gewährt, der Wagen ist aber bereits fest bestellt, und das Auto ist problemlos lieferbar.

Wenn es Ihnen jetzt nicht gelingt, die wirtschaftliche Verbindung von Kredit- und Kaufvertrag bzw. Verkäufer und Kreditgeber nachzuweisen, haben Sie schlechte Karten. Einen Kredit kann man sich zwar eventuell noch bei einer anderen Bank besorgen – sollte man aber nicht. Wenn die eine schon ablehnt, ist man auch für einen Kredit bei der anderen nicht mehr flüssig genug, hat sich übernommen. Man bekommt den Kredit vielleicht, zahlt aber erstens Hyperzinsen und steuert zweitens geradewegs auf den finanziellen Abgrund zu.

Die Lösung der Probleme

Sie können versuchen, über die Schadenersatzforderung mit dem schon empfohlenen Muster den Händler in die Pflicht zu nehmen. Schließlich ist es ein Schaden für Sie, wenn sie für den nicht mehr benötigten Kredit Zinsen zahlen sollen.

Ebenso könnten Sie die Bank in die Pflicht nehmen, wenn Sie eine eindeutige Kreditzusage in der Hand hatten, die dann zurückgezogen wird.

Im schlimmsten Fall bleibt nur noch der Weg, den fortbestehenden Vertrag aufzuheben. Das wird Sie vermutlich Geld kosten – aber so weit wird es künftig kaum noch kommen können, weil Sie jetzt die juristischen Hintergründe kennen und wenn Sie alle bisher in diesem Buch erteilten Ratschläge beachten.

Leasing

Damit haben wir uns zwar schon bei den verschiedenen Formen des Eigentumserwerbs im Kapitel über Kaufverträge befaßt. Und wegen der vielen unzulässigen Klauseln taucht das Leasing auch schon in unserem Kapitel über die Allgemeinen Geschäftsbedingungen auf. Aber wir müssen uns noch mal heranwagen. Denn im privaten Bereich spielt Leasing beim Autokauf eine herausragende Rolle.
Deshalb kommen wir im Schnelldurchlauf noch einmal auf die wesentlichen Punkte:

Was Leasing wirklich bedeutet

- Sie haben Rechte wie ein Mieter.
- Sie tragen zwangsweise Instandhaltungspflichten wie ein Eigentümer.
- Vor Garantieende haben Sie die Pflicht, Ansprüche zum Erhalt des Autos durchzusetzen.
- Nach Garantieende haben Sie die Pflicht, auch ein marodes
- Fahrzeug bis zum Ende der Leasingzeit zu bewirtschaften.
- Sie müssen die Anschaffungskosten des Fahrzeugs bezahlen – zumindest anteilig für die Nutzungszeit.
- Sie bezahlen den Verkäufer.
- Sie bezahlen den Finanzier.
- Sie bezahlen die verwaltende Leasinggesellschaft.
- Sie bezahlen unter Umständen auch noch eine Leasingratenversicherung.
- Sie ist wirtschaftlich gefährlich, wenn der Vertrag notleidend wird, denn bei Krankheit oder Arbeitslosigkeit kann das Auto nicht verkauft oder problemlos gegen ein kleineres getauscht werden. Es hilft nur eine „Leasingratenversicherung".
- Bei einem Verkehrsunfall trägt die Versicherung nicht die Finanzierungskosten, die wären ja auch ohne den Versicherungsfall entstanden.
- Zum Vertragsende kommen unkalkulierbare Risiken auf Sie zu durch Überkilometer oder Überbeanspruchung, falsch kalkulierten Restwert oder zugesicherten Restwert. Problematisch wird dies vor allem, wenn korrupte Sachverständige, die fast
- ausschließlich für diese eine Leasinggesellschaft tätig sind, das Fahrzeug schätzen.

Die Bedeutung des Leasings können wir übrigens nicht aus dem Gesetz ableiten. Da ist der Leasingvertrag nicht geregelt. Und weder Richter noch Anwälte können es mit einem Satz erklären, denn es ist eigentlich ziemlich unklar, was leasen juristisch ganz genau bedeutet.

Wann ist es Leasing – der Umweg über die Praxis

Etwas einfacher wird die Sache, wenn wir uns aus alltäglichen Situationen an das Leasing heranwagen und einfach mal wegstreichen, was kein Leasing sein kann:

- Ich habe da ein Auto, das kannst Du kaufen.

Es gehört dann Dir. ***Kein Leasing, sondern Kaufvertrag***

- Ich habe da ein Auto, das kannst Du in Raten abbezahlen.

Es gehört dann Dir. ***Kein Leasing, sondern Abzahlungskauf***

- Ich habe da ein Auto, das kannst Du kaufen. Eine Bank kann Dir das Geld leihen. Ich übereigne das Auto dann erst der Bank. Nach Rückzahlung des Kredites übereignet die Bank Dir das Auto.

Es gehört dann Dir. ***Kein Leasing, sondern finanzierter Kauf.***

- Ich habe da ein Auto, das kannst Du mieten. Ich halte es für Dich in Schuß. Du zahlst mir dafür monatlich ein Nutzungsentgelt.

Das Auto gehört mir. ***Kein Leasing, sondern Miete.***

- Ich habe da ein Auto, das kannst Du mieten. Du hältst es in Schuß. Du zahlst fest für z.B. drei Jahre monatlich ein Nutzungsentgelt.

Das Auto gehört aber mir. ***Keine Miete, sondern direktes Leasing.***

- Ich habe da ein Auto, das kannst Du vom Leasinggeber mieten. Der hat das Auto gekauft oder finanziert. Du hältst es in Schuß. Du zahlst monatlich ein Nutzungsentgelt z.B. für die Dauer von drei Jahren.

Das Auto gehört dem Leasinggeber oder der Bank. ***Keine Miete, sondern Finanzierungsleasing.***

Beim Leasing haben wir also einen Vermieter, der sich aber um die Sache nicht kümmert und einen Mieter, der die Sache in Schuß halten muß. Wir wollen uns mal anschauen, was das in der Praxis bedeutet.

Ein Beispiel aus dem Alltag: So sieht Leasing aus

Der Verbraucher geht zu einem Autohändler, weil er zwar kein Geld hat, aber ein Auto fahren möchte. Die verschiedenen Möglichkeiten werden vorgestellt:

Das Auto kostet	6 000 DM
Bei Barzahlung läßt sich der Preis herunterhandeln und man bezahlt nur noch	5 800 DM
Wenn man es über drei Jahre finanziert zum Effektivzins von 13 Prozent und man zahlt eine Monatsrate von	202 DM
kostet das alles in allem	7 230 DM
Beim Leasing über drei Jahre zahlen Sie monatlich	99 DM
und somit innerhalb von drei Jahren	3 564 DM
Das sieht vielleicht noch ganz gut aus – aber beim Leasing ist noch eine Sonderzahlung fällig von z.B.	2 400 DM

Der Leasingnehmer zahlt also fast 6.000 Mark innerhalb von drei Jahren – das ist mehr als beim Barkauf, weniger als beim Kredit. Aber: Beim Barkauf und beim Kredit gehört ihm das Auto nach drei Jahren – er hat einen Restwert. Beim Leasing gibt er das Auto zurück – und steht mit leeren Händen da.

Leasing ist eben eine reine Finanzierungssache, kein Kauf.

Es gibt aber auch Vorteile beim Leasing

Für den Privatkunden sind da vor allem die folgenden Punkte interessant:

- Preisvorteile durch Rabatte, die Leasinggesellschaften als Großabnehmer unter Umständen an ihre Kunden weitergeben,

• geringer Einsatz an eigenen Mitteln, was die Liquidität schont
• keine Sicherheiten.

Wem das wichtig ist, der sollte sich dann eben dafür entscheiden. Und diese Punkte müssen wohl vielen wichtig sein, wichtiger noch als geringe Kosten. Denn etwa jedes fünfte Privatauto in der Bundesrepublik ist geleast.

Warum das Finanzierungsleasing besonders wichtig ist

Es ist die Form mit der größten praktischen Auswirkung für den Verbraucher. Da gibt es die Vollamortisation und die Vertragsart der Teilamortisation – aber das muß uns nicht irritieren. Der Bundesfinanzminister hat 1971 in einem Erlaß diese Kategorien geschaffen, um das Leasinggut steuerlich dem Leasingnehmer oder dem Leasinggeber zuzuordnen, was den Privatkunden aber nicht interessiert.

• Vollamortisation heißt:

Der Vertrag wird für eine bestimmte festgeschriebene Zeit abgeschlossen. In dieser sogenannten Grundmietzeit kann der Vertrag bei beiderseitiger Erfüllung der Vertragspflichten nicht gekündigt werden.

Die Summe der Raten und einer etwaigen Sonderzahlung deckt mindestens die Anschaffungs-, Herstellungs- und Finanzierungskosten des Leasinggebers einschließlich des Gewinnes. Die Grundmietzeit beläuft sich auf etwa 40 bis 90 Prozent der gewöhnlichen Nutzungsdauer (bei Autos rund zehn Jahre, also Vertragsdauer beim Leasing vier bis neun Jahre).

• Teilamortisation heißt:

Mit den Leasingraten und einer vereinbarten Sonderzahlung tilgt der Leasingnehmer nur einen geschätzten Wertverlust sowie die Finanzierungskosten und den Gewinn des Leasinggebers während der Vertragsdauer.

Weil nur ein Teil der Finanzierungskosten abgestottert wird, sind die monatlichen Raten klein und der Vertrag scheinbar günstig. Wenn der Vertrag ausgelaufen ist, muß der Leasingnehmer jedoch noch 'mal bezahlen; denn auch bei diesem Vertrag trägt der Verbraucher das volle wirtschaftliche Risiko.

Diese Nachzahlung bei der Teilamortisation kann unterschiedlich ausgestaltet sein, es gibt verschiedene Formen:

Der Leasingvertrag mit Andienungsrecht

Der Leasinggeber (Profi) kann am Vertragsende bestimmen, ob der Leasingnehmer (Kunde) den Wagen kaufen muß oder nicht. Der Kaufpreis wird bei Vertragsbeginn festgelegt. Wenn der Marktpreis niedriger ist als der kalkulierte Kaufpreis, wird der Leasingnehmer gezwungen, den Wagen zu kaufen. Wenn der Marktpreis höher ist als der kalkulierte Kaufpreis, wird der Leasinggeber den Wagen natürlich zurücknehmen. Man sieht, der Leasingkunde steht auch jetzt nicht auf der Sonnenseite des Vertrages. Er wird nur an den negativen Seiten des Marktes partizipieren.

Der Leasingvertrag mit Mehrerlösregelung

Der Leasinggeber verwertet und bewertet das Fahrzeug nach der Grundmietzeit. Wenn der Erlös den bei Vertragsbeginn kalkulierten Restwert nicht erreicht, muß der Leasingnehmer die Differenz auffüllen, also nachzahlen. Übersteigt der Veräußerungserlös den kalkulierten Restwert nebst den Kosten für den Verkauf des Fahrzeuges, stehen dem Leasingnehmer vom Gewinn 75 % zu (diese Prozentsätze haben Gründe im Steuerrecht des Leasinggebers).

Dies ist die häufigste Form des Leasings und für den Verbraucher die gefährlichste.

Wir können nun ja 'mal versuchen, den Verbraucher so richtig auszuwringen.

In zehn Schritten wird der Leasingkunde über den Tisch gezogen – ein Beispiel aus dem täglichen Leben

- Zunächst ködern wir den Verbraucher mit kleinen Raten: „Dieser Neuwagen kostet Sie nur 99 Mark im Monat."
- Diese Rate kann ich erreichen, indem ich bei der Mietsonderzahlung oder dem Restwert einen besonders hohen Wert kalkuliere.
- Bei der Mietsonderzahlung zu Beginn des Vertrages muß ich meinen Kunden einschätzen. Entweder knöpfe ich ihm das gesamte für einen Gebrauchtwagen angesparte Geld ab und erkläre ihm, daß er für das Geld auch einen Neuwagen bekommt und er doch dumm wäre, wenn er einen Neuwagen nicht nimmt, obwohl der nicht teurer wird als ein Gebrauchtwagen.
- Begriffe wie Eigentum und kaufen vermeide ich und verwende Worte wie „bekommen, haben, Neuwagen, fahren". Wenn der Kunde mit dem Geld nicht herausrücken will, macht das auch nichts. Ich schlage es eben auf den Restwert drauf.
- Jeder Mensch hält sich für schlau und glaubt, daß er ein besonders wertbeständiges Produkt erworben hat. Kein Kunde wird von sich selbst sagen, daß er ein Produkt erwählt hat, das keine Wertbeständigkeit hat und somit in jedem Fall ein schlechtes Geschäft ist. Daß der Restwert des „Neuwagens" zum Vertragsende vielleicht nur noch 20 Prozent des Neuwertes beträgt, mithin also ein Wertverlust von 80 Prozent eingetreten ist, kommt niemandem so schnell in den Kopf.
- Wenn nun der Vertrag abgelaufen ist, kommt der Kunde zu mir auf den Hof. Ich nehme ihm das Auto gleich weg und gebe es zu meinem Sachverständigen. Der hat für mich schon ein paar hundert Autos geschätzt und weiß, daß er, wenn er auch in Zukunft noch ein paar hundert Autos schätzen will, die Werte schön niedrig anzusetzen hat. Kontrollieren kann die Schätzung sowieso niemand mehr.
- Denn nachdem das Auto schön niedrig geschätzt ist, verkaufe ich es zu diesem schön niedrigen geschätzten Preis an einen Strohmann, der auch Autohändler ist. Das hat den großen Vorteil, daß ich dem Verbraucher sagen kann: Tja, das ist nun mal der Marktpreis. Der Gutachter hat's geschätzt und dieser Preis stimmt, wie Du an dem Kaufvertrag sehen kannst.
- Wenn der Verbraucher das Auto nun selbst schätzen lassen will, sage ich ihm, daß das Auto verkauft ist. Dem Kaufvertrag kann er entnehmen an wen – nämlich an meinen Strohmann. Aber das weiß er ja nicht...
- Er weiß auch nicht, daß der Strohmann das Auto wieder an mich zurückverkauft hat. Ich muß es dem Verbraucher auch nicht sagen; denn er hat ja keine vertragliche Beziehung mehr mit mir. Der Verbraucher kann also im Leben nicht beweisen, was das Auto wert ist. Er weiß ja nicht wo das Auto ist.
- Ich verlange vom Verbraucher natürlich erst mal die Differenz zwischen kalkulierten Restwert und dem tatsächlich erzielten , aber von meinem Gutachter viel zu niedrig geschätzten Wert. Den Betrag kann ich durch Sachverständigengutachten und Ver-

kaufsurkunden beweisen. Gleichzeitig und so ganz nebenbei verkaufe ich das Leasingauto noch zum richtigen Marktwert und habe so noch ein weiteres Mal verdient. Das Beispiel zeigt das Prinzip, mit dem der Leasingkunde auf die Schattenseite gedrängt wird. Er ist immer nur an den für ihn negativen Teilen des Vertrages beteiligt.

Der kündbare Leasingvertrag mit Schlußzahlung

Hierbei handelt es sich um eine seltene Leasingvariante. Nach der Mindestgrundzeit von 40 % der gewöhnlichen Nutzungsdauer des Fahrzeuges kann der Vertrag innerhalb einer vereinbarten Frist gekündigt werden. Je später die Kündigung ausgesprochen wird, desto geringer ist die Schlußzahlung. Die Schlußzahlung deckt mit den geleisteten Raten den Gesamtaufwand und Gewinn des Leasinggebers. Aber den hat er, je länger der Vertrag läuft, ja auch irgendwann über die Monatsraten hereingeholt.

Alle Leasingverträge gewährleisten, daß der Leasingnehmer mit seinen Zahlungen alle Kosten übernimmt. Insofern ist der Ausdruck Teilamortisationsvertrag irreführend. Der Leasingkunde zahlt immer voll. Das heißt, für den Leasingunternehmer amortisiert sich der Vertrag stets voll.

Leasing im geschäftlichen Bereich
Eigentlich interessiert uns das gar nicht, denn dann wären wir selbst auch ein Profi und kein Verbraucher mehr. Aber wir wollen es ganz kurz einflechten: Im geschäftlichen Bereich kann Leasing steuerliche Vorteile bringen. Denn Leasingraten und Sonderzahlungen sind als Geschäftskosten wie eine Miete sofort voll absetzbar, das bringt auch Vorteile bei der Gewerbesteuer. Außerdem gehören die Leasingfahrzeuge wirtschaftlich nicht dem Leasingkunden, so daß sie nicht in das Anlagevermögen der Bilanz fallen.

Vorsicht bei freien Leasingfirmen
Einen großen Brocken vom Leasingmarkt haben sich die Leasingfirmen der großen Autohersteller gesichert. Daneben gibt es freie Leasinggesellschaften – und da ist noch größere Vorsicht geboten.
Der Markt ist hart umkämpft. Und um Verträge zu schreiben, müssen die Angebote schöngerechnet werden. Dabei ist die Gefährdung der Verbraucher besonders hoch, weil diese Gesellschaften an Finanzierung und Verwertung verdienen und die Zufriedenheit des Kunden mit dem Produkt kaum eine Rolle spielt – anders als bei den Hersteller-Leasingtöchtern. Denn die markengebundenen Leasinggesellschaften haben – anders als die freien Gesellschaften – ein Absatzinteresse bezogen auf ihr Produkt. Die Finanzierung und Verwertung ist nicht das Hauptgeschäft.

Wenn schon Leasing, dann auf diese Weise

Alle Leasinggesellschaften haben gemeinsam, daß sie den Verbraucher zum Vertragsende gern ein weiteres Mal an sich binden. Nur deshalb kommen sie ihm, wenn überhaupt, bei der Abwicklung des Altvertrages gelegentlich kostenmäßig entgegen. Irgendwann kommt aber unausweichlich die Endabrechnung ...

Es gibt jedoch auch Leasingvarianten, bei denen das Verwertungsrisiko des Altwagens beim Leasinggeber liegt.

Oft wird eine solche Regelung bei Leasingverträgen vereinbart, die sich an der Laufleistung des Fahrzeuges orientieren. Dann wird eine Laufleistung für die Dauer der Leasingzeit bei Vertragsschluß vereinbart. Der Händler schätzt den Wert, den das Fahrzeug dann voraussichtlich haben wird. Mehrkilometer werden nachbezahlt, Minderkilometer werden vergütet. Diese Lösung ist durchweg vorteilhafter als andere.

Immer dann, wenn der Leasinggeber das Verwertungsrisiko trägt, ist der Vertrag für den Verbraucher durchschaubarer, weil nun absolute Gesamtpreise für die volle Vertragszeit verglichen werden können. Denn was nützt die günstigste Rate, wenn der Betrag, den ich am Ende als Leasingnehmer zu zahlen habe, unklar ist. Ich habe keine Möglichkeit, die Preise zu vergleichen.

Achten Sie auch darauf, daß Sie im Namen der Leasingfirma Reparaturaufträge an Werkstätten erteilen dürfen. Dies sollte im Vertrag festgehalten werden – warum, beschreiben wir noch unter dem Stichwort „Unfälle".

- Gelegentlich kommt es vor, daß nicht die Leasingfirma, sondern der Verbraucher den Kaufvertrag unterschreibt. Danach wendet sich der Händler an die Leasinggesellschaft zur Übernahme der Finanzierung. Damit dabei nicht nach dem Prinzip der stillen Post etwas von den erhaltenen Zusagen bzw. den Wünschen und Vorstellungen des Verbrauchers verloren geht, muß man sich schützen. Bei der Unterschrift sollte man einen Zusatz vereinbaren, der die Gültigkeit des Kaufvertrages von der Bedingung abhängig macht, daß eine Leasinggesellschaft die Finanzierung übernimmt.

SIEHE MUSTER: AUFSCHIEBENDE BEDINGUNG MACHT LEASINGVERTRAG WIRKSAM

Worauf Sie bei Unfällen mit Leasingautos achten müssen

In eigentlich allen Fällen ist die Gefahr des Untergangs, Abhandenkommens oder der Zerstörung des Fahrzeugs auf den Leasingkunden abgewälzt. Es ist aber so, daß als Gegenleistung für diese Abwälzung auf der anderen Seite ein kurzfristiges Kündigungsrecht des Leasingvertrages gewährt wird.

Die Idee ist, daß der Leasingkunde die Sache in seinem Verantwortungsbereich hat und deswegen auch für deren Zustand und Erhalt aufzukommen hat. Allerdings soll er, wenn die Sache weg ist, ein Recht haben, sich vom Vertrag zu lösen. Der Vertrag wird dann abgerechnet.

Dabei hat er jedoch die Leasinggesellschaft so zu stellen, als wäre das schädigende Ereignis nicht eingetreten. Das heißt, er muß auch deren Gewinnausfall bezahlen – abzüglich der Kosten, die der Leasinggesellschaft erspart bleiben, weil sie den Vertrag nun nicht mehr verwalten bzw. Finanzierungskosten und ähnliches tragen muß.

Nach einem Unfall sind Sie als Leasingkunde gezwungen, in Ihrem Leasingvertrag nachzusehen, was dort für diese Situation geregelt ist.

- **Wenn es ein selbstverschuldeter Unfall war,** könnte die Leasingfirma den Vertrag kündigen. Zu Ihrer eigenen Sicherheit sollten Sie nach dem Crash das Fahrzeug von einem Sachverständigen begutachten lassen. Das sollte ein Sachverständiger ihrer eigenen Wahl sein. Auf keinen Fall sollte es der von der Leasingfirma sein. Der wird das Ergebnis der Schätzung immer von den Interessen der Leasinggesellschaft abhängig machen.

- **Bei unklarer Schuldfrage** kann es hilfreich sein, den Schaden am eigenen Fahrzeug beim Schadenschnelldienst der Versicherung des Unfallgegners schätzen zu lassen. Das kostet dann nichts. Ansonsten tragen Sie die Kosten entsprechend der Verschuldensquote. Wenn Ihnen also eine Mitschuld am Unfall von 30 % auferlegt wird, dann tragen Sie 30 % der Kosten.
- **Wenn Sie den Unfall schuldlos verursacht haben,** wählen Sie einen Ihnen sympathischen vereidigten Sachverständigen aus – die Kosten trägt ohnehin die Gegenseite.
- **Bei Reparaturen nach unverschuldeten Unfällen** muß die Gegenseite als Unfallverursacher den Schaden nur ohne Mehrwertsteuer (MWSt.) bezahlen. Denn wirtschaftlicher Eigentümer des Fahrzeugs ist nach wie vor die Leasinggesellschaft. Die bekommt als Gewerbebetrieb die MWSt. nämlich als Vorsteuer vom Finanzamt zurück, so daß ein Schadenersatzanspruch auf die MWSt. nicht besteht. Als Verbraucher werden Ihnen diese MWSt.-Prozente fehlen. Sie müssen sich deshalb die Steuer von der Leasinggesellschaft erstatten lassen. Fordern Sie die Leasingfirma schriftlich dazu auf und vermerken Sie bei Erteilung des Reparaturauftrages auf dem Formular, daß die Rechnung auf die Leasingfirma und nicht auf Ihren Namen auszustellen ist.

SIEHE MUSTER: MEHRWERTSTEUERRÜCKFORDERUNG VON LEASINGFIRMA
SIEHE MUSTER: AUFTRAGGEBER-KORREKTUR FÜR REPARATUR AM LEASINGFAHRZEUG

Diese Kompetenz, Reparaturrechnungen auf den Namen der Leasinggesellschaft ausstellen zu lassen, sollten Sie sich bei Vertragsschluß schriftlich zusichern lassen. Sonst kann es passieren, daß die Gegenseite den Schaden ohne Mehrwertsteuer bezahlt, weil wirtschaftlicher Fahrzeugeigentümer die Leasinggesellschaft ist. Und die hat keinen Anspruch auf die MWSt. Sie holt sich die nicht von der Versicherung des Unfallgegners ausbezahlte Steuer aber vom Finanzamt zurück und muß dieses Geld an Sie weiterreichen.

Das Ende vom Leasing – die Kündigung

Nach Ablauf des Vertrags muß der Leasingnehmer das Fahrzeug zurückgeben, wenn nicht etwas anderes vereinbart ist. Oftmals wird da eine Art Erwerbsrecht vereinbart. Das ist dann meist nebulös umschrieben, weil dann das Leasing in Bereiche kommt, die von einem Abzahlungskauf kaum zu unterscheiden sind. Die Verbraucherschutzvorschriften des Verbraucherkreditgesetzes aber sind von der Leasinggesellschaft ja meist nicht gewünscht (siehe auch das Kapitel zum Verbraucherkreditgesetz).

Die ordentliche Kündigung

Die meisten Leasingverträge sehen eine ordentliche Kündigung gar nicht vor. Denn das Leasing wurde ja als Finanzierungsmodell auf die volle Anzahl der Raten kalkuliert. Es gilt der Grundsatz der Unkündbarkeit.

Gleichwohl ist eine einverständliche Aufhebung des Vertrages möglich. Die Leasinggesellschaft stellt Ihnen dann den entgangenen Gewinn und sämtliche Finanzierungskosten in Rechnung – aber über den Betrag kann man verhandeln.

Bei Verlust, Untergang und größeren Beschädigungen des Leasingfahrzeuges ist oft ein Kündigungsrecht für beide Seiten vorgesehen. Reparaturkosten von etwa 2/3 des Zeitwertes sind oft vertraglich als außerordentlicher Kündigungsgrund vereinbart.

Die außerordentliche Kündigung

Solche außerhalb der vertraglichen Ordnung liegenden Kündigungsrechte sind in allen Vertragsarten und auch beim Leasingvertrag gegeben. Es müssen aber schwere Verstöße gegen vertragliche Pflichten vorliegen oder es muß eine schwere Gefährdung der eigenen Rechtsgüter durch das Verhalten des Vertragspartners drohen.

Die außerordentliche Kündigung durch die Leasingfirma

Berechtigt zur fristlosen Kündigung wäre das Leasingunternehmen z.B. bei

- fehlenden Versicherungsnachweisen für Vollkasko.

Wenn der Kunde zur Absicherung des Vermögens der Leasingfirma vertraglich verpflichtet ist, entsprechende Verträge vorzulegen, kann eine Verletzung dieser Pflicht als ein schwerer Verstoß gegen das Sicherungsbedürfnis der Firma gewertet werden.

- rechtlicher Unerreichbarkeit des Leasingkunden.

Das kann durch ständige Wohnungswechsel geschehen, die der Leasinggesellschaft nicht mitgeteilt werden oder durch nicht erfolgte Ummeldungen. Auch ein langfristiger Aufenthalt im Ausland kann der Anlaß sein, weil durch diese Verhaltensweisen dem Leasinggeber der Zugriff auf sein Wirtschaftsgut Auto entzogen wird.

- vertragswidrigem Gebrauch.

Das können unterlassene Wartungsarbeiten sein, Autorennen oder die Vermietung des Fahrzeugs an Dritte. Aber Achtung: Vor der Kündigung aus diesen Gründen muß der Leasingnehmer abgemahnt werden.

- Vermögensverschlechterung des Leasingkunden.

Eine Vermögensverschlechterung kann zu einem fristlosen Kündigungsrecht der Leasinggesellschaft führen. Allerdings sind hier schon gravierende Verschlechterungen gemeint. Nicht ausreichend ist, wenn jemand einen Scheck platzen läßt. Es muß also nachweislich eine Gefährdung der Ansprüche vorliegen, die die Leasinggesellschaft an den Kunden hat.

Das wird zum Beispiel immer bei beantragten Konkurs- oder Vergleichsverfahren und Anträgen zur Abgabe der eidesstattlichen Versicherung der Fall sein. Der Eindruck der Vermögensverschlechterung muß sich also schon verfestigt haben. Wenn der Vollstreckungsbeamte, umgangssprachlich auch Gerichtsvollzieher genannt, nur deshalb kommt, weil Sie das Bußgeld wegen Falschparken nicht freiwillig gezahlt haben, ist hierdurch Ihre Vermögensverschlechterung genausowenig nachgewiesen wie bei einem Besuch des Gerichtsvollziehers, der einmalig 1000 Mark vollstrecken will, die Sie dann bezahlen.

Der Begriff Verschlechterung ist immer wörtlich zu nehmen. Wenn eine katastrophale Vermögenssituation der Leasinggesellschaft schon bei Vertragsabschluß bekannt war und sich dieser Zustand nicht verändert hat, kann nicht gekündigt werden.

- Zahlungsverzug.

Damit ist gemeint, daß der Leasingkunde seine Leasingraten nicht mehr oder nicht pünktlich überweist. Die Leasinggesellschaften vereinbaren dann oft ein fristloses Kündigungsrecht im Kleingedruckten. Ob ein solches Kündigungsrecht wirksam ist,

wenn hier ganz kurze Verzugszeiten angenommen werden, ist immer eine Frage des Einzelfalles. Die Chancen der Leasinggesellschaft, damit durchzukommen, sind aber nicht aussichtslos.
Allerbestens sind die Chancen, wenn der Leasinggeber mit zwei Raten in Verzug ist oder an zwei aufeinanderfolgenden Terminen mit einem nicht unerheblichen Teil der Raten in Verzug ist.

Wenn Leasingverträge unter das Verbraucherkreditgesetz fallen

Ob das der Fall ist, können Sie anhand unserer Hinweise zum Verbraucherkreditgesetz leicht selbst überprüfen. Die typischen Merkmale eines solchen Geschäfts finden sich oft in Leasingverträgen. Und dann ist die Leasinggesellschaft an Regeln gebunden, die ihr vielleicht gar nicht so gut gefallen:
Die fristlose Kündigung nur wirksam, wenn folgende Faktoren eintreten:

- Zahlungsverzug mit zwei vollen oder Teilen von zwei Raten
- und Rückstand von 10 % der Summe der Raten plus Anzahlung
- oder bei einer Laufzeit von über drei Jahren Rückstand von fünf Prozent der Summe der Raten plus Anzahlung
- und Setzung einer zweiwöchigen Zahlungsfrist zur Zahlung des Restbetrages, verbunden mit der Erklärung, daß bei Nichtzahlung das gesamte Vertragsverhältnis abgerechnet und beendet wird.

Wie die Kündigung aussehen muß

Wenn die Voraussetzungen für eine Kündigung vorliegen, muß eine Kündigungserklärung abgegeben werden. Vom Gesetz her kann so eine Kündigung mündlich ausgesprochen werden. Meist ist aber im Vertrag vereinbart, daß solche Erklärungen schriftlich abgegeben werden müssen.

Die Leasinggesellschaft muß im Streitfall vor Gericht beweisen, daß der Leasingnehmer die Kündigung erhalten hat.

Deshalb wird eine solche Kündigung per Einschreiben mit Rückschein oder per Postzustellungsurkunde oder Boten verschickt. Nur wenn die Leasinggesellschaft beweisen kann, daß der Kunde die Kündigung erhalten hat, treten die Rechtsfolgen der Kündigung ein:

- Die Pflicht der Leasinggesellschaft erlischt, dem Kunden das Fahrzeug zum Gebrauch zu überlassen. Die Leasinggesellschaft darf dem Leasingkunden das Auto wegnehmen, wenn er der Aufforderung zur Herausgabe des Fahrzeugs nicht nachkommt. Allerdings darf das nicht mit Gewalt passieren. Aber die Grenzen sind fließend. Wenn das Leasingauto an der Straße abgestellt ist und die Leasinggesellschaft nun ihr wirtschaftliches Eigentum sicherstellt, indem sie es auf einen Tieflader zieht oder mit einem Drittschlüssel wegfährt, wird sich der Kunde dagegen nicht wehren können.
- Der Leasingnehmer haftet der Leasinggesellschaft wegen der fristlosen Kündigung auf Schadenersatz. Davon sind alle Kosten und Nachteile umfaßt, die durch die vorzeitige Beendigung des Leasingvertrages entstanden sind. Konkret sind das neben

den Kosten für die Sicherstellung und Rechtsverfolgung die Finanzierungskosten. Denn der Leaser hat ja vertraglich zugesagt, sämtliche Leasingraten zu bezahlen, damit sich der Leasingvertrag für den Leasinggeber voll amortisiert.

So errechnet sich der Schadenersatz einer Leasingfirma:

	Sonderzahlung
plus	offene Leasingraten
plus	Restwert
plus/minus	Ab- oder Aufschläge für Erhaltungszustand
minus	ersparter Verwaltungskosten
minus	ersparter Versicherungsbeiträge
minus	Vorteile durch frühen Kapitalrückfluß

Dieser Vorteil des vorzeitigen Kapitalrückflusses muß von der Leasinggesellschaft exakt berechnet werden.

Kündigungen durch den Leasingkunden

Weil die Geschäftsbedingungen von der Leasinggesellschaft gemacht werden, ist für den Kunden meist gar kein Kündigungsrecht geregelt.
Oftmals schließen die Geschäftsbedingungen der Leasinggesellschaft auch das Kündigungsrecht des Leasingnehmers aus. Das ist natürlich unwirksam, wie wir schon im Kapitel zu den Allgemeinen Geschäftsbedingungen festgestellt haben.
Denn aus wichtigem Grund kann natürlich auch der Kunde das Vertragsverhältnis kündigen. Das ist immer dann der Fall, wenn die Nutzung des Leasingobjektes erheblich beeinträchtigt wird:

- bei Diebstahl des Leasingobjektes,
- bei erheblicher Beschädigung (ca. 2/3 des Zeitwertes an Reparaturkosten),
- bei fehlender Mitwirkung an der Geltendmachung von Garantieansprüchen,
- bei Tod des Leasingnehmers,
- bei Totalschaden.

Die Folgen einer Leasing-Kündigung durch den Kunden

Wenn das Verschulden im Bereich der Leasinggesellschaft liegt, muß der Kunde so gestellt werden, als wäre der Vertrag ordnungsgemäß erfüllt worden. Er muß keine Raten zahlen und bekommt anteilig seine Anzahlung wieder, so daß er sich ein anderes Auto leasen, finanzieren oder kaufen kann. Im privaten Bereich wird ein Schadenersatzanspruch des Leasingkunden gegen die Leasingfirma kaum eine Rolle spielen.
Der Schadenersatzanspruch wird sich auf die Erstattung der Sonderzahlung und von einigen Zinsen reduzieren.
Wenn das Verschulden auf Seiten des Leasingkunden liegt, kann der Kunde unter den oben genannten Voraussetzungen zwar auch den Vertrag kündigen. Er hat der Leasinggesellschaft aber den Schaden zu ersetzen, der durch die frühzeitige Beendigung des Vertrages entsteht (siehe Schadenersatz bei Kündigung durch Leasinggesellschaft).

Kapitel 13

Ihre Rechte im Zusammenhang mit Gebrauchtwagen

Eigentlich müßte man an dieser Stelle zunächst mal erklären, was denn eigentlich ein Gebrauchtwagen im Sinne der Gesetze bzw. der zahllosen Gerichtsurteile eigentlich ist?
Es ist ganz einfach: Gebrauchtwagen sind alle Fahrzeuge, die keine Neuwagen sind.
Aber um die Frage nach den Gebrauchtwagen wirklich schlüssig zu beantworten, müssen wir noch die Neuwagen genauer unter die Lupe nehmen. Denn da gibt es mehrere Unterteilungen:

Fabrikneue Neuwagen sind Modelle, die
- noch unverändert gebaut werden,
- keine Mängel durch Standzeiten aufweisen,
- keine Nutzung außer der Überführung erfahren haben,
- keine Schäden aufweisen und
- keine Standzeit im Lager von mehr als zehn Monaten aufweisen.

Neue Neuwagen sind Modelle, die
- aus Neuteilen hergestellt und unbenutzt sind,
- maximal zwölf Monate gelagert wurden,
- keine Mängel durch Standzeiten und
- keine Schäden aufweisen.

Damit ist klar: Ein Gebrauchtwagen ist immer ein benutztes Auto, auch wenn dafür die schönsten Bezeichnungen wie Jahres- oder Halbjahreswagen, Chef-, Dienst- oder Vorführwagen gewählt werden.
Im Markt gehen die Gebrauchtwagen unterschiedliche Wege. Und weil diese Wege großen Einfluß auf die Rechtslage haben, zum Beispiel Geschäfte unter Laien anders als unter Profis und Laien zu bewerten sind, lohnt es, diese Wege genau unter die Lupe zu nehmen.

Der Gebrauchtwagenverkauf unter Privatleuten

Solche Geschäfte können formlos abgewickelt werden. Weil auch Gebrauchtwagen aber oft noch einen erheblichen Wert repräsentieren, sollten auch hier zur Sicherheit schriftliche Vereinbarungen getroffen werden – mit einem Kaufvertrag.

Nun können natürlich auch hier alle Details frei ausgehandelt werden. Und das eröffnet uns die Möglichkeit, unsere eigenen Interessen im Vertrag besonders zu berücksichtigen. Sie werden davon abhängen, ob wir als Käufer oder Verkäufer auftreten.

SIEHE MUSTER: GEBRAUCHTWAGEN-KAUFVERTRAG MIT VORTEIL FÜR DEN VERKÄUFER

SIEHE MUSTER: GEBRAUCHTWAGEN-KAUFVERTRAG MIT VORTEIL FÜR DEN KÄUFER

Bevor der Vertrag tatsächlich abgeschlossen wird, kommt es allerdings meistens zu einer Probefahrt, um das Fahrzeug auf seine Funktionstüchtigkeit zu prüfen.

Bei der privaten Probefahrt geht die Haftung der Kaufinteressenten weiter als bei der Vorführfahrt des Händlers. Im privaten Bereich muß auch für Unfallfolgen gehaftet werden, die durch leichte Nachlässigkeiten verursacht werden.

Das mag im ersten Moment ungerecht erscheinen, dahinter steckt aber ein logischer Gedanke: Vom Händler, der den Wagen einer Vielzahl von Kunden andient, wird der Abschluß einer Vollkaskoversicherung erwartet. Bei einem Privatkunden dagegen kann der Kaufinteressent nicht erwarten, daß das Fahrzeug extra für die Probefahrt vollkaskoversichert wird.

Etwas anderes kann unter Umständen gelten, wenn Ihnen von einem Werksangehörigen oder einem Branchenkenner ein Jahreswagen privat zum Kauf angedient wird. Hier könnten Sie vielleicht darauf vertrauen, daß das Fahrzeug vollkaskoversichert ist, so daß ihre Haftung stillschweigend beschränkt ist auf gröbere Pflichtverstöße.

Besser ist es aber immer, sich nicht auf Unklarheiten einzulassen und nach der Haftung zu fragen. Und damit die ganze Sache wasserdicht wird, sollte man eine Vereinbarung treffen, wenn möglich sogar in schriftlicher Form. Auch hier hängt die Wahl davon ab, in welcher Rolle Sie sich befinden:

SIEHE MUSTER: HAFTUNGSREGELUNG ZUR VORFÜHRFAHRT MIT VORTEIL FÜR DEN VERKÄUFER

SIEHE MUSTER: HAFTUNGSREGELUNG ZUR VORFÜHRFAHRT MIT VORTEIL FÜR DEN KÄUFER

Kommt der Kauf zustande, muß der Verkäufer dem Käufer den Wagen und die Papiere übergeben. Der Käufer muß den Kaufpreis bezahlen und das Auto abnehmen.

Stellen Sie unbedingt sicher, daß der Käufer das Auto ummeldet, sonst kann es für Sie große Probleme geben. Denn zum einen sind Ihre Versicherungsrabatte gefährdet, zum anderen fährt das Auto bis zur Zwangsummeldung auf Ihre Kosten bei Steuer und Versicherung.

Zur Ummeldung ist der Käufer nach § 27 III der Straßenverkehrszulassungsordnung verpflichtet. Bei Verstößen kann die Zulassungsbehörde das Fahrzeug stilllegen. Um diesem Ungemach aus dem Wege zu gehen, sollten Sie sich die Zeit nehmen oder einen Bekannten bitten, das Fahrzeug für Sie abzumelden. Hierzu müssen Sie dem Bekannten allerdings eine Vollmacht ausstellen.

SIEHE MUSTER: VOLLMACHT ZUR VORLAGE BEI DER ZULASSUNGSSTELLE

Die Inzahlungnahme des Gebrauchtwagens durch einen Händler

Es ist eher die Ausnahme, daß Gebrauchtfahrzeuge vom Händler erworben werden, ohne daß damit der Kauf eines Neuwagens verbunden ist.
Und genau hier lauert für denjenigen eine große Gefahr, der seinen Gebrauchtwagen in Zahlung gibt, denn

- der Käufer des Neuwagens möchte einen Teil des Kaufpreises durch die Hingabe des Gebrauchtwagens ersetzen, aber
- der Verkäufer des Neuwagens möchte den Neuwagen verkaufen und mit dem Gebrauchtwagen am liebsten nichts zu tun haben.

Der Vorbesitzer will logischerweise mit dem Gebrauchtwagen, den er in Zahlung gegeben hat, nichts mehr zu tun haben. Er will vor allem sicherstellen, daß durch die Weggabe des Gebrauchtwagens

- der Kaufpreis in Höhe der Summe X ersetzt ist und
- die Mängelgewährleistung für den Gebrauchten ausgeschlossen ist.

Wenn das nicht definitiv im Vertrag steht, kann es zu Problemen kommen.

Die Autohäuser kaufen den Gebrauchtwagen gar nicht, sondern nehmen die Gebrauchtwagen nur über sogenannte Agenturverträge auf.

Vorsicht, sonst haben Sie plötzlich zwei Autos und eine Finanzierungslücke

Der Verkäufer redet zwar die ganze Zeit von Inzahlungnahme, auf dem „Vertrag", den er Ihnen dann lediglich der Form halber zur Zeichnung entgegenhält, steht aber etwas ganz anderes. Genau betrachtet, stecken folgende Vereinbarungen dahinter:

- Der Gebrauchtwagen wird vom Händler entgegengenommen.
- Allerdings bietet der Händler nur den Versuch an, den Wagen binnen einer Frist von vielleicht zwei Monaten für die vereinbarte Summe zu verkaufen.
- Bis zum etwaigen Verkauf bleibt der Kaufpreis für den Neuwagen in Höhe der vereinbarten Verkaufssumme des Gebrauchtwagens gestundet.
- Wenn der Verkauf nicht gelingt, muß der Neuwagenkäufer den Gebrauchten zurücknehmen und den Kaufpreisrest für den Neuwagen bezahlen.

Das hilft Ihnen natürlich nicht, denn dann haben Sie zwei Autos und eine Finanzierungslücke.
Es hilft Ihnen auch nicht, wenn Sie den Gebrauchten in Zahlung geben, aber die Mängelgewährleistung nicht ausschließen. Denn auch für gebrauchte Sachen besteht eine Mängelgewährleistung von sechs Monaten. Bei gebrauchten Fahrzeugen aber kann es immer mal einen Defekt geben. Und dann hätte der Käufer theoretisch ein Wandlungsrecht. Er könnte also den Wagen zurückgeben und den Kaufpreis zurückverlangen. Aus unseren Hinweisen zu allgemeinen Kaufverträgen wissen Sie, daß bei den Schadenersatzansprüchen manchmal sogar mehr als der Kaufpreis zurückzuzahlen ist.
Wir hätten dann wieder zwei Autos und eine Finanzierungslücke.
Diese Konstellationen gibt es in verschiedensten Varianten. Oftmals ist es auch so, daß die Verkäufer nur als Vermittler auftreten wollen, um die Haftung für den „in Zahlung genommenen" Gebrauchtwagen nicht zu übernehmen. Das versuchen die Autohänd-

ler stets mit einem kleinen Trick zu erreichen. Und der wird meist mit einer wortreichen Erklärung eingeleitet, die sich so oder ähnlich anhören kann:
„Dein Auto würde ich sofort in Zahlung nehmen. Aber mir sind steuerlich die Hände gebunden. Wenn ich dir den Marktpreis gebe, dann muß ich beim Verkauf ja die 15 Prozent Mehrwertsteuer auf den Verkaufspreis verlangen. Dann werde ich das Fahrzeug nicht mehr los.
Wenn ich das Fahrzeug von dir als Privatmann in Zahlung nehmen soll, muß ich wegen der Mehrwertsteuer 15 Prozent vom Marktwert abziehen. Und wegen meiner Kosten für Reinigung, Ausstellung und Werbung muß ich weitere fünf Prozent einkalkulieren. Also kann ich es nur zu einem Wert von 20 Prozent unter dem Marktpreis in Zahlung nehmen. Das tut mir leid, aber es sind die Steuergesetze, die eine marktgerechte Inzahlungnahme verhindern!"
Wenn Sie diese oder ähnliche Worte hören, gibt es nur eine Möglichkeit:
Sie lehnen ab – und machen erst mal den Händler schlau:
„§ 25a Umsatzsteuergesetz sollte man auch als Autohändler kennen," sagen Sie.
„Schlagwort Differenzbesteuerung", sagen Sie.
Und der Händler sagt nichts mehr.
Es ist nämlich so, daß nur noch die Differenz, also das, was der Verkäufer als seinen Verdienst auf den Inzahlungnahmepreis aufschlägt, umsatzsteuerpflichtig im Sinne einer Belastung für den Händler wird. Wenn der Händler Ihnen wegen der Mehrwertsteuer nicht den Marktpreis bezahlen will, ist das nur Bluff!

Es besteht also überhaupt keine Notwendigkeit dafür, daß Sie als Privatmann Mehrwertsteuer ausweisen. Vorsicht, wenn man Sie eine vorgefertigte Erklärung unterschreiben lassen will, in der es z.B. heißt: „Der Kaufpreis von DM 11 500,00 versteht sich inklusive 15 % MwSt. in Höhe von DM 1 500,00." Diese als reine Formalität bezeichnete Erklärung kann nämlich dazu führen, daß das Finanzamt sich die MwSt. von Ihnen wiederholt. Nachträglich führt das zu einer ungewollten Reduzierung Ihres Erlöses um 15 Prozent.

Sollte Ihnen dies vor kurzem passiert sein, gibt es womöglich noch eine Rettungsmöglichkeit für Ihr Geld: Sie haben die Möglichkeit, sich das Geld vom Händler erstatten zu lassen, wenn er Sie zur Ausweisung der MwSt. aufgefordert und nicht darauf hingewiesen hat, daß das Finanzamt sich die MwSt. von Ihnen wiederholen kann, wenn er ihre Rechnung als Betriebskosten in seiner Buchhaltung aktiviert.

SIEHE MUSTER: MEHRWERTSTEUERRÜCKFORDERUNG VOM AUTOHÄNDLER

In diesem Verlangen der Ausweisung der MwSt. haben einige Gerichte einen Verstoß gegen nebenvertragliche Aufklärungspflichten gesehen. Händler wurden zur Erstattung der MwSt. verurteilt (LG Zweibrücken 3 S 68/81).
Um all diesen Problemen zu entgehen, gibt es eigentlich nur einen Weg:

Versuchen Sie, das Auto zu einem Festpreis und unter Ausschluß der Gewährleistung dem Händler zu verkaufen. Vermeiden Sie auch das Wort der Inzahlungnahme.

Nur dann sind Sie juristisch von dem in Zahlung gegebenen Auto getrennt. Und hier geht es nicht um juristische Spitzfindigkeiten, sondern um konkrete Gefahren. Denn: Wenn Sie sich zu anderen Lösungen hinreißen lassen, haften Sie für den in Zahlung gegebenen Wagen.

Wichtig ist in jedem Fall, daß es sich beim Gebrauchtwagenverkauf um ein juristisch selbständiges Geschäft handelt. Ansonsten könnten Probleme mit dem Neuwagen auch Konsequenzen für den Vertrag mit dem Gebrauchtwagen haben. Im Klartext: Wenn der Neuwagen z.B. wegen Mängeln zurückgegeben werden soll, könnte der Verkäufer Ihnen den in Zahlung genommenen Gebrauchtwagen und das Geld zurückgeben.

Die Stimmung ist in diesen Rückabwicklungssituationen meist ohnehin nicht mehr freundlich. Sie regen sich dann darüber auf, daß Ihr Gebrauchter für diverse Probe- und Botenfahrten herhalten mußte oder der Gebrauchte ist verkommen, weil er drei Wintermonate hindurch draußen stand. Deswegen verweigern Sie die Zurückgabe des Neuwagens, bis Ihr in Zahlung gegebener Wagen wieder in Schuß ist. Der Händler will Ihnen aber für jeden Tag, an dem Sie den Neuwagen nicht herausgeben, 50 Mark als Nutzungsentschädigung abziehen.

Die Karre sitzt nun so richtig schön fest. Gewiß ist in diesem Szenario nur, daß der Ausgang eines Rechtsstreites völlig unklar aber dafür teuer ist.

Typische Gebrauchtwagen-Geschäfte unter Privatleuten

Der Gebrauchtwagenkauf funktioniert wie jedes andere Geschäft nach den Vorschriften des Kaufrechtes. Diese Verträge werden aber auf die besondere Situation hin zugeschnitten und abgewandelt. Es gibt dann im wesentlichen folgende Konstellationen, die häufig auftreten:

Jegliche Haftung soll ausgeschlossen werden

Dies ist die für den Verkäufer beste Lösung. Denn der Käufer hat rechtlich keinen Anspruch auf Mängelgewährleistung an der Kaufsache.

SIEHE MUSTER: GEBRAUCHTWAGEN-KAUFVERTRAG MIT HAFTUNGSAUSSCHLUß, KÄUFERFREUNDLICHE VERSION

SIEHE MUSTER: GEBRAUCHTWAGEN-KAUFVERTRAG MIT HAFTUNGSAUSSCHLUß, VERKÄUFERFREUNDLICHE VERSION

Der vereinbarte Haftungsausschluß für Mängel gilt jedoch dann nicht, wenn der Verkäufer den Käufer arglistig getäuscht hat. Dann ist der Käufer schadenersatzberechtigt und so zu stellen, als wäre das schädigende Ereignis dieses Kaufvertrages nicht eingetreten.

Die Täuschung muß der Käufer aber beweisen. Und das wird ihm nur selten und auch dann nur äußerst schwer gelingen. Eine geringe Chance ergibt sich aus den Fahrzeugpapieren und hier insbesondere aus dem Fahrzeugbrief. Über die Voreigentümer läßt sich unter Umständen erfahren, ob das Fahrzeug z.B. 100 000 Kilometer mehr gefahren wurde als angegeben oder ob das Fahrzeug ein Unfallwagen ist. Der Vorbesitzer ist dann auch ein idealer Zeuge dafür, daß der Verkäufer von den verschwiegenen Umständen Kenntnis hatte.

Es gibt keine Vereinbarungen über die Gewährleistung

In diesen Fällen gilt das Gesetz mit den schon beim allgemeinen Kaufvertrag beschriebenen Auswirkungen auf Mängelgewährleistung.

Fehlende Regelungen für das Auftreten von Mängeln sind ein unkalkulierbares Risiko für den Verkäufer des Fahrzeugs – zugleich aber sind sie auch die bestmögliche Lösung für den Käufer.

SIEHE MUSTER: GEBRAUCHTWAGEN-KAUFVERTRAG OHNE HINWEIS AUF MÄNGEL-GEWÄHRLEISTUNG

Tritt dann ein Mangel innerhalb von sechs Monaten nach der Fahrzeugübergabe auf, kann

- Wandlung (Auto zurück, Geld zurück, Nutzungszeit ist zu erstatten) oder
- Minderung (Auto ist weniger wert, Teil des Kaufpreises zurück)

in Anspruch genommen werden. Wurden Eigenschaften zugesichert und nicht erfüllt, kann darüber hinaus noch

- Schadenersatz wegen Nichterfüllung

verlangt werden. Der Käufer ist so zu stellen, als hätte er das schädigende Geschäft Kaufvertrag nicht getätigt.

Allerdings gibt es auch bei fehlenden Regelungen einen stillschweigenden Haftungsausschluß, der sich aus dem Geschäft selbst ergeben kann. Dies ist der Fall, wenn ein extrem niedriger Preis vereinbart wurde, weil das Fahrzeug schon alt und bald mit dem Auftreten von Mängeln zu rechnen ist.

Wenn sich der Verkäufer zur Mängelbeseitigung verpflichtet

So eine Vereinbarung mag im ersten Moment auf verminderte Zurechnungsfähigkeit schließen lassen. Denn warum sollte der Verkäufer so etwas Riskantes tun, wenn er nicht dazu verpflichtet ist? Die Antwort findet sich in Einzelfällen, in denen z.B. ein sehr teures oder noch relativ neues Fahrzeug verkauft werden soll. Ein vorsichtiger Käufer könnte vermuten, daß irgendwelche Mängel der Grund sind. Schließlich wollen Sie ihm nicht auf die Nase binden, daß Ihnen der große Schlitten tatsächlich nur zu teuer geworden ist.

Ehe der Interessent dann vor lauter Mißtrauen wieder verschwindet oder der Preis unzumutbar nach unten gedrückt wird, könnte man sich schon auf eine Pflicht zur Mängelbeseitigung einlassen – und dies als Verkaufsargument nutzen. Denn ein deutlicheres Zeichen für die eigene Ehrlichkeit gibt es kaum.

SIEHE MUSTER: GEBRAUCHTWAGEN-KAUFVERTRAG MIT VERPFLICHTUNG ZUR MÄNGELBESEITIGUNG

Allerdings sollten die Mängel, die zu beseitigen sind, genau beschrieben und die Beseitigungspflicht zeitlich begrenzt werden – wenn man der Verkäufer ist. Tückisch ist eine allgemein gehaltene Zusicherung, für alle Mängel aufzukommen. Denn das Fahrzeug befindet sich schließlich nicht im Herrschaftsbereich des Verkäufers, und er hat keinen Einfluß darauf, wie das Fahrzeug behandelt und gepflegt wird.

Für den Käufer ergibt sich die Chance, eine solche Zusage zu bekommen, wenn der Verkäufer von sich aus immer wieder auf den Top-Zustand des Fahrzeugs hinweist und die angeblich oder tatsächlich gerade durchgeführten Reparaturen aufzählt.

Was tun, wenn am Gebrauchtwagen Mängel auftreten?

Bei Mängeln kann, aber das ist ja längst bekannt, gewandelt oder gemindert werden. Bei nicht eingehaltenen Zusicherungen ist ein Schadenersatzanspruch für den Käufer entstanden.

Juristen streiten sich allerdings gern – und mit erheblichen Kosten für ihre Auftraggeber – darüber, was

- Mängel als Fehler einer Sache

sind und in welchen Fällen es sich um

- zugesicherte Eigenschaften

handelt, die zur Schadenersatzforderung berechtigen. Immer ist die Einstufung natürlich eine Frage des Einzelfalls. Bei Autos haben darüber schon eine Vielzahl von Gerichten mit den unterschiedlichsten Ergebnissen gestritten. Zur Orientierung haben wir ein paar Größenordnungen aufgeführt:

Beispiele für Mängel als Fehler einer Sache

Grundsätzlich sind es solche Abweichungen von der vorgesehenen und gewöhnlich zu erwartenden Beschaffenheit des Produktes, die z.B. eine Zulassung oder die TÜV-Plakette verhindern, dazu gehören im einzelnen bzw. zusätzlich:

- Abweichung von Leistungsangaben ab fünf Prozent
- Ausgeschlagene Achsschenkel (Gebrauchtwagen bis fünf Jahre)
- Benzinverbrauch um 20 Prozent höher als nach DIN – Test
- Bremsanlage mit starker Abnutzung (Gebrauchtwagen bis fünf Jahre)
- Bremsen mit Handbremse führt zum „Hoppeln" des Fahrzeugs
- Bremsen mit unzureichender Dimensionierung
- Bremsen neigen zum Blockieren
- Bremsen-Fehlfunktion führt zur Beeinträchtigung des kontrollierten Fahrverhaltens
- Daten im Fahrzeugbrief weichen wesentlich vom Fahrzeug ab
- Farbänderungen von einer Farbpalette zur anderen
- Geänderte Hubraum- und Leistungsdaten wegen Versicherungsklassen
- Geräusche (stark) mit mechanischer Ursache
- Geräusche beim Fahren
- Getriebefehler, durch den der Gang herausspringt
- Getriebefehler, weil korrektes Schalten nicht möglich ist
- Getriebeschaden nach Kauf (Gebrauchtwagen bis fünf Jahre)
- Lagerschaden, Öldruck zu gering (Gebrauchtwagen bis fünf Jahre)
- Laufleistung höher als vertraglich vereinbart
- Leistungsabfall des Motors, sporadisch auftretend
- Lenkung ausgeschlagen (Gebrauchtwagen bis fünf Jahre)
- Nutzlast wird auch überschritten, wenn nicht alle Plätze im Fahrzeug (laut Fahrzeugschein) besetzt sind
- Öldruck zu gering (Gebrauchtwagen bis fünf Jahre)
- Ölverlust mit deutlicher Auswirkung (außer bei Altwagen)
- Reifen gewährleisten kein sicheres und ruhiges Fahren
- Risse im Zylinderkopf (Gebrauchtwagen bis fünf Jahre)
- Rost, weiterfressende Unterrostungen

- Rostschäden
- Start ist nicht bei jedem Wetter möglich
- Start ist nicht bei jeder Betriebstemperatur möglich
- Steuerzahnriemen nicht gewechselt (Gebrauchtwagen bis fünf Jahre)
- Vibrationen (starke), die beim Bremsen auftreten
- Vibrationen mit starken Auswirkungen
- Wassereintritt durch Regen oder Spritzwasser
- Zugluft mit deutlich spürbaren Auswirkungen

Beispiele dafür, wann keine Mängel vorliegen

Weil Gebrauchtwagen nun mal benutzt sind, müssen geringe Beeinträchtigungen in Kauf genommen werden. Nicht jeder Mangel, den der Käufer so empfinden mag, wird auch von den Gerichten als Fehler anerkannt. Hinnehmen muß man deshalb zum Beispiel:

- Alterstypische Verschleißerscheinungen
- Auspuffanlage mit Defekten (Gebrauchtwagen über fünf Jahre)
- Austausch- statt Originalmotor
- Automatikgetriebe muß nachgestellt werden (Gebrauchtwagen über fünf Jahre)
- Geruchsbelästigung durch Schwefelwasserstoff aus Katalysator
- Kompression unzureichend nach 180 000 km Laufleistung
- Lagerschaden an der Kurbelwelle bei einer Laufleistung von 180 000 km
- Motorschäden (Gebrauchtwagen über zehn Jahre)
- Ölverbrauch von einem bis 1,5 Liter auf 1000 km
- Tankvolumen ist zehn Prozent geringer als nach Prospektangabe
- Verschleiß (stark) an der Maschine (Gebrauchtwagen über fünf Jahre)

Alle genannten Beispiele bieten lediglich Anhaltspunkte. Das hat seine Ursache darin, daß es Qualitätsunterschiede zwischen den Fahrzeugen gibt. Es gibt Neufahrzeuge, die dürfen bei knapp 120 km/h lärmend und zitternd an der Leistungsgrenze sein und es gibt Gebrauchtfahrzeuge, die nach 150 000 km Laufleistung bei 180 km/h keine Geräusche und kein Zittern verlauten lassen dürfen.

Beispiele dafür, was zugesicherte Eigenschaften sind

Hier entscheidet sich, ob über die Rückabwicklung des Kaufs oder eine nachträgliche Preisminderung hinaus eventuell ein Schadenersatzanspruch für den Käufer entstanden ist. Das gilt jedoch nicht bei Versprechungen wie einwandfrei, tadellos, bester Zustand, neuwertig – denn dabei handelt es sich um wertlose Worthülsen, mit denen sich keine Ansprüche begründen lassen, weil sie zu allgemein gehalten sind.
Zugesicherte Eigenschaften sind aber in jedem Fall alle Merkmale, die Sie sich auf dem Vertrag als wesentlich bestätigen lassen können.

SIEHE MUSTER: GEBRAUCHTWAGEN-KAUFVERTRAG MIT HAFTUNGSAUSSCHLUß, KÄUFERFREUNDLICHE VERSION

Aber es gibt auch zugesicherte Eigenschaften, die diesen Status von selbst erreichen:

- Marke, Typ
- Erstzulassungsdatum

- Baujahr
- Hubraum
- Motorleistung
- fabrikneu (siehe Neuwagen)
- neu (siehe Neuwagen)
- Kilometerleistung
- Motor, Laufleistung
- Motor, Austausch- oder Original

Zusicherungen müssen also nicht unbedingt ausdrücklich aufgeschrieben werden. Sie können sich aus der Art des Geschäftes auch stillschweigend ergeben. Fahrbereit bedeutet z.B. die sofortige gefahrlose Benutzbarkeit im Straßenverkehr.
Die Kilometerleistung ist eine Zusicherung der Laufleistung. Die Händler versuchen sich hier allerdings nicht festzulegen. Sie nennen die Tachoanzeige und geben dem Kunden damit eine Information, die der sich durch einfaches Ablesen des Tachometers selbst verschaffen kann und die entsprechend wertlos ist. Der Kunde versteht natürlich meistens den Tachostand als versprochene Laufleistung.

Bei Differenzen wegen Tachoanzeige und Laufleistung helfen die Gerichte dem Käufer nicht. Es gibt keine Entscheidung darüber, daß der Tachostand mit der Laufleistung übereinstimmen bzw. daß bei Abweichungen ein Hinweis gegeben werden muß.

Und was können Sie nun tun, wenn der Gebrauchte einen Mangel hat? Sie ziehen die Konsequenzen! Und da haben Sie alle Möglichkeiten, die wir bereits im Zusammenhang mit den allgemeinen Kaufverträgen behandelt haben.

Kapitel 14

Besondere Tücken bei Miet- und Leihverträgen

Kaufen kann man auf dieser Welt alles – wenn man das nötige Kleingeld besitzt. Wenn das nicht der Fall ist oder man einen Gegenstand nur für vorübergehende Zeit benötigt, bleiben Miete, Leihe und Pacht als Alternativen zum Kauf. Und all diesen Geschäften ist, worum es sich im Einzelfall auch immer handeln mag, eines gemeinsam: Man muß die Sache, die man sich geborgt hat, wieder zurückgeben.
Darum kann man sich zum Beispiel kein warmes Mittagessen mieten, auch keine Zigaretten oder andere Güter, die zum Verbrauch bestimmt sind. Aber man kann Fahrräder, CDs, Werkzeug oder Autos und Wohnungen mieten. Wobei die Wohnungsmiete wegen des Verbraucherschutzes ein riesengroßes Spezialgebiet darstellt, dem wir ein besonderes Kapitel widmen. Abgesehen von der Wohnungsmiete sind die anderen Situationen, in denen man sich etwas borgt, auch relativ leicht zu durchschauen. Wobei allerdings Juristen zwischen den drei im allgemeinen Sprachgebrauch fast gleichbedeutenden Begriffen fein unterscheiden:

- Beim Ausleihen wird von einer unentgeltlichen Gebrauchsüberlassung ausgegangen – man muß also nichts bezahlen.
- Beim Mieten ist dagegen immer etwas zu bezahlen, zumindest die Abnutzung des jeweiligen Gegenstandes.
- Bei der Pacht darf die gepachtete Sache auch wirtschaftlich zur Gewinnerzielung genutzt werden.

Wer sich selbst etwas borgen will, zum Beispiel eine große Schlagbohrmaschine für die Heimwerkerarbeit, wegen der sich die Anschaffung eines solchen Gerätes nicht lohnt, wird meistens mit einem Vertrag konfrontiert, an dem selbst keine Änderungen möglich oder nötig sind. Im Alltag treten wegen dieser Rechtsgeschäfte auch kaum Probleme auf. Mal abgesehen davon, daß sich auch da wieder Klauseln verbergen können, die unzulässig sind. Hinweise dazu finden sich in unserem Kapitel über Allgemeine Geschäftsbedingungen. Nur in zwei Situationen sind Besonderheiten zu beachten.

Geschäfte unter Privatpersonen

Ebenso, wie Ihnen z.B. ein Vermieter von Werkzeug oder anderen Gegenständen einen Vertrag vorlegt, mit dem er sich gegen Nachteile absichern will und in dem vor allem finanzielle Fragen sowie die Modalitäten der Rückgabe geregelt sind, sollten auch Sie entsprechende Vereinbarungen treffen.

SIEHE MUSTER: MIETVERTRAG
SIEHE MUSTER: PACHTVERTRAG

Entsprechend dem Einzelfall können zusätzliche Regelungen für den Fall getroffen werden, daß eine Rückgabe nicht möglich ist. Zum Beispiel, wenn eine gemietete Segelyacht untergegangen ist. Es können Entschädigungssummen fest vereinbart werden oder Bedingungen, die zu erfüllen sind (regelmäßige Wartung, Abschluß von Versicherungen). Deshalb kommt hier im vollem Umfang eigentlich das zum Tragen, was im Kapitel über das Aushandeln von Verträgen beschrieben wird.

Nutzen Sie Ihre Vertragsfreiheit und schreiben Sie in einen privaten Leih-, Miet- oder Pachtvertrag alles hinein, was Ihnen wichtig erscheint.

Besonderheiten bei der Autovermietung

Hier sind Verbraucherschutz-Gesichtspunkte beim Umgang mit professionellen Vermietern zu berücksichtigen. Vor allem nach Unfällen werden dem unschuldig Beteiligten von Werkstätten nämlich gern Fahrzeuge für die Zeit der Reparatur angeboten.
Diese Fahrzeuge würden angeblich nichts kosten, weil die gegnerische Versicherung sämtliche Kosten zu tragen hätte, heißt es dann oft. Hierzu muß man jedoch wissen, daß die Werkstatt etwa 15 bis 20 % der Mietwagenkosten als Provision vom Vermieter erhält.
Die gegnerische Versicherung zahlt nur nach der Verschuldensquote. Bei 100prozentigem Verschulden wird voll gezahlt. Aber auch dann erfolgt eine Kostenübernahme

- nur für etwa zehn Tage und
- nur für einen Mietwagen, der zu marktüblichen Konditionen gemietet wurde, wobei
- das Mietfahrzeug eine Nummer kleiner sein muß als das beschädigte eigene Fahrzeug.

Die Sache mit dem kleineren Fahrzeug mag zunächst ungerecht erscheinen. Aber: In der Zeit, in der Ihr Wagen repariert wird, sparen Sie ja Aufwendungen. Und diese Ersparnis soll pauschal mit dem Sprung in die nächst kleinere Fahrzeugklasse ausgeglichen werden.
Am Vertrag des Autovermieters selbst sind Änderungen nicht möglich – man wird sich nicht darauf einlassen. Aber vor finanziellen Nachteilen sollte man sich schützen, z.B. wenn man im Vertrauen auf die Angaben der Werkstatt und des Vermieters

- einen zu großen Mietwagen nimmt oder
- die Mietdauer problematisch wird.

Dann müßte man nämlich Kosten, die von der gegnerischen Versicherung nicht übernommen werden, selbst tragen. Davor können Sie sich schützen, indem Sie vor dem Unterschreiben einen Zusatz auf den Mietvertrag setzen: *„Mietwagenkosten entstehen für den Mieter nur, soweit die gegnerische Versicherung die Mietwagenkosten trägt."*
Nach spätestens zehn Tagen sollte geklärt werden, ob der Versicherer den Mietwagen weiterhin bezahlt oder ob er ein sogenanntes Interimsfahrzeug zur Verfügung stellt.

SIEHE MUSTER: KOSTENÜBERNAHME FÜR MIETWAGEN

Grundsätzlich möchten wir davon abraten, nach einem Unfall einen Mietwagen zu nehmen.

Vor allem bei einer nicht absolut klaren Verschuldenslage ist die Automiete immer mit einem finanziellen Risiko verbunden. Geschickter ist es allemal, Nutzungsausfall für das Auto zu kassieren.

Nutzungsausfall als Ausgleich für den Verzicht auf ein Mietauto

Für jeden Tag, den das beschädigte Auto nicht benutzt werden kann, weil es in der Werkstatt steht, kann eine Entschädigungszahlung von der gegnerischen Versicherung gefordert werden. Dieser Anspruch entfällt, wenn ein Mietwagen in Anspruch genommen wird.

Als Nutzungsausfall werden normalerweise die nachstehend für häufige Fahrzeugtypen genannten Beträge gezahlt. Es kann sich also schon mal lohnen, das Geld zu nehmen, auf den Mietwagen zu verzichten und mit der Bahn, dem Taxi oder dem Wagen eines Freundes zu fahren.

Die Liste kann nicht alle Hersteller und Fabrikate aufführen. Fehlt Ihr Fahrzeug, sollten Sie es einem vergleichbaren, hier genannten Fahrzeug zuordnen. Außerdem handelt es sich um Richtwerte, die je nach Alter und Laufleistung anzupassen sind.

Beispiele für Nutzungsausfall
(Stand: Frühjahr 1995)

Hersteller	Modell	Entschädigung in DM/Tag
Alfa Romeo	Alfa 33	62 DM
	Alfa 155 Q4; Alfa 164 V6, 24V	115 DM
Audi	Audi 80 1.6	71 DM
	Audi 100 2.0	87 DM
	Audi 80 2.8E; Audi Coupe 2.8; Audi 100 Quattro, Avant, 2.8 E	115 DM
BMW	316	71 DM
	318	87 DM
	320 I; 325 I Touring; 324 TD Touring 518 I; 520 I; 525 TD;	99 DM
	325 I Cabrio; 525 I 24V, TDS, Touring	115 DM
	M3 Coupe; 540I Automatik V8; 730I	128 DM
	M5; 740I V8;750; 840; 850	150 DM
Chevrolet	Corvette	150 DM
Chrysler	Saratoga 2.5	71 DM
	Le Baron 3.0; Daytona Turbo; Voyager 3.3; Grand Voyager 2.5	99 DM
Citroen	AX Teen, First	35 DM
	AX Fashion, Furio, AX D alle Versionen	43 DM
	AX GTI; ZX Reflex, Avantage; BX 14	52 DM

Hersteller	Modell	Entschädigung in DM/Tag
	ZX Avantage L5; BX 16 Top; BX 19; Xantia	62 DM
	ZX TD Volance; B 16 Automatic TZI; B 19 Automativ TZD; BX Turbo TZD; Xantia 1.8I SX	71 DM
	Xantia 2.0I 16 V; XM	87 DM
	XM 2.9 Tecnic; XM Turbo	99 DM
Daihatsu	Cuore GL-L3, GLX-L3, GLX-L5	30 DM
	Charade TS, CS	35 DM
	Charade TX , CX	52 DM
	Applause	62 DM
	Applause 16 V Allrad	71 DM
Fiat	Cinquecento; Panda Dance, 1000 Fire	30 DM
	Cinquecento Suite; Panda Selecta; Uno 1.0	35 DM
	Panda 4x4, Uno ab 1,1(auch Super und Diesel)	43 DM
	Uno 1.5; Tipo	52 DM
	Tipo 1.8; Tempra 1.4	62 DM
	Uno Turbo IE Racing; Tipo 2.0 und 1.9 TD; Tempra 2.0 IE; Croma 2.0	71 DM
	Croma 2.5	87 DM
	Croma 2.5 V6, TD	99 DM
Ford	Fiesta	43 DM
	Fiesta D; Escort CL, Turnier, 16 V, CLX; Orion CL, 16 V, D	52 DM
	Fiesta 16 V S L5; Escort Ghia; Orion CLX, Ghia; Sierra CLX, Turnier; Mondeo CLX	62 DM
	Fiesta 16 V XR 2I; Escort Cabrio, Turnier Ghia; Sierra Ghia, 4x4; Mondeo GLX, Turnier D CL	71 DM
	Escort Cabrio 16 V XR 3I; Sierra Turnier 4x4 CXL; Scorpio Turnier GLX	87 DM
	Scorpio V6 Ghia, 4x4 GLX; Probe GT, 24 V	99 DM
	Escort Motorsport; Scorpio 24 V GLX, Ghia	115 DM
	Sierra Cos. 16V 4x4	128 DM
General Motors	Astro 2 WD; Pontiac Firebird; Trans Sport	99 DM
Honda	Civic 1.3	52 DM
	Concerto	62 DM
	Accord 2.0	71 DM
	Prelude 2.0 16V	87 DM
	CRX 16VTI	99 DM
	Legend V6 3.2I	128 DM
Jaguar	XJ6 3.2	128 DM
Lada	Samara LS-L3, LS-L5	30 DM
	Nova; alle Samara außer wie unter Gruppe A	35 DM

Hersteller	Modell	Entschädigung in DM/Tag
Lancia	Y 10 Fire	35 DM
	Y 10 Selectronic, Avenue	43 DM
	Y 10 Elite	52 DM
	Delta 1600 GT Sport	62 DM
	Dedra 1.6	71 DM
	Thema I.E.	87 DM
	Dedra 200 Turbo; Thema Turbo DS	99 DM
Lexus	LS 400	150 DM
Mazda	121	43 DM
	121 16 V; 323	52 DM
	323 16 V GLX;	62 DM
	323 1.9I 16 V GLE, 4 WD; 626; MX-3 16 V	71 DM
	MX-5; MX-6	87 DM
	626 2.5I; Xedos 6, 9; MX-6 V6	99 DM
	RX-7 Turbo	128 DM
Mercedes Benz	190 E 2.3; 190 D 2.5; C 220; C 250; E 250	99 DM
	C280; 300 D; 250 TD; 220 CE	115 DM
	300 TD; E 220 Cabrio	128 DM
	190 E, D; C 180; C 200	87 DM
	400 E; 300 CE-24 Cabrio; S 500, S 600	150 DM
Mitsubishi	Colt; Lancer	52 DM
	Colt 1600 GLXI; Lancer 1600 GLXI; Galant 1800	62 DM
	Lancer 2000; Space Runner; Galant 2000	71 DM
	Galant 2000	87 DM
	Galant 2000 V6-24; Sigma 3000 V6; Eclipse 2000 16V GSI	99 DM
	3000 GT	150 DM
Nissan	Micra	43 DM
	Sunny	52 DM
	Sunny Traveller SLX; Primera 1.6 SLX, 2.0 D SLX	62 DM
	Primera Traveller 2.0; Serena	71 DM
	Prairie; Serena SLX; 100 NX GTI	87 DM
	Maxima 3.0 V6; 200 Turbo 16V	99 DM
	300 ZX Turbo	150 DM
Opel	Corsa AC City, Eco, Swing,	35 DM
	Corsa A D, Joy, B Sport	43 DM
	Corsa Automatik; Astra, auch Caravan	52 DM
	Corsa A GSI; Astra Automatik; Vectra ECO	62 DM
	Kadett E Cabrio Edition; Astra 1.6 I Cabrio; Vectra GL und CD Diamant;	71 DM
	Astra 2.0 Cario; Calibra 4x4; Vectra 4x4; Omega Caravan TD	87 DM

Hersteller	Modell	Entschädigung in DM/Tag
Opel	Vectra Turbo 4x4; Calibra Turbo 16 V 4x4; alle bis Gruppe G nicht genannten Omega	99 DM
	Senator B	115 DM
	Senator B 24 V	128 DM
Peugeot	106	35 DM
	106 XN; 205 New Look, Graffic	43 DM
	106 XS; 205 XS; 306; 309	52 DM
	106 XSI; 205 Automatik; 309 XS Injection; 306 XTDT; 405 GL, Break	62 DM
	309 Injection GT; 405 GRD	71 DM
	205 CTI; 309 16 V GTI; 405 Break SRDT; 605 SRI	87 DM
	605 SRDT	99 DM
	605 3.0 V6	115 DM
Porsche	911, 968, 928	150 DM
Renault	Twingo; R5 Campus	35 DM
	Clio Prima, RL, RT	43 DM
	Clio RTI; R 19	52 DM
	Clio Automatic Baccara; R 19 1.9 D RT; R 21 GTS Beverly	62 DM
	R 21 Nevada	71 DM
	Clio 16 V; R 19 Cabrio; R 21 Nevada 4x4; Safrane 2.2I; Espace RN, Turbo	87 DM
	R 19 Cabrio 16 V; Safrane 2.5 Turbo; Espace V6, Turbo D RXE	99 DM
Rover	Austin Morris; Mini Special, Cooper	35 DM
	111	43 DM
	Rover 114; Rover 214	52 DM
	Austin Rover; Montego 2.0Estate 2.0 GTD; Rover 114 GTI; Rover 214 SI	62 DM
	416 Autom. GSI; Rover 620 I	71 DM
	Rover 216 Coupe; Rover 620 SI	87 DM
	Rover 220 Coupe 2.0; Rover 623 SI; Rover 820I, 825	99 DM
Saab	900	87 DM
	900 S, 900 2.5 V6; 9000 2.0	99 DM
	9000 Aero	150 DM
Seat	Marbella Colors, Special, CLX	30 DM
	Ibiza Special	35 DM
	Ibiza Sport, Fried, GLX, CLX	43 DM
	Ibiza SXI; Toledo	52 DM
	Ibiza 1.8 I GLX; Toledo Torbo D GLX	62 DM
	Toledo 16 V GT	71 DM

Hersteller	Modell	Entschädigung in DM/Tag
Skoda	Favorit; Forman	35 DM
Subaru	Justy	43 DM
	Impreza; Station 1800 4WD Travel	62 DM
	Legacy Station	71 DM
	Legacy Super Station 4WD	87 DM
Suzuki	Swift	35 DM
	Swift 1.3	43 DM
	Swift 1.6	52 DM
	Swift 1.6 4WD GLX, Cabrio	62 DM
Toyota	Starlet	43 DM
	Corolla	52 DM
	Corolla 2.0	62 DM
	Corolla Liftb. 1.6 XLI; Carina 1.6 XLI	71 DM
	Carina 2.0 GLI; Celica STI; Camry 2.2	87 DM
	Carina Liftb. 2.0 GTI; Camry V6; Previa	99 DM
	Supra 3.0 Turbo	150 DM
Volvo	Volvo 440	62 DM
	440 Automatik; 460 bis GLE	71 DM
	440 – 480Turbo; 940 2.0I; 940 Turbo D	87 DM
	850 GLE; 940 Turbo GL	99 DM
	940 Turbo; 960	115 DM
	960 Executive	128 DM
VW	Polo Fox, CL	35 DM
	Polo Coupe; Golf CL	43 DM
	Polo GT; Golf GL, Variant CL	52 DM
	Polo G 40; Golf GT, Variant GTD; Vento GT, GTD; Passat CL	62 DM
	Golf GTD, Cabrio; Vento D GT; Passat Variant GL	71 DM
	Golf GTI; Passat Variant 16V GT, Synchro	87 DM
	Golf VR6; Vento VR6; Corrado VR6; Passat VR6 GL, GT, Variant	99 DM
Yugo	Yugo 65; Florida	35 DM
	65 Cabrio	43 DM

Kapitel 15

Besondere Tücken bei Wohnungs-Mietverträgen

Obwohl wir am Anfang dieses Buches soviel über die Vertragsfreiheit geschrieben haben: Es ist selten möglich, einen Mietvertrag frei auszuhandeln.
Es gibt Mustermietverträge, die vom Vermieter vorgelegt werden. Der Vermieter hat diese Vertragsmuster meist vom Verband der Grundeigentümer bekommen. Und diese Vereine streiten sich mit den Mieterhilfsvereinen, welche Klauseln in so einem Mietvertrag wirksam sind und welche Klauseln als offensichtlich unwirksam aus dem Vertrag herauszunehmen sind. Einige dieser unwirksamen Klauseln werden bereits im Kapitel über die Allgemeinen Geschäftsbedingungen aufgezählt.

Meist ist es so, daß sich der Vermieter hier keine Bedingungen vom Mieter vorschreiben läßt. Wer nicht den Vordruck des Vermieters unterschreibt, bekommt die Wohnung nicht. Aber: Eine Reihe von Vereinbarungen, die man unterschreiben muß, haben gar keine Gültigkeit, weil sie den Mieter einseitig benachteiligen. Hier gilt dasselbe wie bei den ausführlich beschriebenen allgemeinen Geschäftsbedingungen (siehe entsprechendes Kapitel).

Bei den von Vermietern verwendeten Vordrucken handelt es sich meist um regionale Musterverträge. Der von uns vorgegebene Mietvertrag ist dagegen eine Universalversion.

SIEHE MUSTER: WOHNUNGSMIETVERTRAG

Er bietet jedoch eine gute Grundlage, die entsprechend den jeweiligen Umständen beliebig ergänzt werden kann.

• **Unbedingt wichtig für den Vermieter**
ist es, die Vermietung einer Garage oder eines Stellplatzes in einem gesonderten Vertrag zu regeln. Ihm können sonst erhebliche Nachteile durch einen verbundenen Vertrag entstehen.

SIEHE MUSTER: MIETVERTRAG FÜR KFZ-STELLPLÄTZE

• **Unbedingt wichtig für den Mieter**
und generell vorteilhafter ist es, wenn der Garagen oder Kfz-Stellplatz im normalen Mietvertrag erwähnt wird. Denn dann ist die Garagenmiete mit in den Vertrag über Wohnraummiete eingebunden und folgt den gesetzlichen Regeln zur Wohnraummiete.
Diese Regeln sind sehr verbraucher-, also mieterfreundlich gestaltet. Einmal hat das seine Ursache im Grundgesetz. Denn da ist festgehalten, daß Eigentum verpflichtet

und daß die Wohnung eine besonders wichtige und geschützte Räumlichkeit für den Bürger ist. Insbesondere in Ballungsgebieten gibt es deshalb auch Regelungen, die ganz speziell auf diesen geographischen Raum und ganz speziell auf die gerade existierenden Probleme am Wohnungsmarkt abgestimmt sind.

Obwohl die Verwendung des von uns vorgegebenen Mietvertrages grundsätzlich empfohlen werden kann, sollte sich der Mieter vor Vertragsabschluß beraten lassen.

Dem Verbraucher stehen hierfür die öffentliche Rechtsauskunft, die Mieterhilfsvereine und natürlich alle Rechtsanwälte zur Verfügung.

Besonderheiten bei befristeten Mietverträgen

Weil es heute unter normalen Umständen kaum noch möglich ist, einen Mieter auf die Straße zu setzen, ihm also zu kündigen (siehe dort), wählen viele Vermieter einen anderen Weg: Sie befristen das Mietverhältnis auf einen Zeitraum von maximal fünf Jahren. Ihre Hoffnung: Dann muß der Mieter ausziehen, ich kann die Wohnung selbst nutzen oder für mehr Geld neu vermieten oder zu einem besseren Preis verkaufen, weil leere Wohnungen 20 bis 40 Prozent wertvoller sind als vermietete. Aber die meisten Vermieter irren.

Die Befristung in den meisten Mietverträgen ist gar nicht gültig, rechtlich nicht durchsetzbar. Der Vermieter kann eine Fortsetzung des Mietverhältnisses verlangen.

SIEHE MUSTER: FORTSETZUNG EINES BEFRISTETEN MIETVERHÄLTNISSES

Kurzum: Die meisten Vermieter haben die Sache mit den befristeten Verträgen (bei längeren Fristen als fünf Jahre handelt es sich automatisch um unbefristete Verträge) nicht richtig begriffen. Es genügt nicht, den Auszugstermin anzugeben bzw. den Vertragsablauf einzutragen, sondern es sind „qualifizierte Befristungen" vorzunehmen, für die folgende Vorschriften gelten:

- Schon beim Vertragsabschluß muß festgeschrieben werden, warum eine Befristung erfolgt (z.B. Umbau der Wohnung, Eigenbedarf).
- Wer trotz Befristung weiter in der Wohnung bleiben will, muß spätestens zwei Monate vor Ablauf des Vertrages (besser: ein Vierteljahr vorher) den Vermieter um Verlängerung bitten.
- Der Vermieter kann nur in wenigen Ausnahmefällen widersprechen (von Experten überprüfen lassen), ist an die üblichen Kündigungs-Vorschriften gebunden (siehe besonderen Abschnitt).

Zum Problem werden kann die Befristung eines Mietvertrages jedoch dann, wenn der Mieter vorher kündigen will. Denn der Vermieter kann auf Vertragserfüllung pochen und könnte verlangen, daß ihm aus der Kündigung keine finanziellen Nachteile entstehen. Davon kann aber dann keine Rede sein, wenn der Mieter sich selbst einen Nachfolgemieter sucht, der dann in den Vertrag einsteigt. Normalerweise genügt es, dem Vermieter drei Kandidaten zu nennen, um aus dem Vertrag herauszukommen.

SIEHE MUSTER: WOHNUNGSKÜNDIGUNG MIT BENENNUNG VON NACHMIETERN

Außerdem ergeben sich Kündigungsmöglichkeiten für den Mieter, wenn die Wohnung mangelhaft ist oder wenn der Vermieter mehr Geld fordert.

SIEHE MUSTER: WOHNUNGSKÜNDIGUNG WEGEN MIETERHÖHUNG
SIEHE MUSTER: WOHNUNGSKÜNDIGUNG WEGEN MÄNGELN

Bei Mängeln wäre sogar eine fristlose Kündigung möglich, etwa wenn sich aus den Mängeln konkrete Gefahren ergeben, denen nur durch sofortige Flucht aus der Wohnung zu entgehen wäre. Aber meist läßt sich ja auch nicht von einem Tag auf den anderen eine neue Wohnung finden, so daß die fristlose Kündigung eher als Ausnahme angesehen werden kann.

Was bei der Miethöhe wichtig ist: Wucherer haben schlechte Karten

Wichtig ist die gebietsbezogene Information vor allem bei der Anmietung von öffentlich gefördertem Wohnraum und in Ballungsgebieten. Dort gibt es bezüglich der Miethöhe Obergrenzen, deren Überschreitung für den Vermieter straf- und ordnungsrechtliche Folgen (Mietwucher) haben kann. Im Wirtschaftsstrafgesetz heißt es:
Mietpreisüberhöhung, § 5 Abs. I: *„Ordnungswidrig handelt, wer vorsätzlich oder leichtfertig für die Vermietung von Räumen zum Wohnen oder damit verbundene Nebenleistung unangemessen hohe Entgelte fordert, sich versprechen läßt oder annimmt.*
Abs. II: *Unangemessen hoch sind Entgelte, die infolge der Ausnutzung eines geringen Angebotes an vergleichbaren Räumen die üblichen Entgelte um mehr als 20 vom Hundert übersteigen, die in der Gemeinde oder in vergleichbaren Gemeinden für die Vermietung von Räumen vergleichbarer Art, Größe, Ausstattung, Beschaffenheit und Lage oder damit verbundene Nebenleistungen …"* Es folgen ein paar Einschränkungen. Abs. III: *„Die Ordnungswidrigkeit kann mit einer Geldbuße bis zu 100 000 Deutsche Mark geahndet werden."*

Es kann deshalb manchmal rechtlich ungefährlich sein, einen Mietvertrag zu unterschreiben, der eine überhöhte Miete fordert, weil die Vereinbarung eines solchen Mietzinses unwirksam ist. Der Mietvertrag bleibt gültig, man muß also nicht ausziehen. Aber der überhöhte Mietzins, anteilig überhöhte Courtage und Mietkaution kann zurückgefordert werden.

Sie sollten sich vor dem Unterschreiben eines solchen Mietvertrages, der nach einem Wucherpreis aussieht, bezogen auf Ihren Einzelfall beraten lassen. Ist es dafür bereits zu spät, weil der Vertrag längst unterschrieben ist, können Sie dennoch handeln.

SIEHE MUSTER: MIETPREIS-ÜBERPRÜFUNG WEGEN VERDACHT AUF MIETWUCHER

Beispiel für nachträgliche Mietminderung:
Angenommen, die ortsübliche Vergleichsmiete für Ihre Wohnung liegt bei acht Mark. Dann wäre durch das Wirtschaftsstrafgesetz maximal eine Mietforderung von 9,60 Mark (20 Prozent über Vergleichsmiete) erlaubt. Nur in wenigen Ausnahmen sind bis 50 Prozent Aufschlag zulässig (im Beispiel: bis zwölf Mark). Der Vermieter muß erklären, warum er soviel verlangt. Mehr als 50 Prozent sind nie erlaubt!

- Die Höhe der Vergleichsmiete steht im Mietenspiegel (Wohnungs- oder Wirtschafts- und Ordnungsamt fragen). Wo's keinen gibt, helfen Mieterorganisationen. Die prüfen auch Erklärungen und Gutachten des Vermieters. Wer selbst rechnen will, muß seine Netto-Kaltmiete (ohne Heizung, Betriebskosten) kennen. Gerechnet wird immer mit der Miete für einen Quadratmeter!

- So sieht eine Beispielrechnung für garantierten Wucher aus: Vergleichsmiete 12,10 Mark, eigene Miete 19,80 – ergibt eine Überhöhung von 7,70 Mark. Bezogen auf die Vergleichsmiete von 12,10 Mark sind das 63,6 Prozent zuviel – strafbar! Bei einer Wohnung mit 70 Quadratmetern heißt das für den Mieter: Statt 1386 Mark Monatsmiete (kalt) künftig nur 847 Mark, Erstattung von rund 6000 Mark für jedes bisherige Mietjahr und von rund 1500 Mark Kaution.

Die nachträgliche Preisminderung kann sogar verlangt werden, wenn Sie selbst dem Hausbesitzer unwissend eine Wuchermiete angeboten hatten, um die Wohnung zu bekommen und andere Bewerber aus dem Feld zu schlagen. Denn das Gesetz verbietet nicht nur, zuviel zu verlangen, sondern auch, sich zuviel versprechen zu lassen.

Worauf Sie bei den Nebenkosten achten müssen

Zur eigentlichen Miete (offiziell heißt die übrigens „Mietzins") können bei frei finanzierten Wohnungen und bei Altbauwohnungen sogenannte Nebenkosten kommen.
Selten hat der Mieter das Glück, daß der Vermieter vergißt, in einem Mietvertrag die Nebenkosten für Müllabfuhr, Heizung und Strom auszuwerfen. Wenn das der Fall ist, hat der Vermieter diese Kosten zu tragen. Den Mieter interessiert dann eine Erhöhung des Wassergeldes nicht. Und wenn der Wasserverbrauch im üblichen Rahmen liegt, ist durch die Miete auch der Anteil dieser Nebenkosten mit abgedeckt. Das wird aber selten der Fall sein.
Normalerweise werden Nebenkosten im Mietvertrag in Ansatz gebracht. Es dürfen allerdings nur Nebenkosten verlangt und abgerechnet werden, die auch als solche durch Gesetz oder Gerichtsentscheidungen zugelassen sind. Die folgenden Positionen gehören normalerweise dazu:

Erlaubte Nebenkosten
- Beleuchtung der gemeinsam genutzten Flächen
- Brennstoffe, Betriebsstrom
- Entwässerungskosten
- Fahrstuhlkosten (keine Reparaturen, aber Strom, Wartung Reinigung)
- Fahrstuhlversicherung
- Feuerversicherung
- Gartenpflege (aber keine Gartengestaltung, Neuanlage)
- Gemeinschaftsantenne (Wartungskosten, keine Reparaturen)
- Haftpflichtversicherung für das Gebäude
- Hausmeisterkosten, wenn nicht die Hausmeisteraufgaben vom Vermieter erledigt werden
- Heizkosten (keine Reparaturen, aber Wartung, Schornsteinfeger)
- Heizöltank-Versicherung
- Emissionsmessungen der Heizungsanlage

- Kabelfernsehverteileranlagen
- Kanalgebühren (Abwasserentsorgung)
- Müllabfuhr für Hausmüll
- Öffentliche Lasten des Grundstücks (Grundsteuern)
- Reinigungskosten für gemeinsam benutzte Gebäudeteile
- Schädlingsbekämpfungskosten (nur für allgemein zugängliche Flächen, nicht z.B. für die Entlausung einer Einzelwohnung)
- Schornsteinreinigungskosten
- Sickergrubenabfuhr
- Sickergrubenreinigung
- Straßenreinigung
- Sturmversicherung
- Waschmaschinenkosten unter Anrechnung der Münzeinnahmen
- Wasseraufbereitungskosten
- Wassergeld
- Wasserhebekosten (Druckerhöhung)
- Wasseruhrkosten
- Wegereinigung
- Zentrale Warmwasserbereitung

Einen häufigen Fehler machen die Vermieter bei der Nebenkostenabrechnung dann, wenn Wohnanlagen nicht für jeden Eingang einzeln abgerechnet werden.

Oft werden ganze Blocks zusammengefaßt, weil dort z.B. eine gemeinsame Heizanlage vorhanden ist. Eine solche Zusammenfassung ist allerdings unzulässig. Denn es gibt immer besondere Begebenheiten, denen Rechnung zu tragen ist.

Beispiel für unkorrekte Nebenkosten-Abrechnungen

Häufig kommt es vor, daß irgendwo in einem großen Gebäudekomplex eine Zeile im Erdgeschoß an gewerbliche Mieter vergeben ist, die dort einen Zeitungsladen, eine Änderungsschneiderei oder eine Kneipe betreiben. Dem höheren Verbrauch der gewerblichen Mieter muß bei den Nebenkosten Rechnung getragen werden.

Wenn Sie der Meinung sind, daß mit Ihren Nebenkosten etwas nicht stimmt, können Sie den Vermieter um Aufklärung bitten. Meist wird dies im Zusammenhang mit der gerade aktuellen Nebenkostenabrechnung geschehen.

SIEHE MUSTER: ÜBERPRÜFUNG DER MIETNEBENKOSTEN

Es kann sich aber auch lohnen, ein paar Mark für die Überprüfung einer Nebenkostenabrechnung zu investieren. Beim Anwalt kostet das stets unter 250 Mark. Voraussichtlich wird es nur etwa 50 Mark kosten, so daß angesichts des Lohnes keine besonders engagierte Beratung zu erwarten ist. Mietervereine werden Ihnen da effektiver zur Seite stehen können, beraten aber nur Mitglieder. Falls Sie doch selbst ans Werk gehen wollen, haben wir eine kleine Hilfe für Sie:

Checkliste für die Abrechnung von Mietnebenkosten

Grundsätzlich muß eine Nebenkostenabrechnung die folgenden Anforderungen erfüllen:

- Sie muß eine geordnete Zusammenstellung der Einnahmen aus Nebenkosten-Vorauszahlungen und der Ausgaben enthalten.
- Es müssen einmal die Gesamtkosten für eine Abrechnungsperiode zusammengestellt sein. Das bezieht sich grundsätzlich auf ein Einzelhaus oder einen Einzeleingang. Ausnahmsweise können auch Wirtschaftseinheiten zusammengefaßt werden, wenn räumlich zusammenhängende Gebäude einheitlich verwaltet werden, der Wohnwert und bautechnische Zustand gleich sind und die Nutzungsart vergleichbar ist.
- Die Nebenkosten müssen in detaillierte Einzelpunkte aufgeteilt werden, so daß jeder Punkt nachvollziehbar ist und keine Sammelpositionen entstehen, die der Mieter nicht kontrollieren kann.
- Die Kosten müssen über einen Verteilerschlüssel aufgeteilt werden, der eine gerechte und nachvollziehbare Kostenaufteilung garantiert. Hier kann sich orientiert werden an Punkten wie:
  Personenanzahl – Umbauter Raum – Verbrauch – Wohnfläche
- Die Nebenkosten müssen längstens alle 12 Monate abgerechnet werden und können dann nach oben oder nach unten angepaßt werden. Wird nicht binnen Jahresfrist abgerechnet, kann der Mieter die Nebenkosten-Vorauszahlung stoppen, um den Vermieter zur Abrechnung zu zwingen.
- Nachforderungen verjähren nach vier Jahren und vorher, wenn der Mieter auf Grund der Umstände nicht mehr mit einer Abrechnung zu rechnen brauchte. Das kann der Fall sein, wenn die Nebenkosten stets regelmäßig abgerechnet wurden, aber ein abrechenbarer Punkt nie in Rechnung gestellt wurde. Der kann dann z.B. bei Auszug des Mieters nicht für die gesamte Zeit nachgefordert werden.
- Um Nebenkosten, die nicht tatsächlich entstanden sind, kann der Mieter die Zahlung kürzen. Das gilt zum Beispiel, wenn ein Gärtner in Rechnung gestellt wird, den es nur auf dem Papier gibt, weil der Hausmeister die Arbeiten nebenbei erledigt.
- Sehr oft werden Reparaturkosten mit eingerechnet. Das ist nicht zulässig. Ein neuer Heizkessel kann beispielsweise nicht als Pflege der Heizungsanlage umgelegt werden.

Was beim Umgang mit Maklern wichtig ist

Maklercourtage fällt bei Wohnraum nur an, wenn der Makler auch tatsächlich den Wohnraum vermittelt hat und deswegen der Mietvertrag zustandegekommen ist. Die Höchstgrenze liegt hier bei zwei Monatsmieten (ohne Nebenkosten). Hat ein Makler sich vergeblich bemüht, entsteht kein Honoraranspruch. Auch Bearbeitungsgebühren und andere Kosten dürfen dann nicht verlangt werden. Diesbezüglich sind zahlreiche Klauseln in den verwendeten Maklerverträgen unzulässig (siehe Kapitel über Allgemeine Geschäftsbedingungen).

Oft wird Wohnraum durch Mund-zu-Mund-Propaganda von einem Mieter an den Nachfolger weitergegeben. Kommt es dadurch zum direkten Abschluß eines Mietvertrages mit dem Hausbesitzer, entsteht kein Courtageanspruch des Maklers. Auch nicht dann, wenn der parallel einen Auftrag zur Vermietung der Wohnung hatte.

Beispiel für zweifelhafte Maklergeschäfte und ein Trick, der Mietern Geld spart:
Oft spielen Vermietungsgesellschaft und Makler aber ein gemeinsames Spiel: Die Vermietungs- und Verwaltungsgesellschaft erklärt dem Mieter, daß er die Wohnung mieten kann. Allerdings muß er sich an einen bestimmten Makler wenden, der den Mietvertrag ausfertigen soll.

Das stört uns nicht weiter, denn wir wollen den Wohnraum haben und wissen, daß der Makler uns die Courtage zurückzahlen muß. Denn er hat ja nicht die Gelegenheit dieses Vertragsabschlusses vermittelt.

Diese Makler aber wollen die Courtage meist in bar haben. Deshalb nehmen Sie sich einen Zeugen mit, lassen sich eine Quittung für die Geldzahlung geben und hierauf den Betrag mit den Worten „Courtagezahlung" bestätigen. Wenn Sie die Wohnung haben, fordern Sie die Courtage vom Makler zurück.

SIEHE MUSTER: RÜCKFORDERUNG VON MAKLERCOURTAGE

Wenn der Fall so liegt wie im Beispiel beschrieben und der Makler dieser Aufforderung nicht nachkommt, haben Sie in einer gerichtlichen Auseinandersetzung gute Chancen.

Wohnungsmängel – das sind Ihre Rechte

Mit der Mietzahlung erwirbt der Mieter das Recht, eine Wohnung im vertragsgemäßen Zustand zur Verfügung gestellt zu bekommen. Gerade über den Zustand der Wohnungen aber gibt es immer wieder Streit. Der Vermieter beharrt auf dem Standpunkt, daß der Mieter die Wohnung in bestem Zustand übernommen und verwohnt hat. Der Mieter glaubt, daß der Vermieter ihm ein Loch überlassen hat, das er ihm renoviert und erstmals bewohnbar zurückgibt. Die Wahrheit liegt meist irgendwo dazwischen.

Als clevere Verbraucher können wir uns aber auch sofort auf eine Wahrheit einigen. Das sollte in einem Übergabeprotokoll getan werden, um dem Streß eines Rechtsstreits aus dem Wege zu gehen.

SIEHE MUSTER: WOHNUNGSÜBERGABEPROTOKOLL

In diesem Schriftstück wird der Zustand der Mietsache festgeschrieben, so daß nach der Übergabe und/oder der Rückgabe der Wohnung kein Streit über den Zustand der Mietsache entstehen kann. Dabei sollte der Zustand der Wohnung

- aus Sicht des Mieters besonders schlecht,
- aus Sicht des Vermieters besonders gut

dargestellt werden, weil das im Streitfall der jeweiligen Interessenlage entspricht.

Als Verbraucher sollten Sie sich nicht darauf verlassen, wenn der Vermieter sagt: „Ja, ich weiß, daß die Fliesen im Bad angebohrt sind und daß die Türen schwarz und mit einem blasenwerfenden Lack gestrichen sind." Das Erinnerungsvermögen nimmt oft rapide ab, wenn es später mal um die Rückzahlung der Kaution geht. Da wird dann gern schon mal versucht, bekannte und alte Mängel dem Mieter anzukreiden. In solchen Fällen sollte man alle Voraussetzungen dafür schaffen, die Kaution notfalls mit juristischer Hilfe zurückzufordern.

SIEHE MUSTER: RÜCKFORDERUNG EINER MIETKAUTION

Nun sieht es in der Praxis allerdings meistens so aus, daß sich Mängel erst nach dem Einzug zeigen. Und dann wird ein ganz heißes Thema aktuell.

Mietkürzungen wegen Wohnungsmängeln

Grundsätzlich muß der Mieter den Vermieter darauf hinweisen, daß es Mängel in der Wohnung gibt und ihn auffordern, den Mangel zu beseitigen.

SIEHE MUSTER: ANZEIGE VON WOHNUNGSMÄNGELN UND MIETMINDERUNG

Nun sollten Mängel aber nicht nur dem Vermieter gemeldet werden, damit man die monatlichen Zahlungen kürzen kann. Sondern der Mieter macht sich dem Vermieter gegenüber schadenersatzpflichtig, wenn er einen Mangel der Mietsache nicht anzeigt. Das könnte ja geschehen, weil ihn dieser Mangel nicht stört. Er muß ihn aber dennoch melden, zumal dann, wenn der vielleicht anfangs noch kleine Mangel zu echten Schäden führen kann. Das ist deswegen so geregelt, weil der Vermieter nicht in der Wohnung herumstöbern darf und deswegen keine Chance hat, notwendige Instandhaltungsarbeiten zu erkennen.

Wenn der Vermieter seiner Schadenbeseitigungspflicht trotz schriftlicher Aufforderung nicht nachkommt, kann der Mieter den Schaden beheben lassen. Die ihm entstandenen Aufwendungen kann er von der Miete abziehen und somit die zu zahlende Miete mindern. Er kann den Vermieter aber auch durch Einbehalten von Miete zwingen, die Wohnung wieder instandzusetzen.

Eine Mietminderung ist immer mit Gefahren verbunden. Falsche Mietminderung kann – auch bei berechtigter Kürzung wegen Mängeln – schlimmstenfalls zur fristlosen Kündigung der Wohnung führen!

Die wichtigste Frage ist immer, um wieviel Prozent die Nettokaltmiete (also die reine Miete ohne Nebenkosten) gemindert werden kann. Denn wenn sich die Gesamtsumme der Minderungsbeträge dem Umfang von

- zwei Monatsmieten

nähert, sollte beim Mieterverein, einer öffentlichen Rechtsauskunft oder beim Anwalt Rechtsrat eingeholt werden.

Sofern der Zahlungsrückstand zum erstenmal eintritt, sind die Folgen allerdings noch problemlos zu heilen – durch Zahlung des geschuldeten Betrages.

Es geschieht Ihnen auch nichts, wenn Sie binnen eines Monats, nachdem Sie auf Räumung der Wohnung verklagt worden sind, den Mietzins in voller Höhe zahlen. Dieses Spiel kann man allerdings nur alle zwei Jahre einmal betreiben – und eigentlich sollte man immer tunlichst die Finger davon lassen, mit dem Dach über seinem Kopf zu spielen.

Bei Problemen mit dem Vermieter geht man zum Mieterverein und in wirtschaftlicher Not zur Sozialbehörde. Die Behörde hat nämlich Möglichkeiten, eine Kündigung unwirksam werden zu lassen, indem sie für Mietzahlungen eine Art Bürgschaft abgibt.

Kernfrage ist aber zunächst einmal, wie hoch denn der Betrag ist, um den man die monatlichen Zahlungen mindern darf. Und die Antwort liegt natürlich immer in der Natur des Einzelfalls. Allerdings kann man sich sehr gut an folgenden Werten orientieren, die auf aktuellen Gerichtsentscheidungen basieren.

Anhaltswerte für Mietminderungen

Bei Mängeln in Bad, WC, oder Küche bzw. durch Wasser oder Abwasser

Ursache, Beschreibung der Mängel	Kürzung um
Abwasser-Austritt aus dem WC	20 %
Abwasserstau führt zu Fäkalienaustritt im WC, Gestank	38 %
Backofen unbenutzbar	3 %
Badewanne oder Dusche unbenutzbar	24 %
Badewanne unbenutzbar	20 %
Badewanne unzumutbar aufgeraut	3 %
Bleibelastung im Trinkwasser (126 mg/L – 176 mg/L)	10 %
Fäkalien in WC und Badewanne wegen Installationsdefekt	38 %
Heizungsausfall in der Küche	20 %
Herd defekt	5 %
Nitratgehalt im Trinkwasser übersteigt Normwerte	10 %
Toilette, einzige Toilette nicht nutzbar	80 %
Toilette, Entlüftung defekt	5 %
Toilette, es gibt noch eine andere, nicht nutzbar	7 %
Unbenutzbarkeit von Küche und Toilette	50 %
Warmwasserversorgung defekt	10 %
Wasser, Leitungswasser rostig	10 %
Wasser, Warmwasserversorgung defekt	10 %
Wasseraustritt durch undichte Röhre	10 %

Bei Mängeln in anderen Bereichen der Wohnung

Ursache, Beschreibung der Mängel	Kürzung um
Balkon wegen Reparaturbedürftigkeit nicht nutzbar	10 %
Bodenbelag birgt Stolpergefahr	5 %
Bodenkälte bei fehlender Isolierung	30 %
Elektrik fällt vollständig aus	100 %
Fenster (Doppelfenster) werden blind	10 %
Fenster nicht verschließbar	10 %
Fenster undicht (Sommer)	5 %
Fenster undicht (Wassereintritt)	5 %
Fenster undicht (Winter)	10 %
Fenster undicht bei Schlagregen	5 %
Fenster unklar und undicht	6 %
Fenster verrottet und schließen nicht	10 %
Fenster, alle Fenster undicht, ständige Feuchtigkeit	50 %

Fenster, durch alle Fenster dringt Feuchtigkeit	20 %
Fensterläden werden entfernt	10 %
Fernsehempfang, erhebliche Störung	0 %
Feuchtigkeit durch defekten Balkonanschluß	10 %
Feuchtigkeit und Risse in Neubauwohnung	10 %
Feuchtigkeit und Schimmel an Fensterfront und Decke	25 %
Feuchtigkeit, die Nutzbarkeit aller Räume eingeschränkt	20 %
Feuchtigkeitsfleck, groß, sich ablösender Anstrich	10 %
Formaldehyd, überhöhte Konzentration	56 %
Geräusche, starke Klopfgeräusche in der Heizung	17 %
Heizleistung schlecht	10 %
Heizung, Unterbeheizung auf 16 °C	17 %
Heizungsausfall im Schlafzimmer im Februar	20 %
Heizungsausfall, 20 Tage im Oktober bei 2 °C	25 %
Heizungsausfall, Totalausfall September bis Februar	100 %
Kakerlaken in der Wohnung	10 %
Kamin, offen, kann nicht genutzt werden	5 %
Mäuse in der Wohnung	10 %
Oberlichter der Fenster lassen sich nicht öffnen	10 %
Rauschen der Heizung	10 %
Renovierung fehlt trotz Verpflichtung des Vermieters	20 %
Risse und Feuchtigkeit in Neubauwohnung	10 %
Schallisolierung mangelhaft	10 %
Schimmel an der gesamten Wand von Abstellraum	10 %
Schimmel und Spakflecken	7 %
Schimmelbildung	10 %
Schimmelbildung und muffiger Geruch bei Mitverschulden	10 %
Schimmelpilzbefall, erheblich	20 %
Silberfische in der Wohnung	15 %
Trittschall, übermäßiger	15 %
Tür, Wohnungstür fehlt	15 %
Unterbeheizung auf 16 °C	17 %
Wärmeverluste wegen mangelnder Isolierung	25 %
Wasser tropft von der Zimmerdecke nach Schneesturm	30 %
Wasser, Überschwemmungsschaden, extremer Gestank	80 %
Wassereinbruch, Schmelzwasser läuft durch Decke	30 %
Wassereintritt durch undichtes Fenster	5 %
Wasserrohr, Hauptwasserrohr lärmt über 35 dB(A)	10 %
Wasserschäden an Decke und Wänden	25 %
Wasserschaden, völlige Durchfeuchtung	100 %
Wasserschaden, Wohnzimmer nicht nutzbar	30 %
Wohnzimmer unbenutzbar, Wasserschaden	30 %
Zugluft, starke, wegen defekter Dichtungen	20 %

Bei Mängeln außerhalb der Wohnung, aber im Haus

Ursache, Beschreibung der Mängel	Kürzung um
Aufzug, Ausfall, Wohnung 5. Stock	8 %
Bauarbeiten, umfassende Umbauarbeiten im Haus	60 %
Bordell im Haus	30 %
Briefkasten fehlt	3 %
Dach undicht, Feuchtigkeit und Schimmel	20 %
Diskothekenlärm	30 %
Feuchtigkeit im Keller nach Regen	5 %
Garagentore lärmen extrem	10 %
Gegensprechanlage defekt	3 %
Gestank, bestialisch aus Nachbarwohnung	33 %
Hauseingangstür defekt, Mietblock	3 %
Keller unbenutzbar	10 %
Keller, es wird Abstellfläche statt Kellerraum geleistet	10 %
Keller- und Warmwasserwegnahme	30 %
Klingel defekt	3 %
Lärm durch neue Tanzschule im Haus	20 %
Lärm, ständiger starker Lärm nachts im selben Haus	50 %
Lärmbelästigung durch Waschsalon im Haus	7 %
Müllschlucker defekt	2 %
PKW – Einstellplätze gibt es trotz Zusage nicht	10 %
Prostitution im Haus	25 %
Trockenraum und Waschküche werden entzogen	10 %
Waschküche und Trockenraum werden entzogen	10 %
Waschküchenbenutzung vorenthalten	8 %
Waschmaschine, hauseigene, defekt	5 %

Bei Mängeln außerhalb des Hauses

Ursache, Beschreibung der Mängel	Kürzung um
Bauarbeiten, starke Lärm- und Schmutzbelästigung	22 %
Blumengarten im Hof wird entzogen	10 %
Fluglärm und fehlende Isolierung	10 %
Gaststättenlärm bis 1 Uhr nachts, extrem	37 %
Geruchsbelästigung, extrem, durch Pizzeria	15 %
Ruhestörung durch Alkoholausschank an Imbiß	20 %
Sandkasten fehlt in neuer Wohnanlage	5 %

Wenn mehrere Mängel vorhanden sind, kann man die jeweiligen Prozentpunkte (siehe Tabelle) addieren. Beim Zusammenzählen der Prozentpunkte sollte man es aber nicht übertreiben: Wer aus vielen Nebensächlichkeiten die bei absoluter Unbewohnbarkeit anzusetzenden 100 Prozent zusammenrechnet, wird damit vor Gericht nicht durchkommen.

Eine Mietminderung muß dem Vermieter oder Verwalter nicht vorher angekündigt werden, man benötigt auch nicht sein Einverständnis, damit der entsprechende Prozentsatz von der Miete abgezogen werden kann.

Es entsteht mit dem Mangel automatisch ein geringerer Mietzahlungsanspruch des Vermieters, weil der Mietwert der Wohnung geringer als vertraglich vereinbart ist. Wer dem Vermieter einen Mangel mitgeteilt hat, ohne eine Kürzung der Miete vorzunehmen, kann die überzahlten Mietbeträge sogar zurückfordern.

Mieterhöhungen – und wie man sich dagegen wehrt

Wirklich ernsthaft kann sich kein normaler Mensch gegen angemessene Mieterhöhungen sperren. Sie sind nötig, um einen Ausgleich der allgemeinen Preissteigerung auch bei den oft über viele Jahre laufenden Wohnungsmietverträgen zu berücksichtigen. Andererseits wird bei knappem Wohnungsangebot die Mangelsituation immer auch für Preistreibereien genutzt.

Weil das Wohnungsmietrecht ein sehr soziales Recht ist, werden an die Vermieter jedoch Höchstanforderungen gestellt, um ein Mieterhöhungsverlangen wirksam zu erklären. Ständige Änderungen und regionale Besonderheiten sind vor der jeweiligen Mieterhöhung zu prüfen. Es ist deshalb ratsam, sich als Vermieter entweder einem Haus- und Grundeigentümerverein anzuschließen, wo eine professionelle Beratung möglich ist, oder sich von einem auf diesem Gebiet versierten Juristen beraten zu lassen.

Aber auch der Mieter sollte sich juristisch, eventuell auch von einem Mieterverein oder einer öffentlichen Rechtsauskunft, beraten lassen. Denn in vielen Fällen ist ein Widerspruch des Mieters gegen die Mieterhöhung angebracht und erfolgversprechend.

Grundsätzlich hat der Vermieter gar nicht so viele Möglichkeiten, die Miete zu erhöhen. Es gibt für ihn praktisch nur die vier folgenden Begründungen:

1. Mieterhöhung wegen Anpassung an die ortsübliche Vergleichsmiete

Diese Erhöhung ist nur erlaubt, wenn die Miete seit mindestens 12 Monaten unverändert ist und in den letzten drei Jahren um nicht mehr als 30 Prozent bzw. um nicht mehr als 20 Prozent erhöht wurde (gilt nur für Wohnungen, die bis 1981 fertiggestellt wurden und wo die Netto-Kaltmiete ohne Betriebskosten jetzt schon bei über 8,- DM pro Quadratmeter liegt). Als Begründung kann der örtliche Mietenspiegel herangezogen werden. Es kann aber auch in einem Gutachten auf die höhere Miete für vergleichbare Wohnungen hingewiesen werden. Beliebter Trick dabei: Das Gutachten verweist auf andere Wohnungen – ohne deren Anschriften zu nennen. „Unzulässig", sagt das Bundesverfassungsgericht (1 BvR 1398/93), weil's nicht nachprüfbar ist.

SIEHE MUSTER: ZURÜCKWEISUNG EINER MIETERHÖHUNG

2. Mieterhöhung wegen Erhöhung der Nebenkosten

Wenn im Mietvertrag vereinbart ist, daß auf Nebenkosten (z.B. Müllabfuhr, Wasser oder Abwasser) eine Vorauszahlung zu leisten ist, über die jährlich abzurechnen ist, kann der Vermieter Kostensteigerungen bei den Nebenkosten an die Mieter weitergeben – auch rückwirkend, wenn die Vorauszahlungen nicht ausgereicht haben. Ist dagegen eine Pauschale vereinbart, können keine Nachzahlungen verlangt werden. Bei Nebenkosten-Abrechnungen wird gelegentlich versucht, Kosten doppelt abzurechnen oder es werden Kosten auf die Mieter umgelegt, die eigentlich der Vermieter allein zu tragen hat. Das gilt insbesondere für Reparaturkosten. Grundsätzlich muß kein Mieter allgemeine Reparatur- oder Instandhaltungskosten tragen – sie sind bereits mit der normalen monatlichen Mietzahlung abgegolten. Jeder Mieter hat ein Recht darauf, die Abrechnungsunterlagen für Nebenkosten zu prüfen. Der Vermieter muß Ihnen die Unterlagen zumindest in seinem Büro zur Verfügung stellen. Er ist nicht verpflichtet, Kopien zu versenden – kann dies gegen Kostenerstattung jedoch tun. Hinweise zu den Kosten, die abgerechnet werden dürfen und weitere Erläuterungen finden Sie im Abschnitt zu den Nebenkosten.

SIEHE MUSTER: ZURÜCKWEISUNG EINER NEBENKOSTENABRECHNUNG

3. Mieterhöhung wegen Erhöhung der Finanzierungskosten

Sollten Sie sich dieser Forderung ausgesetzt sehen, ist eine genaue Prüfung und Beratung im Einzelfall unbedingt sinnvoll. Denn die Voraussetzungen für eine Mieterhöhung aus diesem Grund sehr derart schwer durchschaubar, daß selbst die meisten Vermieter nicht durchblicken. Außerdem hat das Bundesverfassungsgericht (1 Rvr 1401/94) entschieden, daß Mieter nicht für unkluge oder falsche Finanzierungen des Eigentümers zur Kasse gebeten werden dürfen. Erfahrungsgemäß fehlen in den meisten Erhöhungsverlangen der Vermieter wichtige Hinweise und Details zur Finanzierung. Ein Widerspruch ist deshalb fast immer erfolgreich, auch wenn er zum Teil nur aufschiebende Wirkung hat.

SIEHE MUSTER: WIDERSPRUCH GEGEN MIETERHÖHUNG WEGEN ERHÖHTER FINANZIERUNGSKOSTEN

4. Mieterhöhung wegen Modernisierung und Wohnwertverbesserung

Jeder Vermieter hat die Pflicht, Wohnungen und Haus instandzuhalten. Dazu gehören z.B. Außenanstriche von Fenstern, Fassadenarbeiten (Risse schließen, Anstriche gegen Feuchtigkeit) oder die Erneuerung brüchig werdender Elektroleitungen. Auch Reparaturen muß er ausführen lassen (Haustür schließt nicht, Heizung streikt, Rohre undicht). Die Kosten für diese Arbeiten sind bereits durch die normale Monatsmiete abgegolten.

Nur bei Kleinreparaturen in der Wohnung kann im Mietvertrag vereinbart sein, daß man Arbeiten bis 150 Mark selbst bezahlen muß (neuer Wasserhahn, Lichtschalter). Bei Altbauten werden oft Modernisierung und Instandhaltung oder Reparaturen zusammen erledigt: Beim Einbau von Bädern z.B. werden alte Rohre (Vermietersache), bei der Wärmeisolierung vom Dach brüchige Pfannen (Vermietersache) ersetzt.

Wirklich bezahlen müssen Mieter nur den Anteil der Kosten für echte Verbesserungen. Beim Austausch verrotteter Fenster (Reparatur fällig) gegen neue mit Isolierglas darf nur der Mehrpreis für Isolierglas (nur das ist eine Verbesserung) abgerechnet werden. Immer verdächtig ist, wenn aus einer Handwerkerrechnung gar kein Vermieteranteil herausgerechnet wird.

Grundsätzlich muß man einer Modernisierung zunächst mal zustimmen, damit der Vermieter überhaupt mit den Arbeiten beginnen darf (BGB, § 541b). Und zustimmen

muß man nur, wenn sich tatsächlich der Wohnwert verbessert, es mehr Komfort gibt, Energie oder Wasser gespart wird. Um die Zustimmung der Arbeiten muß der Vermieter zwei Monate vorher bitten.
Widerspruch ist möglich bei

- Anbau, Totalumbau: Auch wenn ein Anbau die Wohnfläche um 17 % vergrößert, ist das keine Verbesserung, man muß nicht zustimmen (LG Köln, 10 S 139/92). Die völlige Veränderung des Grundrisses (Wände versetzen, Zimmer zusammenlegen) muß man ebenfalls nicht dulden.
- Eigen-Einbauten: Hat der Mieter mit schriftlicher Genehmigung des Vermieters schon selbst modernisiert, muß er der Wegnahme seiner Einbauten und einer neuen Modernisierung durch den Vermieter nicht zustimmen.
- Härtefälle: Nach dem Gesetz kann die Zustimmung verweigert werden, wenn der Mieter durch Lärm oder Schmutz unzumutbar belästigt wird, wenn Heizungs- oder Fensterarbeiten im Winter ausgeführt werden sollen oder bei zu hohen Mietsteigerungen (siehe dort). Außerdem eine unzumutbare Härte: Wenn alte Mieter während der Arbeiten vorübergehend die Wohnung verlassen und eventuell sogar woanders unterkommen müssen.
- Heizungsumbau: Der Mieter muß nicht zustimmen, wenn ihn die Modernisierung mehr kostet, als er künftig durch niedrigere Heizkosten sparen kann (OLG Karlsruhe, 9 REMiet 6/83) oder keinen Komfortgewinn (Zentralheizung statt Nachtspeicher) bringt.
- Kabelanschluß: Muß man ihn nur dann dulden, wenn es bisher keine Hausantenne gab. Der Vermieter darf nicht die alte Gemeinschaftsantenne abbauen, um den Anschluß der Mieter an einen neuen Kabelanschluß zu erzwingen (LG Berlin, 64 S 239/84).
- Luxusmodernisierung: Nur wenn der Vermieter die Wohnung in den allgemein üblichen Zustand von Mieträumen in der jeweiligen Region (Stadt) versetzen will, muß man zustimmen. Das ist der Fall, wenn mindestens zwei Drittel der anderen Wohnungen der geplanten Ausstattung entsprechen. Ansonsten handelt es sich um Luxusmodernisierung (BGH, VIII ARZ 5/91). Beispiel: Marmorbad, Einbauleuchten, Gold-Wasserhähne.
- Zu großer Mietsteigerung: Erhöht sich die Mietbelastung durch den Modernisierungszuschlag auf 25 bis 30 Prozent des Nettoeinkommens, darf man nein sagen. Dies ist eine unzumutbare Härte (LG Berlin, 65 S 138/92).

SIEHE MUSTER: WIDERSPRUCH GEGEN MODERNISIERUNGSERHÖHUNG

Ihre Rechte bei der Kündigung von Mietverhältnissen

Durch gesetzliche Vorschriften und Rechtsprechung ist die Kündigung durch den Vermieter praktisch nur in Ausnahmefällen möglich, triftige Gründe können vor allem

- Eigenbedarf,
- befristete Mietverträge mit qualifiezierter Befristung oder
- Mietrückstände

sein. Aber auch bei solchen Kündigungen muß man nicht automatisch sofort befürchten, sein Dach über dem Kopf zu verlieren.

In den meisten Fällen lassen sich Kündigungen durch den Vermieter aushebeln, weil er gegen wichtige Vorschriften verstößt. Auch Kündigungs-Drohungen des Vermieters sollten kein Grund sein, sich einschüchtern zu lassen.

Die beliebteste Kündigungsdrohung ist dieser Satz: „Ich melde einfach Eigenbedarf an, dann bin ich sie los." Eingeschüchtert werden Mieter auch mit der Behauptung, „für das bißchen Geld lohnt sich die Vermietung nicht mehr". Dazu wird das Gesetz (BGB § 564b) zitiert, wo Kündigung aus wirtschaftlichen Gründen erlaubt ist.
Das Gesetz aber wird oft nur halb zitiert, wichtige Schutzvorschriften für Mieter werden verschwiegen:

- Kündigung ist nie zulässig, um bei Neuvermietung mehr Miete zu bekommen.
- Auch der geplante Verkauf einer Wohnung ist kein Kündigungsgrund.
- Ebenso nicht die Umwandlung von einer Miet- in eine Eigentumswohnung (Sperrzeit für Kündigungen bis zehn Jahre).
- Für Eigenbedarf (Vermieter oder dessen Angehörige, Mitarbeiter wollen einziehen) gelten strengste Regeln – immer Anwalt, Mieterverein einschalten, in über 80 Prozent der Fälle ist etwas nicht in Ordnung!

Bei zahlreichen Kündigungen muß außerdem beachtet werden, daß die Landesregierungen ermächtigt sind, durch Rechtsverordnungen Sonderregelungen für den mieterlichen Kündigungsschutz zu schaffen. Ob so etwas im Einzelfall genutzt werden kann, muß entsprechend der regionalen Situation geprüft werden.
Aus alledem ergibt sich aber: Wer pünktlich zahlt, die Hausordnung einhält und sich nicht mit dem Vermieter prügelt, kann praktisch nie zum Auszug gezwungen werden. Auch nicht durch den vorsorglichen Abschluß befristeter Mietverträge (siehe dort). Ebenso kann eine Kündigung wegen Mietrückständen (siehe dort und beim Stichwort „Mietminderung") fast immer durch schnelles Handeln doch noch abgebogen werden.

Ein Nachschieben von Kündigungsgründen ist unmöglich.

Wenn der Vermieter feststellt, daß er mit seiner Kündigung nicht weiterkommt, kann er nicht plötzlich weitere oder andere Begründungen aus dem Ärmel zaubern.

Die einvernehmliche Aufhebung eines Mietvertrages

Weil es kaum möglich ist, einen Mieter aus einem bestehenden Mietverhältnis heraus zu klagen, gehen Vermieter oft einen anderen Weg: Sie schlagen vor, das Mietverhältnis einvernehmlich aufzuheben und bieten dem Mieter dafür eine Prämie an, die jedoch meist eher gering ausfällt.

SIEHE MUSTER: AUFHEBUNGSVEREINBARUNG ZU EINEM MIETVERTRAG
SIEHE MUSTER: AUFHEBUNGSVEREINBARUNG ZU EINEM MIETVERTRAG GEGEN GELDZAHLUNG

Das ist ein Abwicklungsmodus, der dem Verbraucher als Mieter auch entgegenkommt; denn er kann ja oder nein sagen. Jedenfalls hat er die **Möglichkeit**, eine stattliche Summe für den vielleicht ohnehin bevorstehenden Umzug zu kassieren. Oftmals trägt der Vermieter auch die Maklerkosten und Umzugskosten für die neue Bleibe. Hier ist alles verhandelbar, und für weniger als 10 000 Mark sollte niemand sein Dach über dem Kopf aufgeben oder sich gar ohne eine Abfindung abspeisen lassen.

Die Kündigung durch den Mieter

Möglich ist sie bei einem Mietverhältnis über Wohnraum spätestens bis zum dritten Werktag eines Kalendermonates für den Ablauf des übernächsten Monats zulässig. Nach fünf, acht und zehn Jahren seit Überlassung des Wohnraumes verlängert sich die Kündigungsfrist um jeweils drei Monate. Außerdem gibt es für überwiegend eingerichteten und/oder in Teilen vom Vermieter selbst bewohntem Wohnraum

- Sonderregelungen für möblierten Wohnraum und Untervermietung, die sich aus dem jeweiligen Vertrag ergeben und davon abhängen, ob die Miete nach Tagen, Wochen oder Monaten bemessen wird.

Es ist also für den Mieter relativ leicht, aus seiner Wohnung herauszukommen.

SIEHE MUSTER: MIETVERTRAGSKÜNDIGUNG

Schwierig kann es nur werden, wenn man eine Wohnung kündigen will, bei der das Mietverhältnis auf vorher festgelegte Zeit eingegangen wurde. Hinweise dazu finden sich in dem Abschnitt über befristete Wohnungsmietverträge.

Kündigungen müssen von allen Mietern, die namentlich im Mietvertrag genannt sind und diesen auch unterschrieben haben, unterzeichnet werden. Sie haben sonst keine Gültigkeit.

Kapitel 16

Besondere Tücken bei Pauschalreise-Verträgen

Erst 1979 wurde in das Bürgerliche Gesetzbuch das Reiserecht aufgenommen, und zwar als Ergänzung des Werkvertragrechts (BGB §§ 651a-k). Schon aus der Zuordnung läßt sich erkennen: Wie beim Werkvertrag schuldet der Reiseveranstalter seinem Kunden einen Erfolg. Trotz der Ergänzung des Bürgerlichen Gesetzbuchs ist ein umfassender Schutz deutscher Touristen vor Reinfällen im Urlaub aber erst seit November 1994 gewährleistet. Denn zusätzlich zum Reiserecht im BGB gilt seitdem auch bei uns das europäische Reiserecht nach der EG-Pauschalreise-Richtlinie (90/314/EWG).

Neue Regelungen für Buchung und Vertragsabschluß

Weil Zigtausende Pauschalurlauber Opfer von in Konkurs gegangenen Veranstaltern wurden, sind vor allem die neuen Regelungen für die Bezahlung der Reise wichtig. Die Veranstalter müssen durch eine Versicherung gewährleisten, daß bei Zahlungsunfähigkeit der Kunde trotzdem den im voraus gezahlten Reisepreis zurückerstattet bekommt bzw. die gebuchten Leistungen (Hotelaufenthalt, Rückflug) ordnungsgemäß abgewickelt und die Gäste in die Heimat zurückgebracht werden können. Für den Verbraucher sind dabei vor allem die folgenden Punkte zu beachten:

- Der Urlauber kann einen Versicherungsnachweis verlangen. Damit wird nachgewiesen, daß eine entsprechende Versicherung abgeschlossen wurde bzw. daß eine Bank für die Sicherheit der vom Kunden geleisteten Zahlungen bürgt.
- Ohne Versicherungsnachweis sind vor Reisebeginn nur maximal 500 Mark zu bezahlen. Dabei ist gleichgültig, ob es sich um Anzahlung oder Vorauszahlung des gesamten Reisepreises handelt. Der Rest wäre erst nach der Rückkehr aus dem Urlaub zu bezahlen.

Diese Vorschriften gelten nur für Pauschalreisen, die aus verschiedenen Einzelleistungen (Flug, Unterkunft, Verpflegung) bestehen oder z.B. auf die Buchung von Ferienhäusern. Sie gelten z.B. nicht für den Kauf einzelner Flugtickets.

Grundsätzlich kommt ein Reisevertrag erst zustande, wenn Sie Ihre Bestätigung vom Veranstalter erhalten. Deshalb ist es wichtig, die Bestätigung sorgfältig zu lesen und Unkorrektheiten oder Abweichungen zu reklamieren. Und man sollte sich nicht durch Vertragsklauseln irritieren lassen, auf die sich der Veranstalter in Zweifels- oder Streitfällen beruft: Zahlreiche Standardvereinbarungen sind ungültig (siehe Kapitel über Allgemeine Geschäftsbedingungen).

SIEHE MUSTER: WIDERSPRUCH GEGEN BUCHUNGSBESTÄTIGUNG

Weil nur die bestätigten Vereinbarungen Vertragsinhalt werden, kann bei nicht ausdrücklich erwähnten Zusätzen von der Reiseanmeldung zurückgetreten werden. Dies kommt zum Beispiel in Frage, wenn der Widerspruch gegen die Buchungsbestätigung nicht den gewünschten Erfolg hat.

SIEHE MUSTER: REISERÜCKTRITT WEGEN ABWEICHENDER BESTÄTIGUNG

Schutz vor nachträglichen Preisanhebungen

Obwohl zwischen Buchung und Reiseantritt oft Monate liegen, sind nachträgliche Preiserhöhungen nur in Ausnahmefällen zulässig.

Bei einer nachträglichen Anhebung des Reisepreises um mehr als fünf Prozent hat der Urlauber ein kostenloses Rücktrittsrecht. Er kann dann die Reise schriftlich (nicht vorgeschrieben, aber sicherer) absagen, Stornogebühren dürfen ihm nicht berechnet werden, und bereits geleistete Anzahlungen sind dem Urlauber in voller Höhe zu erstatten.

SIEHE MUSTER: REISERÜCKTRITT WEGEN PREISANHEBUNG

Eine nachträgliche Preiserhöhung bei Reisen, die innerhalb von vier Monaten nach der Buchung angetreten werden, ist unter keinen Umständen zulässig. Selbst wenn sich innerhalb dieser Zeitspanne erhebliche Preisverschiebungen zum Nachteil des Veranstalters ergeben, darf er sie nicht an seine Kunden weitergeben, muß sie durch seine Kalkulation auffangen.

In den anderen Fällen darf der Veranstalter den Preis nur ändern, wenn sich nachweisbar

- Beförderungskosten,
- Abgaben oder
- Wechselkurse

erhöht haben. Andere Gründe für eine nachträgliche Preisanhebung sind nicht zu akzeptieren. Aber auch diese Gründe können nur dann zu einer Preisanhebung herangezogen werden, wenn

- im jeweils abgeschlossenen Reisevertrag ein Berechnungsmodus für die Erhöhung vorgesehen ist,
- seit dem Abschluß des Reisevertrages mindestens vier Monate verstrichen sind und
- zwischen Erhöhungsverlangen und Abreise noch mindestens drei Wochen liegen.

Rücktritt von einer gebuchten Reise

Wer aus seinem Reisevertrag wieder aussteigen möchte, muß normalerweise pauschale Stornogebühren bezahlen. Aber: Wer sich einen Ersatzreisenden sucht, der für ihn in den Vertrag eintritt, kommt auch um die Stornogebühren herum. Mit dem Ersatzurlauber sollte eine kleine Vereinbarung getroffen werden.

SIEHE MUSTER: VEREINBARUNG MIT ERSATZREISENDEM

Außerdem muß natürlich das Reiseunternehmen von dem Wechsel in Kenntnis gesetzt werden. Die Gründe für den eigenen Rücktritt müssen nicht genannt werden.

SIEHE MUSTER: MITTEILUNG AN DEN REISEVERANSTALTER

Zulassen muß es der Veranstalter in jedem Fall, wenn statt einer Reisestornierung die Rechte und Pflichten aus dem Reisevertrag auf eine andere Person übertragen werden sollen. Berechnet werden dürfen dann nur die Mehrkosten, die durch den Eintritt des Ersatzreisenden entstehen. Oft werden hierfür Pauschalen zwischen 50 und 100 Mark verlangt – wobei diese Kosten aber eher zweifelhaft sind.

Kostenloser Rücktritt in besonderen Fällen

Ein Rücktrittsrecht bei höherer Gewalt kann in jedem Fall kostenlos in Anspruch genommen werden. Allerdings gilt dies nur bei Naturkatastrophen mit erheblichen Auswirkungen, etwa bei unmittelbar zurückliegenden Erdbeben, Überschwemmungen oder erheblichen Verwüstungen durch einen Wirbelsturm. Entscheidend ist, daß durch die Ereignisse der geplante Ablauf der Reise nicht mehr durchführbar ist.

• Bei Reiseänderungen durch den Veranstalter

Teilt der Veranstalter seinem Kunden Abweichungen von der ursprünglichen Buchung mit, ist das eine Berechtigung zum kostenlosen Rücktritt, ebenso bei größeren nachträglichen Preisanhebungen (siehe dort).

Ihre Rechte bei Reisemängeln

Wenn eine Reise mangelhaft ist, also die Beschreibung des Katalogs oder die vereinbarten Leistungen nicht oder schlecht erbracht werden, hat der Urlauber Anspruch auf eine Rückzahlung des gesamten oder teilweisen Reisepreises. Maßgeblich ist dabei die vom Landgericht Frankfurt aufgestellte „Frankfurter Tabelle".

Für die dort genannten Prozentsätze gilt dabei folgende Grundregel: Sie beziehen sich immer auf den Gesamtpreis einschließlich der Transportkosten, wenn die Mängel während der gesamten Reisedauer aufgetreten sind. Ansonsten darf nur der anteilige Reisepreis für die Tage, an denen der Mangel auftrat und gerügt war, als Berechnungsgrundlage herangezogen werden.

• Besonderheiten bei nebensächlichen Mängeln

Eine Ausnahme sind kleinere Mängel, die zu einer Preisminderung von nicht mehr als zehn Prozent führen. Dann kann die Minderung auch nur auf den Aufenthaltspreis bezogen sein. Um den zu erfahren, müßte man vom Gesamtpreis der Reise die reinen Beförderungskosten abziehen. Diese reduzierte Preisminderung wird aber nur vorgenommen, wenn die damit abgegoltenen Mängel nicht den „Gesamtzuschnitt der Reise" wesentlich verändert haben.

• Besonderheiten bei mehreren Mängeln

Grundsätzlich dürfen dann nämlich die Prozentsätze der einzelnen Mängelpositionen addiert werden. Dabei gelten aber bestimmte Höchstgrenzen. Der Grund: Wenn zahlreiche einzelne Mängel zum Beispiel in Bezug auf die Unterkunft eine Preisminderung von insgesamt vielleicht 80 Prozent bedeuten würden, wäre dies ungerecht gegenüber dem Veranstalter. Denn insgesamt setzt sich der Gesamtpreis ja aus mehreren Teilbeträgen zusammen, wobei neben dem Betrag für Unterkunft auch die Transportkosten und Verpflegung zu berücksichtigen sind.

Frankfurter Tabelle zu Reisepreis-Erstattungen bei Mängeln

Die Prozentsätze beziehen sich (wenn nicht anders angegeben, siehe unten) auf den Gesamtreisepreis abzüglich eventuell enthaltener Versicherungen. Entscheidend ist bei allen Punkten, ob die jeweiligen Leistungen im Katalog oder der Buchungsbestätigung tatsächlich versprochen bzw. zugesagt waren.

Wenn der Transport mit Flugzeug, Bus oder Bahn nicht in Ordnung ist

Abflugverzögerung um mehr als 4 Stunden	5 % *
Transport in einer niedrigeren als der gebuchten Klasse	10-15 %
Erhebliche Abweichung vom normalen Standard des Transportmittels	5-10 %
Fehlen der üblichen Verpflegung auf dem Transport	5 %
Fehlen der in der Flugklasse üblichen Unterhaltung (Radio, Film usw.)	5 %

Wenn etwas mit der gebuchten Unterkunft nicht stimmt

Abweichung vom gebuchten Objekt (je nach Entfernung)	10-25 %
Abweichende örtliche Lage (wesentlich ist z.B. eine andere Strandentfernung)	5-15 %
Abweichende Art der Unterbringung (z.B. Bungalow statt Hotel, andere Etage)	5-10 %
Abweichende Art des Zimmers, nämlich	
- Doppelzimmer statt Einzelzimmer	20 % **
- Dreibettzimmer statt Einzelzimmer	25 % **
- Dreibettzimmer statt Doppelzimmer	20-25 % **
- Vierbettzimmer statt Doppelzimmer	20-30 % **
Mangelhafte Ausstattung des Zimmers, nämlich	
- zu kleine Grundfläche	5-10 %
- fehlender Balkon (je nach Jahreszeit)	5-10 %
- fehlender Meeresblick	5-10 %
- fehlendes eigenes Bad/WC	5-25 %
- fehlendes eigenes WC	15 %
- fehlende eigene Dusche	10 %
- fehlende Klimaanlage (je nach Jahreszeit)	10-20 %
- fehlendes Radio/TV	5 %
- zu geringes Mobiliar	5-15 %
- Schäden am Zimmer (Risse, Feuchtigkeit, Zugluft)	10-50%
Ausfall von Versorgungseinrichtungen, nämlich von	
- Toilette	15 %
- Bad/Warmwasserboiler	15 %
- Stromausfall/Gasausfall	10-20 %
- Wasserversorgung	10 %
- Klimaanlage (je nach Jahreszeit)	10-20 %
- Fahrstuhl (je nach Stockwerk)	5-10 %

Mangelhafter Service in der Unterkunft, nämlich	
- vollständiger Serviceausfall	25 %
- schlechte Reinigung	10-20 %
- ungenügender Wäschewechsel (Bettwäsche, Handtücher)	5-10 %
Andere Beeinträchtigungen, nämlich	
- erheblicher Lärm am Tage	5-25 %
- erheblicher Lärm in der Nacht	10-40 %
- Geruchsbelästigungen (Küche, Kläranlage)	5-15 %
- Ungeziefer im Zimmer	10-50 %

Wenn die Verpflegung nicht in Ordnung ist

Vollkommener Ausfall der Verpflegung	50 %
Eintöniger Speiseplan	5 %
Nicht ausreichend warme Speisen	10 %
Verdorbene, ungenießbare Speisen	20-30 %
Selbstbedienungsrestaurant statt Kellnerservice	0-15 %
Erhebliche Wartezeiten	5-15 %
Essenausgabe im Schichtbetrieb	10 %
Verschmutzte Tische	5-10 %
Verschmutztes Geschirr und Besteck	10-15 %
Fehlende Klimaanlage im Speisesaal (je nach Jahreszeit)	5-10 %

Wenn andere Mängel vorliegen oder Zusagen nicht eingehalten wurden

Fehlender oder verschmutzter Swimmingpool	10-20 %
Fehlendes Hallenbad	
- bei vorhandenem Swimmingpool	10 %
- bei nicht vorhandenem Swimmingpool	20 %
Fehlende Sauna	5 %
Fehlender Tennisplatz	5-10 %
Fehlende Minigolfanlage	3-5 %
Fehlende Segelschule, Surfschule, Tauchschule	5-10 %
Fehlende Reitmöglichkeit	5-10 %
Fehlende Kinderbetreuung	5-10 %
Baden im Meer ist unmöglich (bei entsprechender Prospektangabe)	10-20 %
Verschmutzter Strand	10-20 %
Fehlende Strandliegen, Sonnenschirme	5-10 %
Fehlende Snack- oder Strandbarmax.	5 %
Fehlender FKK-Strand	10-20 %
Fehlendes Restaurant oder fehlender Supermarkt	
- bei Hotelverpflegungmax.	5 %
- bei Selbstverpflegung	10-20 %
Fehlende Vergnügungseinrichtungen (Disco, Nightclub, Kino, Animation)	5-15 %
Fehlende Boutique oder Ladenstraßemax.	5 %
Ausfall von Landausflügen bei Kreuzfahrten	20-30 %

Fehlende Reiseleitung

- nur im Hinblick auf die Organisationmax. 5 %
- bei Besichtigungsreisen 10-20 %
- bei Studienreisen mit wissenschaftlicher Führung 20-30 %

Zeitverlust durch notwendigen Umzug anteiliger Reisepreis

- innerhalb desselben Hotels für $^1/_2$ Tag
- in ein anderes Hotel für 1 Tag

* des anteiligen Reisepreises für einen für jede weitere Stunde der Verzögerung. Beispiel: Reisepreis 2000 Mark, Reisedauer 10 Tage, anteiliger Reisepreis pro Tag 200 Mark – ab der 4. Stunde gibt's pro weitere Stunde also 10,- Mark (5% von 200 Mark).

** entscheidend ist, ob man mit fremden Reisenden zusammengelegt wird oder z.B. mit den eigenen Kindern oder Freunden, mit denen man auch zusammen gebucht hat – dann evtl. geringere Sätze.

Wie Sie Ihre Rechte durchsetzen können

Normalerweise ist es ziemlich einfach, sich im Alltagsleben zu beschweren und dafür zu sorgen, daß man Gehör findet. Mancher Zeitgenosse betritt dazu einfach forschen Schrittes und mit lautem Türenschlagen den Raum und schlägt einfach mit der Faust auf den Tisch und poltert los ...

So geht's natürlich auch – aber im Reiserecht und von den Gerichten werden ganz bestimmte Verhaltensweisen verlangt, andere sind dagegen verboten oder können zu schweren Nachteilen führen. Deshalb die wichtigsten Punkte in der zeitlich richtigen Reihenfolge:

- Der Veranstalter muß informiert werden

Völlig falsch wäre es, sofort auf eigene Faust etwas zu unternehmen – und sei der Mangel noch so gravierend. Dieses Verhalten kann dazu führen, daß man alle Ansprüche schlagartig verliert. Man darf sich auch nicht damit entschuldigen, ein Verantwortlicher wäre nicht aufzutreiben gewesen oder das Büro hätte geschlossen gehabt. Ebenso sinnlos ist das Argument, man hätte abreisen müssen, weil es ja keine Sprechstunde gab, wo man den Reiseleiter hätte erreichen können.

In solchen Fällen bitten Sie das Hotelpersonal um Hilfe und bringen dort die Mängelrüge vor. Eventuell läßt sich auch telefonisch (Kosten werden Ihnen erstattet) die Zentrale der Reiseleitung erreichen. Am allerbesten ist es jedoch immer, die Zentrale des Veranstalters zu Hause telefonisch oder per Fax zu informieren.

SIEHE MUSTER: REKLAMATION BEI DER REISELEITUNG

Gerichte verlangen, daß Mängel in deutlicher Form gerügt werden – es darf sich nicht nur um eine allgemeine Beschwerde handeln. Schon deshalb sollte nicht die mündliche, sondern eine schriftliche Beschwerdeform gewählt werden.

- Sie müssen schnell handeln

Normalerweise kann eine Minderung des Reisepreises erst ab dem Zeitpunkt verlangt werden, zu dem der Veranstalter Kenntnis davon bekommt. Im Klartext: erst ab dem Augenblick, in dem Sie Ihre Mängelrüge vortragen. Je schneller Sie das tun, desto größer sind also Ihre Ansprüche. Zu Ihrer eigenen Sicherheit sollten Mängel dokumentiert werden – durch Fotos oder Zeugenaussagen.

SIEHE MUSTER: MÄNGELPROTOKOLL

• Vier Wochen nach dem Urlaubsende müssen Sie schreiben

Spätestens vier Wochen nach dem Urlaubsende müssen Rückforderungsansprüche an den Reiseveranstalter angemeldet werden.

SIEHE MUSTER: FORDERUNG EINER PREISMINDERUNG

Grundlage Ihrer Forderungen sollte dabei immer die Frankfurter Tabelle sein. Wie immer haben Sie Anspruch auf die Rückzahlung eines entsprechenden Geldbetrages – ein Gutschein, der bei der nächsten Reise verrechnet werden soll, muß nicht akzeptiert werden.

Typische Beispiele für Reisеärger:

- **Flugverspätung/Reiseverschiebung: Erst sind Flugzeug oder Bus kaputt, sollen repariert werden – dann muß ein Ersatzteil besorgt werden. Schließlich wird man auf den nächsten Tag vertröstet.**

Sie können als Pauschalurlauber Essen und Getränke verlangen, die sie in der gleichen Zeit ja auch im Flugzeug oder Hotel bekommen, wenn Verpflegung mit gebucht ist. Das ist keine Nettigkeit vom Veranstalter – sondern seine Pflicht. Hinnehmen muß man jedoch Verspätungen bis zu vier Stunden. Erst danach gibt's für jede weitere Stunde Geld: Fünf Prozent des Tages-Reisepreises. Beispiel: Reisepreis 2000 Mark, Reisedauer 10 Tage, anteiliger Reisepreis pro Tag 200 Mark – ab der 4. Stunde gibt's pro weitere Stunde also 10,- Mark (5% von 200 Mark). Die Wahl der Fluglinie behält sich fast immer der Veranstalter vor (Kataloghinweis), man muß auch mit alten Jets fliegen.

- **Hotel überbucht/andere Unterkunft: Es wurden mehr Betten verkauft, als vorhanden sind.**

Der Veranstalter muß Sie irgendwo unterbringen. Weicht der Standard des Ersatzhotels von dem ab, was Sie gebucht haben oder Ihnen zugesagt wurde, ist jede Abweichung (siehe Frankfurter Tabelle) ein Mangel. Wenn Sie in eine Bruchbude gesteckt werden, dürfen Sie sich selbst etwas Besseres suchen. Aber achten Sie darauf, daß es die gleiche Klasse wie das gebuchte Haus hat – sonst muß der Veranstalter die Mehrkosten für eine Luxusherberge nämlich nicht übernehmen.

- **Hotel entspricht nicht Beschreibung: Im Katalog, den man zum Vergleich immer mit auf die Reise nehmen sollte, klang alles ganz toll – in Wirklichkeit handelt es sich um eine Ruine oder eine Baustelle.**

Weisen Sie die Reiseleitung unverzüglich auf die Mängel hin. Wenn nicht für Abhilfe gesorgt werden kann, gibt es entweder für jede Mangelposition Geld zurück (Frankfurter Tabelle), wobei die Einzelpositionen addiert werden dürfen. Sie können aber auch verlangen, ein anderes Hotel mit den gebuchten Eigenschaften zugewiesen zu bekommen oder, wenn das nicht geht, selbst umziehen. Bei ganz schlimmen Mängeln, wenn nach Tabelle über 50 Prozent des Reisepreises zurückgefordert werden kann, gibt's zusätzlich noch „Schadenersatz" für vertane Urlaubszeit. Faustregel: Für jeden verdorbenen Tag muß der Veranstalter 100 Mark bezahlen (Richtwert des Landgerichts Frankfurt).

- **Hotelleistungen mangelhaft: Kaltes Essen, lange Wartezeiten, schlechter Zimmerservice usw. – es sind nur Kleinigkeiten, aber auch die nerven. Schließlich hat man mit seinem sauer verdienten Geld für einwandfreie Leistungen bezahlt.**

Lassen Sie sich nicht auf endlose Diskussionen mit dem Personal oder dem Hotelier ein. Sie haben bezahlt – und zwar beim Veranstalter. Also soll dessen Reiseleiter gefälligst dafür sorgen, daß Mängel abgestellt werden. Nicht bluffen lassen, wenn die Reiseleitung behauptet, andere hätten sich noch nicht beschwert – das ist kein Maßstab. Häufig heißt es auch: „Da müssen Sie im Hotel etwas sagen, die sind zuständig." Das ist Unfug. Die Verantwortung trägt das Reiseunternehmen.

- **Baulärm und -dreck direkt neben Hotel: Rund um das Hotel wird gebaggert, Planierraupen links, Preßlufthämmer rechts, Lärm und Staub von früh bis spät – aber niemand hat sie vorher gewarnt.**

Der Veranstalter muß wissen, daß ungestörter Urlaub hier gar nicht möglich ist – schließlich hat er seine Leute vor Ort. Wenn er die Kunden trotzdem ahnungslos anreisen läßt, handelt er arglistig, will also ganz bewußt eine Täuschung versuchen, muß in gravierenden Fällen eventuell sogar den vollen Reisepreis zurückzahlen und Schadenersatz leisten (LG Düsseldorf, 22 S 104/86). Wichtig: Fotos als Beweise machen! Aber: Bevor man sich auf einen Streit einläßt, den Katalog noch mal genau studieren. Eventuell waren doch versteckte Hinweise (siehe ganz links) auf rege Bautätigkeit vorhanden. In einem „neu erschlossenen Feriengebiet" z.B. muß man damit rechnen – und dann gibt es auch kein Geld zurück.

- **Reiseleitung unternimmt nichts gegen Mängel: Der Reiseleiter hat angeblich keine Zeit, er stellt sich einfach taub, kümmert sich nicht um die Beschwerde, vertröstet Sie auf später.**

Sie müssen den Reiseleitern nicht hinterherlaufen. Ein Hinweis genügt, dann müssen die sofort tätig werden (LG Frankfurt, 2/24 S 492/89). Tun sie's nicht oder lassen sie sich „unangemessen viel Zeit" (je schlimmer der Mangel, desto schneller muß es gehen), dürfen Urlauber sich selbst helfen – die Folgen hat immer der Veranstalter zu tragen. Aber: Dabei keine unnötigen Kosten verursachen. Der Kunde ist „zur Schadengeringhaltung verpflichtet". Es ist ein gefährlicher Irrtum, daß der Veranstalter alles bezahlen muß, wenn es Reisemängel gibt. Um der Reiseleitung Dampf zu machen: Sofort die Firmenzentrale in Deutschland informieren – das Geld fürs Telefonat muß Ihnen in jedem Fall erstattet werden.

Schadenersatz für Urlauber: 100 Mark pro Tag

Weil kaum jemand beliebig viele Urlaubstage zur Verfügung hat und die arbeitsfreie Zeit auch deshalb einen besonderen Wert hat, können verärgerte Reisende zusätzlich zur Preisminderung auch Schadenersatz verlangen. Die Gewährung von Schadenersatz ist zwar abhängig von Reisemängeln und richtet sich deshalb indirekt auch nach der Preisminderung. Beim Schadenersatz handelt es sich aber trotzdem um einen eigenständigen und zusätzlich zur Preisminderung bestehenden Anspruch.

Wann Schadenersatz gezahlt werden muß

Grundsätzlich kann man Ersatz für alle Schäden verlangen, die durch das Verschulden eines anderen entstanden sind. Hier bringt das neue Reiserecht sogar eine deutliche

Verbesserung gegenüber den alten Regelungen: Denn nun ist endlich klargestellt (Art. 5 II der Richtlinie 50/314/EWG), daß der Veranstalter oder seine Vertragspartner (Leistungsträger) immer schadenersatzpflichtig sind, wenn ein Reisemangel vorliegt. Es sei denn, der Veranstalter bzw. seine Partner können ihre Unschuld nachweisen. Damit ist jetzt eine von den Gerichten seit langem verlangte Beweislastumkehr zugunsten der Verbraucher eingeführt worden.

Bisher mußte der Reisende dem Veranstalter das Verschulden eines Schadens nachweisen – nun muß der Veranstalter seine Unschuld unter Beweis stellen.

In erster Linie entsteht ein Anspruch auf Entschädigung durch den Veranstalter, wenn der mit dem Urlaub beabsichtigte Zweck nicht erfüllt wurde. Aber es gibt noch weitere Ansätze. Folgende Forderungen müssen unterschieden werden:

Schadenersatz für entgangene Urlaubsfreude:

Wenn Reisemängel so schwerwiegend sind, daß die Reise zumindest „erheblich beeinträchtigt" war, haben die Ferien für den Urlauber praktisch keinen Wert – er hat seine freien Tage verplempert oder, im Juristendeutsch, „nutzlos vertan". Als erhebliche Beeinträchtigung gelten in diesem Zusammenhang Mängel, die (auch addiert) zu einer Preisminderung von 50 und mehr Prozent berechtigen.

Schadenersatz wegen Nichterfüllung:

Der Veranstalter ist zu bestimmten Leistungen verpflichtet, etwa zur rechtzeitigen Herausgabe der Tickets oder zum Hinweis auf eine etwaige Visumpflicht. Geschieht das z.B. durch fahrlässiges Verhalten (und ohne Verschulden des Urlaubers) nicht oder zu spät, so daß ein Charterjet nicht mehr erreichbar ist oder die Urlauber mangels Visum nicht einsteigen dürfen, ist der Veranstalter zum Ersatz der Mehrkosten (z.B. Linienflug, Sondertransfer) verpflichtet.

Schadenersatz für Folgekosten:

Weil der Veranstalter nicht nur für eigenes Verschulden haften muß, sondern auch für die Fehler seiner Partner (Leistungsträger) eintreten muß, lassen sich bei einer Vielzahl von Personen-, Sach- und Vermögensschäden Ansprüche geltend machen. Der Veranstalter muß seinen Kopf hinhalten, ob Zimmer und Hotels so schlecht gesichert sind, daß Diebe leichtes Spiel haben, ob Kleidungsstücke in einer Hotelwäscherei beschädigt werden oder ob ein Urlauber durch ein von der Schiffsbesatzung falsch befestigtes und reißendes Tau verletzt wird.

Kapitel 17

Besondere Tücken bei Werkverträgen: Handwerker & Co

Bei Reparaturaufträgen und Handwerkerleistungen ist Erfolg geschuldet – ganz gleich, welchen Inhalt dieser Auftrag hat, ob Sie sich Ihren Schuh neu besohlen oder ein Haus bauen lassen.
Das heißt:

- Wenn ich einen Werkunternehmer beauftrage, den Hof zu fegen, muß der Hof hinterher sauber sein (Werkvertrag).

Der Unterschied zum Dienstvertrag besteht darin, daß bei einem Dienstvertrag ein Erfolg nicht zugesagt wird. Im Klartext:

- Ein Dienstvertrag ist es, wenn der Hof nur gefegt werden soll, hinterher aber nicht sauber sein muß.

Bei Dienstverträgen handelt es sich deshalb um Anstellungsverhältnisse oder um komplizierte Aufträge, bei denen nicht klar feststeht, ob die Sache erfolgreich abgeschlossen werden kann. Bei der Führerschein-Ausbildung zum Beispiel kann die Fahrschule nicht garantieren, daß der Schüler die Prüfung auch tatsächlich besteht, weil das ja nicht nur von ihren eigenen Bemühungen, sondern auch genauso von der Mitarbeit des Fahrschülers abhängt. Der unbekannte und unbeeinflußbare Faktor ist für den Unternehmer zu hoch.
Ganz anders kalkulierbar ist das unternehmerische Risiko dagegen beim Austauschen eines tropfenden Wasserhahnes. Hier sind alle Faktoren vom anbietenden Handwerker überschau- und beherrschbar. Folglich ist eine solche Auftragserteilung als Werkvertrag einzustufen. Der Verbraucher kann verlangen, daß der Wasserhahn hinterher nicht mehr tropft.

Reparaturen gegen Barzahlung: das Werkunternehmerpfandrecht

Derjenige, der repariert oder eine Werkleistung erbringt, hat ein sogenanntes Werkunternehmerpfandrecht. Das bedeutet, daß er die Herausgabe der Sache solange verweigern darf, bis seine angemessene Rechnung bezahlt ist.
Für den Reparierenden ist das eine verdammt gute Sache. Denn solange der Auftraggeber seine Sache wiederhaben will, kommt dieser auf ihn zu und die Werkstatt muß ihrem Geld nicht hinterherlaufen.
Für denjenigen, der den Auftrag erteilt hat, ist dieses Werkunternehmerpfandrecht allerdings ärgerlich, weil er z.B. sein Auto oder seinen Staubsauger erst dann herausbekommt, wenn er die Forderung des Werkunternehmers voll beglichen hat.

Reparaturen ohne Auftrag, Preisüberschreitung

Davor können Sie sich schützen, indem Sie auf das Reparaturformular, das sie bei der Auftragserteilung zu unterzeichnen haben eine möglichst genaue Beschreibung der auszuführenden Arbeiten setzen. Zusätzlich sollten Sie noch eine Anweisung erteilen: *„Bei Reparaturkosten von mehr als DM ... muß zuvor die Zustimmung des Auftraggebers eingeholt werden."*
Das hat den Vorteil, daß die Werkstatt nicht hemmungslos Kosten produzieren wird. In einem Rechtsstreit wird dadurch die Beweislast für die Reparaturerlaubnis über einen summenmäßig begrenzten Rahmen hinaus zum Nachteil der Reparaturwerkstatt verlagert.

Lassen Sie sich grundsätzlich eine Kopie des von Ihnen unterzeichneten Auftrages aushändigen. Dies ist ein wichtiges Beweismittel für Sie, wenn vereinbarte Summen oder der abgesprochene Arbeitsumfang überschritten werden.

Nach dem Gesetz sind Kostenvoranschläge unverbindlich. Aber: Die laufende Rechtsprechung erlaubt keine Überschreitungen um mehr als 15 Prozent. Am besten in den Auftrag immer den Vermerk „Angebot wird Festpreis" schreiben. Der muß eingehalten werden – auch wenn die Geschäftsbedingungen nachträgliche Preissteigerungen kleingedruckt erlauben (Urteil des OLG Köln, Aktenzeichen 19 U 216/93).

Schutz vor Fallen im Kleingedruckten

Größere Arbeiten werden fast immer auf der Basis eines schriftlichen Angebots abgewickelt – Reparaturen ebenso wie Bauleistungen. Dort aber lauern wieder die Tücken der Geschäftsbedingungen. Und die sollten weitestgehend ausgeschlossen werden.

SIEHE MUSTER: ZUSATZVEREINBARUNGEN FÜR WERKVERTRÄGE

Mit einer solchen Ergänzung sind Sie vor allen möglicherweise im Angebot oder den Geschäftsbedingungen versteckten Fallen sicher (siehe auch Hinweise zu ungültigen Klauseln im Kapitel über Allgemeine Geschäftsbedingungen).

Beispiele und Lösungen für typische Probleme bei Werkverträgen

Beim Verzicht auf eine Rechnung

Der Preisvorteil ist für viele der größte Anreiz, Aufträge für Schwarzarbeit zu vergeben. Oft läßt sich mehr als die Hälfte des sonst fälligen Rechnungsbetrages sparen. Das wird von vielen sogar dann als Vorteil gesehen, wenn man eine Rechnung bei der Steuer absetzen könnte: Die Hälfte der Ausgaben bekommt man vom Finanzamt fast nie zurück.
Aber: Ohne Rechnung gibt's keine Garantie. Nur wer getäuscht wird, nichts von der Schwarzarbeit weiß, kann Schadenersatz für schlechte Arbeit verlangen (Urteil des

Bundesgerichtshofs, Aktenzeichen VII ZR 183/80). Einzige Chance: Wird die Pfuscharbeit früh genug entdeckt, kann der Auftraggeber Geld einbehalten.

Bei Nichteinhalten einer festen Terminzusage

Diese Situation hat fast jeder schon erlebt, man sitzt zu Hause und wartet, wartet, wartet, obwohl der Handwerker den Termin bestätigt hatte. Und dann bekommt man eine laue Entschuldigung zu hören: „Wir hatten eine Notreparatur, es tut uns leid, das Sie extra Urlaub genommen haben."

Damit aber sollte man sich nicht abspeisen lassen. Zunächst einmal muß niemand länger als eine Stunde auf den Handwerker warten. Kommt er später dennoch und steht vor verschlossener Tür, ist es sein persönliches Pech.

Wer extra einen Urlaubstag genommen hat oder wegen der vergeblichen Wartezeit und des verspäteten Erscheinens am Arbeitsplatz Gehaltsabzug bekommt, hat Anspruch auf Schadenersatz vom Handwerker. Schließlich berechnet der Handwerker auch alle Anfahrt- und Ausfallzeiten.

SIEHE MUSTER: SCHADENERSATZFORDERUNG WEGEN VERTANER WARTEZEIT

Bei nicht beendeter Arbeit, überschrittenem Fertigstellungstermin

In den meisten Fällen wird versäumt, klare Termine und Fristen zu setzen. Für die Firma ist das ein wunderbarer Zustand. Und so kommt es dann vor, daß Arbeiten zwar begonnen werden, man auf die Fertigstellung aber wochenlang warten muß. Wer dann telefonisch protestiert, wird gern mal mit Ausreden abgespeist: „Bei uns sind zu viele Leute krank – da müssen Sie schon noch etwas Geduld haben."

Darauf sollte man sich natürlich nicht einlassen – deshalb sind auch Telefongespräche unsinnig. Auch ist es gefährlich, einfach eine andere Firma zu beauftragen, weil man noch an den ersten Auftrag mit dem Bummel-Handwerker gebunden ist. Das einzig richtige Verhalten ist, den Handwerker in Verzug zu setzen, und zwar schriftlich.

SIEHE MUSTER: ABMAHNUNG DER FERTIGSTELLUNG

Der Firma wird ein Termin gesetzt, bis zu dem weitergemacht oder die Arbeit abgeschlossen werden muß. Gleichzeitig wird angedroht, sonst eine andere Firma zu beauftragen. Bevor dies geschieht, sollte die Firma davon in Kenntnis gesetzt werden, daß man nunmehr auf ihre Leistungen verzichtet.

SIEHE MUSTER: ABLEHNUNG VON LEISTUNGEN

Parallel dazu kann bereits ein anderes Unternehmen beauftragt werden. Achten Sie aber darauf, daß tatsächlich nur die bei der ersten Firma in Auftrag gegebenen Arbeiten von der neuen Firma übernommen oder fortgesetzt werden. Sonst kann es später problematisch werden, die Mehrkosten wirklich erstattet zu bekommen.

SIEHE MUSTER: ERSATZFORDERUNG

Im Normalfall und bei Beachtung dieser Reihenfolge ist es jedoch kein Problem, die zusätzlichen Kosten von der Firma erstattet zu bekommen, sie notfalls erfolgreich einklagen zu können.

Bei Schäden während der Arbeitsausführung

Es sind schon Autos in Werkstätten verbrannt, weil Schweißarbeiten fehlerhaft ausgeführt wurden. Und jedem ist klar, daß dafür die Versicherung der Werkstatt einspringt. Anders sieht es bei den kleinen Patzern aus, die zum Beispiel einem Installa-

teur unterlaufen können, wenn er im Badezimmer etwas zu reparieren hat und dabei einen Schaden anrichtet. Auf keinen Fall sollte man sich dann mit einer Ausrede abspeisen lassen.
„Tut mir leid, aber das kann schon mal passieren – ist doch nicht so schlimm" – damit ist die Sache für Sie nicht erledigt, denn auch der Handwerker ist versichert, hat dafür eine Betriebshaftpflicht-Versicherung. Der Mann muß also nicht mal in die eigene Tasche greifen. Holen Sie also einen Zeugen hinzu, machen Sie Fotos oder schreiben Sie schnell ein kurzes Protokoll (was ist wann, wo und wie passiert), das Sie sich vom Handwerker unterzeichnen lassen.

SIEHE MUSTER: SCHADENPROTOKOLL

Bei schlechter Arbeitsausführung

Manchmal ist es für einen Laien gar nicht so leicht zu erkennen, ob wirklich Pfuscharbeit abgeliefert wurde oder nicht. Bei einem tropfenden Wasserhahn kann man's noch beurteilen – aber was ist, wenn ein schiefes Rohr, ungleichmäßige Fugen zwischen den frisch verlegten Fliesen zum Ärgernis werden?
Im Handwerk ist jeder Handschlag durch Normen, Vorschriften oder die „anerkannten Regeln der Baukunst" bestimmt. Wer Zweifel hat, ob sein „Experte" die Regeln kennt, sollte die Abnahme der Arbeit verweigern.

SIEHE MUSTER: ABNAHMEVERWEIGERUNG

Darin wird auch angekündigt, daß bis zur Klärung der Angelegenheit kein Geld bezahlt wird. Zugleich sollten Sie sich an die zuständige Handwerkskammer wenden, um die Angelegenheit klären zu lassen. Auch die Verbraucherorganisationen können helfen, vermitteln Schiedsstellen und Gutachter.

Beim Auftreten von Mängeln

Auch bei Reparaturen gilt die gesetzliche Gewährleistung. Auf jede Arbeit und jedes Ersatzteil gibt's eine Garantie zwischen sechs Monaten (im Normalfall) und fünf Jahren (für Bauwerke). Aber in diesem Bereich kann natürlich nicht nach der Methode „Ware gegen Geld" alles rückabgewickelt werden. Schließlich ist es vorrangiges Interesse, daß die Sache funktioniert. Deshalb muß zunächst einmal das beauftragte Unternehmen aufgefordert werden, seiner Gewährleistungspflicht nachzukommen.

SIEHE MUSTER: NACHBESSERUNGSAUFFORDERUNG

Nun steckt der Teufel erstens im Detail und zweitens ist es so, daß wenn irgendwo erst mal der Wurm drinsteckt, er meist auch nicht wieder herauszubekommen ist. Es kann also passieren, daß trotz Nachbesserung der gewünschte Erfolg ausbleibt. Dann sollte das Unternehmen ein zweites Mal zur Nachbesserung aufgefordert werden – aber damit hat es sich dann auch.
Bleibt auch der zweite Nachbesserungsversuch ergebnislos, muß man sich nicht auf weitere Übungen des Unternehmens einlassen. Statt dessen wird auf die nach wie vor bestehenden Mängel hingewiesen, Leistungen zugleich abgelehnt und die Inanspruchnahme eines anderen Unternehmens angekündigt.

SIEHE MUSTER: ABLEHNUNG VON NACHBESSERUNGSLEISTUNGEN

Sie beauftragen eine andere Firma und fordern die Kosten von dem Unternehmen zurück, das seiner Gewährleistungspflicht nicht nachkommen wollte oder konnte.

SIEHE MUSTER: KOSTENERSTATTUNG

Kapitel 18

Besondere Tücken bei Dienstverträgen und anderen Alltagsgeschäften

Manchmal merken wir es gar nicht, wenn wir im Alltag einen Vertrag abschließen. Dabei beginnen unsere alltäglichen Vertragsabschlüsse oft schon mit dem Kauf der morgendlichen Zeitung. Die wichtigsten, klar einzustufenden und für uns als Verbraucher mit den meisten Tücken verbundenen Verträge haben wir in Einzelkapiteln zusammengefaßt.
Aber darüber hinaus gibt es eine Reihe von Verträgen, bei denen auf den ersten Blick gar nicht erkennbar ist, um welche Vertragsart es sich dabei handelt.

Manchmal sind sogar die Gerichte unterschiedlicher Auffassung darüber, wie einzelne Verträge einzustufen sind.

Ein Beispiel dafür sind Fitneßverträge, die mal als Dienstverträge eingestuft, mal unter dem Mietvertragsrecht beurteilt werden (wegen der Nutzung von Raum und Maschinen). Und wer kommt schon darauf, daß sich sein Vertrag über das Zeitungs- oder Zeitschriftenabonnement auch nach den Vorschriften des Verbraucherkreditgesetzes zu richten hat. Damit es Ihnen egal sein kann, wo und wie die Juristen solche Verträge beurteilen, haben wir in diesem Kapitel alle „Zwitterverträge" zusammengefaßt, die in unserem Alltag eine Bedeutung haben können. Soweit es sich um Dienstverträge handelt, können übrigens zahlreiche Vertragsklauseln ungültig sein – im Kapitel über Allgemeine Geschäftsbedingungen gehen wir darauf detailliert ein.

Der Abonnementvertrag

In den meisten Fällen werden Zeitungen und Zeitschriften über einen längeren Zeitraum bestellt, die Belieferung verlängert sich automatisch (meist um denselben Zeitraum), wenn nicht bis zum vereinbarten Kündigungstermin eine Abbestellung veranlaßt wird.

SIEHE MUSTER: ABONNEMENT-KÜNDIGUNG

Ein außerordentliches Kündigungsrecht kann – auch wenn Allgemeine Geschäftsbedingungen dies auszuschließen versuchen – in jedem Fall wahrgenommen werden. Nämlich dann, wenn der andere seinen Vertragspflichten nicht nachkommt und es bei der Belieferung Probleme gibt, zum Beispiel durch einen unzuverlässigen Zusteller.
> siehe Muster: Fristlose Abonnement-Kündigung

Im Normalfall aber wird man damit nicht so einfach durchkommen. Denn womöglich weiß die Vertriebsleitung des Blattes gar nichts von den Problemen. Es müßte also zunächst eine Abmahnung geschrieben werden mit der Androhung, daß der Vertrag bei weiteren Belieferungsproblemen gekündigt wird.

SIEHE MUSTER: ABMAHNUNG ZUM ABONNEMENTVERTRAG

Der Anwalts- oder Notarvertrag

Natürlich hängt es nicht nur vom Anwalt ab, ob ein Prozeß gewonnen oder verloren wird. Aber auch Anwälte machen Fehler. Und gegen solche Fehler sind Sie versichert. Manchmal bekommt man Hinweise auf Fehler des eigenen Anwalts im Gerichtssaal. Wenn der Richter den Anwalt darauf hinweist, er habe dieses oder jenes versäumt oder nicht bedacht und deshalb müsse nun so entschieden werden.

Aber auch dem eigenen Verdacht, der Anwalt könne eine Pfeife sein, läßt sich relativ leicht nachgehen. Dazu muß nur die Anwaltskammer eingeschaltet werden, die dann eine Überprüfung des Falls vornimmt.

SIEHE MUSTER: ANWALTSKAMMER-ANFRAGE

Stellt sich dabei heraus, daß der Jurist tatsächlich Unterlagen verbummelt, Fristen versäumt und keine Ahnung von der ständigen Rechtsprechung hat, macht es Sinn, und seine Haftpflichtversicherung muß den Ihnen entstandenen Schaden ersetzen. Aber wie gesagt: Es wäre albern, die Kammer nur einzuschalten, weil man mit dem Ausgang eines Prozesses nicht einverstanden ist, sich aber keine Hinweise auf ein Verschulden des Anwalts ergeben.

Auch Notare müssen es sich gefallenlassen, daß man Ihnen kritisch auf die Finger schaut.

Kaum ein Monat, in dem nicht Oberlandesgerichte oder der Bundesgerichtshof über Fehler von Notaren entscheiden müssen. Dabei geht es um mangelnde Sorgfalt (z.B. versäumte Fristen), oft aber auch um Schadenersatzansprüche, weil der Notar nur die aus dem Computer herausgesuchten Standardformulare verwendet, vorgelesen und als Honorar für die halbstündige Arbeit ein paar Tausender kassiert hat – dabei aber ganz vergaß, den Beteiligten die Inhalte der Vereinbarung zu erklären und sie auf Tücken und Risiken hinzuweisen. Das können zum Beispiel nachträgliche Kosten bei einem Grundstückskauf sein, auf deren Risiko der Notar hinzuweisen vergaß. In solchen und ähnlichen Fällen sollte immer die Notarkammer eingeschaltet werden.

SIEHE MUSTER: NOTARKAMMER-ANFRAGE

Weitere wichtige Hinweise zum Umgang mit Anwälten und Notaren finden sich im Schlußkapitel dieses Buches.

Der Arzt- oder Behandlungsvertrag

Fast automatisch handelt es sich dabei um einen Dienstvertrag. Denn ein Erfolg kann nicht garantiert werden. Eine Ausnahme wäre allenfalls der Vertrag über die Herstellung von künstlichem Zahnersatz. Aber außer dem bürgerlichen Recht können hier

noch andere Faktoren hereinspielen, nämlich das Strafrecht. Und so ein Straftatdelikt kann sich ganz nebenbei einschleichen.
Hat Ihr Arzt nicht auch schon mal den lockeren Spruch „das haben wir gleich, davon merken Sie gar nichts" gebracht – und dann tat's doch so weh', daß Sie fast an die Decke gegangen wären? Dann haben Sie erstens Ärzte-Pfusch schon einmal selbst erfahren – und sind zweitens Opfer einer Straftat geworden. Denn Pfusch muß nicht gleich die bei der Operation im Bauch vergessene Schere sein. Pfusch fängt schon bei Kleinigkeiten an.

Die wichtigste Pflicht des Arztes ist es, seinen Patienten umfassend zu informieren und über Risiken aufzuklären.

Gegen diese Pflicht verstößt der Doktor bereits, wenn sich sein Spruch „Sie merken gar nichts" als Schwindel erweist. Und die Straftat besteht darin, daß eine nicht genehmigte Behandlung eine Körperverletzung darstellt – eine Behandlung mit Schmerzen aber konnten Sie nicht rechtswirksam genehmigen, denn von Schmerzen hatte der Doktor nichts gesagt...
Grundsätzlich gilt: Vor jeder Behandlung muß der Patient auf alle Chancen, Risiken und auch auf mögliche Komplikationen hingewiesen werden können. So umfassend, daß er sich selbst ein Urteil bilden kann, ob er die Behandlung will. Nur er hat zu entscheiden, was mit seinem Körper geschehen soll (Bundesgerichtshof, Aktenzeichen VI ZR 178/93).

Kunstfehler der Ärzte – so setzen Sie Ihr Recht durch

Ein Arzt, der falsch oder so oberflächlich aufklärt, daß der Patient gar nicht objektiv entscheiden kann, macht sich der Körperverletzung schuldig. Seine Handlungen werden so angesehen, als hätte der Betroffenen sie gar nicht erlaubt.
Wer wegen falscher Behandlung (geschätzte Fälle in Deutschland pro Jahr: 100 000, aktenkundig 30 000) gegen den Arzt vorgehen will, sollte deshalb hier den Hebel ansetzen.

Bei allen ärztlichen Kunstfehlern kommt man am schnellsten mit dem Vorwurf der unterlassenen Aufklärung weiter.

Während nämlich ärztliche Fehler ansonsten mühsam bewiesen werden müssen, dreht sich jetzt der Spieß um: Der Arzt muß nachweisen, daß er seinem Patienten alle Risiken ausführlich erläutert hat.
Wer Ansprüche geltend machen will, muß seine Behandlungsakten kennen und die Verjährungsfrist beachten. Grundsätzlich hat jeder Patient das Recht, alle Unterlagen über seine Behandlung einzusehen. Und davon sollte beim Verdacht auf Pfusch schnell Gebrauch gemacht werden. Denn spätestens drei Jahre nach dem Auftreten eines Schadens muß die Schmerzensgeld-Klage erhoben werden. Sonst setzt Verjährung ein. Schadenersatz dagegen kann auch später noch verlangt werden (Verjährungsfrist: 30 Jahre). Stirbt der Patient vorher, gehen seine Ansprüche auf die Erben über.
Ohne Hilfe von Beratungsstellen (Krankenkassen nennen Anschriften) und Anwälten wird es jedoch schwer, Recht zu bekommen. Das fängt schon mit dem beliebten Spiel

an, daß keiner zuständig sein will. Die Verantwortung wird von einem Arzt auf den anderen abgeschoben, zwischen Arzt und Krankenhausträger (Stadt, Land, Kirche) hin und her gespielt. Deshalb sollte nach Möglichkeit Unterstützung in Anspruch genommen werden.

Wie Patienten bei Kunstfehlern vorgehen können

Der Verdacht auf einen Kunstfehler liegt nahe, wenn einer (!) der folgenden Punkte erfüllt ist:

- Bei Ihnen lief alles anders (schlechter), als man es sonst hört, die Behandlung ebenso wie der Heilungsprozeß – dann könnte gegen anerkannte medizinische Behandlungsweisen verstoßen worden sein.
- Es traten während der Behandlung Umstände ein, die auch ein Laie als Fehler oder Unfall einstufen kann (z.B. Zunge bleibt nach Zahnziehen taub) – dann liegt der Verdacht auf einen Kunstfehler nahe.
- Es lief zwar alles (soweit erkennbar) normal, aber auf die unerwarteten Folgen der Behandlung hat Sie niemand vorher hingewiesen – dann könnte ein Verstoß gegen die Aufklärungspflicht vorliegen.

Hilfe von einer Schlichtungsstelle

Hiervon muß abgeraten werden, denn dem Patienten wird die volle Beweislast für seine Vorwürfe aufgebürdet. Es handelt sich um parteiische Einrichtungen der Ärztekammern („Eine Krähe hackt der anderen …"). Kommt die Gutachterkommission der Ärzteschaft zu einem für den Patienten ungünstigen Ergebnis, sind die Chancen in einem eventuell folgenden Prozeß sehr schlecht, der Arzt verfügt dann sogar über Entlastungsmaterial.

Strafanzeige bei der Staatsanwaltschaft

Körperverletzung ist ein Delikt, daß auf Antrag verfolgt werden muß (!). Aber wie bei Wirtschaftsverbrechen sind die Behörden mit solchen Verfahren oft überfordert, es gibt nur in einigen Großstädten besonders auf solche Delikte spezialisierte Fach-Staatsanwaltschaften. Weil solche Verfahren besonders ehrverletzend für den Arzt sind, wird er alle Mittel zur Verteidigung einsetzen – für Sie hängt alles vom Staatsanwalt ab: schlechte Aussichten.

Hilfe von der Krankenkasse

Sie sollte zumindest informiert werden – aber wirkliche Hilfe ist meist nur zu erwarten, wenn der Kunstfehler weitere Behandlungskosten befürchten läßt. Dann hat die Kasse ein echtes Interesse an der Mitwirkung.

SIEHE MUSTER: KUNSTFEHLER-VERDACHT GEGENÜBER KRANKENKASSE

Der Versuch, sich hier Hilfe zu holen (Kassen haben einen eigenen medizinischen Dienst, Gutachter) lohnt in jedem Fall. Auch kann man sich hier Anschriften von Beratungsstellen oder Selbsthilfegruppen nennen lassen.

Hilfe von Selbsthilfegruppen oder Beratungsstellen

Überall im Bundesgebiet gibt es Selbsthilfegruppen von Betroffenen (z.B. Fehler bei der Geburtshilfe, in der Gynäkologie), die aus ihrer Erfahrung wertvolle Hilfe leisten, den eigenen Verdacht bestätigen und/oder auf versierte Anwälte hinweisen können. Außerdem gibt es einige vom Staat unterstützte Beratungsstellen und entsprechende Einrichtungen bei einigen Verbraucherzentralen.

SIEHE MUSTER: KUNSTFEHLER-VERDACHT GEGENÜBER BERATUNGSSTELLE

Behandlungsakten werden geprüft
Zehn Jahre lang müssen alle Aufzeichnungen über die Behandlung aufbewahrt werden. Alles muß (für andere Ärzte und den Patienten selbst) dokumentiert werden. Der Patient hat ein Recht auf Einsicht, muß aber eventuell Porto oder Kopien bezahlen. Auch als Angehöriger/Erbe eines verstorbenen Patienten können Sie die Einsichtnahme verlangen. In solchen Fällen kann auf eine entsprechende Entscheidung des Bundesgerichtshofs (Aktenzeichen VI ZR 80/94) hingewiesen werden.

SIEHE MUSTER: BEHANDLUNGSUNTERLAGEN-ANFORDERUNG

Ein Anwalt wird beauftragt
Er sollte Erfahrungen mit Medizinschäden haben (Empfehlung von Beratungsstelle), sollte zunächst nur mit der außergerichtlichen Prüfung (spart Kosten) beauftragt werden, kann Rechtsschutzversicherung, Krankenkasse oder den Staat (Prozeß-/Beratungskostenhilfe) anzapfen, um dem Patienten Kosten zu ersparen.

Anhaltspunkte für Schmerzensgeld-Forderungen

Die Übersicht nennt Beispiele für Zahlungen an Patienten – bei kleineren Summen sind häufig Zahnbehandlungen der Anlaß. Aber: Das Bild wird verzerrt, in „großen" Fällen gibt's oft keinen Prozeß mit Urteil, sondern einen außergerichtlichen Vergleich. (Abkürzungen: AG-Amtsgericht, LG-Landgericht, OLG Oberlandesgericht)

Betrag /DM	Grund der Zahlung/des Kunstfehlers	Gericht
800	Bauchschmerzen, stark und unnötig lange, weil kein Hausbesuch gemacht wurde	AG Jever
1 200	Weisheitszahn irrtümlich gezogen, Verwechslung mit gesundem Zahn	LG Traunstein
1 500	Zahnschmerzen, unnötig lange Behandlung durch falschen Einbau einer Brücke	LG Berlin
1 500	Backenzahn verloren und starke Schmerzen durch falsche Behandlung	OLG Köln
2 000	Backenzahn verloren durch falsche Brücke, halbes Jahr schmerzhafte Behandlung	AG Bonn
2 000	Zahnbrücke falsch konstruiert, dadurch Schmerzen und starke Kaubeschwerden	OLG München
2 500	Zahnfleisch-Entzündungen durch schlampig angepaßte Brücke, Verlust eines Zahnes	LG Frankfurt/M.
3 000	Entzündungen des Zahnfleisches und Unterkiefersdurch falsche Zahnbrücken	LG Dortmund
3 000	Eierstock-Entfernung ohne Zustimmung bei genehmigter Gebärmutter-Operation	OLG Hamm
4 000	Knieoperation am falschen Bein, Verwechslung durch grobe Fahrlässigkeit	LG Bremen
4 000	Fuß-Entzündung wegen falscher Operations-Nachbehandlung, 6 Mon. Schmerzen	OLG Düsseldorf
4 000	Erhebliche Narben an Brüsten und Oberarmen nach Brustverkleinerungs-Operation	OLG München

Betrag /DM	Grund der Zahlung/des Kunstfehlers	Gericht
4000	Kniegelenk-Entzündung nach Punktion mangelnde Hygiene (keine sterilen Handschuhe)	OLG Schleswig
5000	Zahnverlust (zwei) im Oberkiefer durch falsche Behandlung, 1 1/2 Jahre Schmerzen	OLG Köln
6000	Entzündung mit teilweiser Versteifung des rechten Zeigefingers durch Falschbehandlung	OLG Oldenburg
8000	Narben mit schlechter Heilung am Gesäß durch falsche Spritzen-Behandlung	OLG Hamm
8000	Hüftgelenk-Schmerz, neues Gelenk wegen fehlerhaftem Einsatz, ein Jahr Schmerzen	OLG Köln
10000	Entstellende Narben an den Brüsten durch fehlerhafte Operation zur Verkleinerung	OLG Bremen
10000	Erhebliche Entzündungen am Gesäß wegen mangelnder Desinfektion b. Spritzen	OLG Frankfurt/M.
15000	Leberentzündung (Hepatitis) durch mangelhaft desinfizierte Geräte (Klinik)	OLG München
20000	Sterilisation ohne Erlaubnis, Patientin (Ausländerin) konnte Arzt nicht verstehen	OLG Düsseldorf
20000	Knie dauerhaft geschädigt, starke Schmerzen, grobe Fehler bei einer Operation	OLG Hamm
20000	Brustentfernung (bei 32 j. Frau) ohne unbedingte medizinische Erfordernis	OLG Stuttgart
25000	Entstellende Narbe von Brust- bis Schambereich nach Blinddarm-OP (18 j. Frau)	OLG Bremen
50000	Entfernung beider Eierstöcke wg. falscher und zu später Diagnose (bei 26 j. Frau)	LG Hamburg
220000	Querschnittlähmung wg. Verzicht auf Untersuchung, deshalb Falschbehandlung	OLG Stuttgart
300000	Körperliche und geistige Behinderung, Fehler bei Geburt, Kind kann nicht sprechen, laufen	OLG Hamm

Der Bürgschaftsvertrag

Auch wenn es ein Verwandter ist oder der allerbeste Freund: Geben Sie nie für andere Personen eine Bürgschaft ab, auch wenn sie Ihnen noch so nahe stehen. Die Verträge sind so gestrickt, daß Sie bis an Ihr Lebensende zahlen müssen, wenn der andere es nicht mehr kann. Und der Bürge sieht oft nicht mal ganz genau, wofür er eigentlich mit wieviel Geld haftet. Wenn Sie anderen aus der Klemme helfen wollen, sollten Sie lieber einen Kredit aufnehmen und den anderen die Raten zahlen lassen (schriftlich vereinbaren). Das ist Ihnen zu riskant? Dann ganz die Finger weg! Verglichen mit so einem Kredit ist die Bürgschaft nämlich noch viel riskanter. Es gibt keine Möglichkeiten, die Bürgschaftserklärungen der Geldinstitute zu ändern – darauf läßt sich niemand ein. Allenfalls kann man nachweisen, daß verwendete Klauseln ungültig sind (siehe Kapitel über Allgemeine Geschäftsbedingungen).

Der Fitneßvertrag

Viele Verträge von Sportstudios oder Bodybuilding-Center wimmeln nur so von unzulässigen Klauseln – vermutlich, weil manche Betreiber zwar 100 000 Volt in den Oberarmmuskeln, aber einen Kurzschluß im Kopf haben (siehe auch Hinweise im Kapitel über Allgemeine Geschäftsbedingungen). Und vor allem eine Kündigung wird in vielen Verträgen nahezu ausgeschlossen – obwohl das gar nicht geht. Aber viele Kunden lassen sich durch die Klauseln bluffen. Und zahlen unnötig – manchmal jahrelang – die zum Teil horrenden Beiträge. Die folgende Übersicht nennt häufige Streitpunkte und deren juristische Bewertung:

- **Beitragszahlung trotz Betriebsferien:** Viele Studios schließen in der Hauptferienzeit. Trotzdem müssen weiter Beiträge gezahlt werden. Begründet wird das damit, daß bei längerfristigen Verträgen Rabatte eingeräumt werden, mit denen die Schließung des Studios während der Ferien abgegolten sein soll.

Aber: Auch wenn die Beitragspflicht während der Betriebsferien in den Geschäftsbedingungen oder im Vertrag geregelt ist – solche Vereinbarungen sind nach dem Gesetz (AGBG, § 11) ungültig. Lassen Sie sich also nicht dadurch bluffen, daß Sie eine solche Regel akzeptiert hätten.

Wenn die regelmäßige Zahlung auch für Monate verlangt wird, in denen das Studio geschlossen ist, können Beiträge anteilig gekürzt werden (OLG Stuttgart, 2 U 219/87, OLG Hamm, 17 U 165/90). Dabei spielt keine Rolle, wie lange die Betriebsferien dauern. Auch eine nur ein- oder zweiwöchige Schließung über Weihnachtstage berechtigt zur Beitragskürzung (OLG Frankfurt, 6 U 222/87). Unwichtig ist, ob das Studio wegen Betriebsferien oder „höherer Gewalt" (z.B. Brand-/Wasserschaden) vorübergehend geschlossen bleibt (OLG Hamm, 17 U 2/91).

- **Beitragszahlung trotz Krankheit:** Nach den meisten Verträgen müssen Beiträge auch während Krankheit gezahlt werden (bestätigt durch LG Darmstadt, 6 S 60/90). Aber: Ist der Vertrag bereits gekündigt, können Zahlungen eingestellt werden: Die Vertragsklausel „der Beitrag ist auch dann regelmäßig bis zum Ablauf des Vertrags weiter zu zahlen, wenn die Teilnehmerin die Einrichtungen des Studios nicht in Anspruch nimmt", ist nämlich unwirksam (OLG Düsseldorf, 6 U 276/90).

Aber: Damit nicht genutzte Trainingszeiten nach Ablauf des Vertrages beitragsfrei nachgeholt werden können, sollte das Fitneßstudio möglichst bald über die Erkrankung informiert werden. Wer das erst später nachholt, hat keinen Anspruch auf eine rückwirkende Gutschrift nicht genutzter Trainingszeit. Niemandem ist zuzumuten, bei unabsehbarer Krankheitsdauer unbegrenzt weiter Beiträge zu bezahlen – auch wenn dafür eine Zeitgutschrift gewährt wird. Das gleiche gilt, wenn nicht vorhersehbar ist, ob nach der Genesung überhaupt weiter Sport getrieben werden kann. In solchen Fällen sollte die Möglichkeit einer Kündigung (siehe dort) geprüft werden.

- **Keine Haftung für Unfälle, Verletzungen:** Bei selbstverschuldeten Unfällen muß das Fitneßstudio nicht haften (OLG Düsseldorf, 6 U 276/90). Meist ist es jedoch sehr schwer, die Schuldfrage zu klären. Durch Verträge oder Geschäftsbedingungen kann das Sportstudio seine Haftung nicht begrenzen. Die Klausel „das Sportzentrum haftet nur für Vorsatz und grobe Fahrlässigkeit" ist ungültig (OLG Stuttgart, 2 U 219/87). Auch eine Haftung bei leichter Fahrlässigkeit darf nicht ausgeschlossen werden (OLG Hamm, 17 U 165/90).

Aber: Auch Kleinigkeiten melden – sonst sind bei Folgeschäden keine Ansprüche durchzusetzen. Am besten eine schriftliche Unfallmeldung (Beweissicherung) vorlegen, gegenzeichnen lassen. Wird die Gegenzeichnung verweigert, Zeugen dafür unterschreiben lassen.
Das Verschulden des Sportstudios oder des Trainers kann auch darin liegen, daß bei der Unterweisung auf bestimmte Gefahren nicht hingewiesen wurde. Nicht mit der Floskel abwimmeln lassen, daß man auf eigene Gefahr trainiert. Selbst wenn es solche Vereinbarungen oder Hinweisschilder gibt, sind sie ungültig (OLG Koblenz, 2 U 72/89).

- **Kaum Kündigungsmöglichkeiten:** Bei ordentlichen Kündigungen müssen die im Vertrag genannten Fristen eingehalten werden. Fehlen Fristangaben, gilt gesetzliche Kündigung (bis 15. Kalendertag zum jeweiligen Monatsende). Längere Fristen als drei Monate sind ungültig. Bei Verträgen, die sich ohne Kündigung automatisch um drei Monate verlängern (siehe Vertragsverlängerung), gilt eine Kündigungsfrist von vier Wochen (LG Hamburg, 2 S 47/87).

Aber: Das Recht zur außerordentlichen Kündigung kann nie ausgeschlossen werden. Allerdings müssen wichtige Gründe vorliegen: Geänderte Öffnungszeiten, wegen derer man nicht mehr wie bisher trainieren kann, Wegfall von Leistungen oder eine langwierige bzw. schwere Erkrankung, die weiteres Training unmöglich macht.
Fristlose Kündigungen wegen Krankheit werden oft unter Hinweis auf die Gesundheits-Auskunft bei Vertragsabschluß abgelehnt: „Sie haben doch behauptet, gesund zu sein.“ Aber: Das spielt keine Rolle, die Bestätigung „der Teilnehmer erklärt, gesund, in guter körperlicher Verfassung und daher in der Lage zu sein, an einem normalen Training teilzunehmen“, ist ungültig (BGH, IX ZR 214/88).

SIEHE MUSTER: FITNEẞVERTRAG-KÜNDIGUNG

Der Partnervermittlungsvertrag

Auch wenn so getan wird, als ließen sich per Computer oder Bildermappe alle Probleme der Einsamkeit und Familienplanung lösen – das Gegenteil ist der Fall. Die Erfolgsquote der Partnervermittler ist verschwindend gering – die Kosten sind verteufelt hoch. Und damit die mühsam geworbenen Kunden leichter abkassiert werden können, hat man die Verträge meistens mit einer Unzahl unzulässiger Klauseln gespickt (siehe Kapitel über Allgemeine Geschäftsbedingungen). Der Erfolg einer Kündigung dieser Verträge hängt davon ab, wie und wieviel des vereinbartenHonorars bereits bezahlt wurde:

- Bei bereits erfolgter, voller Honorarzahlung

wird man sein Geld kaum zurückbekommen. Theoretisch könnte man Schadenersatzansprüche gegen den Vermittler geltend machen. Aber das kommt so selten vor, daß sich eine Spekulation darauf kaum lohnt.

- Bei Ratenzahlungsvereinbarung

und kurz nach Vertragsabschluß ist die Chance erheblich größer, zumindest einen Teil seines Geldes noch zu sparen. Je schneller reagiert wird, desto besser sind die Erfolgsaussichten.

SIEHE MUSTER: PARTNERVERMITTLUNGSVERTRAG-WIDERRUF IN WOCHENFRIST

• Wenn noch gar nicht gezahlt wurde,
befinden Sie sich in einer vergleichsweise guten Position – auch für den Fall, daß die Partnervermittlung ihr Geld aus einem anderen Vertrag erhalten soll (oft aus einem Finanzierungsvertrag), der Ihnen zusätzlich vorgelegt wurde.

SIEHE MUSTER: PARTNERVERMITTLUNGSVERTRAG-WIDERRUF

Der Steuerberatervertrag

Obwohl ein förmlicher Vertrag kaum abgeschlossen wird, kommt zumindest ein mündlicher Dienstvertrag zustande. Wo schriftliche Verträge verwendet werden, kann von sauberen Bedingungen ausgegangen werden – ohne Verbraucherfallen. Aber: Auch ein Vertrag bietet keinen Schutz vor schlechten Steuerberatern. Denn zu den Leistungen gehört nicht nur das Ausfüllen und Ausrechnen von Formularen, was ohnehin der Computer erledigt. Sondern der Steuerberater soll auch Hinweise zu Spar- und Gestaltungsmöglichkeiten geben, die für seinen Mandanten sinnvoll sind. Wie Anwälte und Notare sind auch Steuerberater gegen Fehler und Fahrlässigkeiten versichert. Erleidet der Mandant durch Verschulden des Steuerberaters einen finanziellen Nachteil, muß der vom Steuerberater bzw. von seiner Versicherung ausgeglichen werden. Wenn das direkte Gespräch mit dem Berater keine Lösung bringt, kann die Berufskammer angerufen werden.

SIEHE MUSTER: STEUERBERATERKAMMER-ANFRAGE

Der Versicherungsvertrag

Natürlich wissen wir alle, daß es preiswerte und teure, unverzichtbare und völlig überflüssige Versicherungen gibt. Und wir wissen auch, daß manche Gesellschaften versuchen, die Rechte des Verbrauchers durch unzulässige Vertragsklauseln (siehe Kapitel über Allgemeine Geschäftsbedingungen) einzuschränken.
Aber vor allem zwei Situationen des Alltags sind es, in denen wir uns als Verbraucher richtig verhalten und unsere Rechte genau kennen müssen: Wenn man einen Vertrag kündigen will, weil man ihn als überflüssig erkannt oder eine billigere Police abschließen will oder wenn man nach einem Schaden Geld von der Versicherung haben will.

So kommen Sie aus Verträgen heraus

Besonders gern haben bis einschließlich 1990 alle Versicherungen versucht, ihre Kunden durch lange Vertragslaufzeiten von zehn Jahren an sich zu binden. Die Vertragslaufzeit war sogar schon in den Antragsformularen vorgedruckt. Aber trotzdem muß in allen diesen Fällen niemand bis zum Jahr 2000 in seinem teuren Zehnjahresvertrag gefangen bleiben.

Die höchstrichterliche Rechtsprechung besagt, daß alle vor 1991 abgeschlossenen Verträge mit vorgedruckter Zehnjahreslaufzeit vorzeitig gekündigt werden können.

Die Kündigung ist jeweils mit einer Frist von drei Monaten zum Ende eines Versicherungsjahres möglich. Diese für Sie üble Rechtslage kennen auch die Gesellschaften – ein entsprechendes Kündigungsschreiben wird deshalb immer zum gewünschten Erfolg führen.

SIEHE MUSTER: VERSICHERUNGSKÜNDIGUNG BEI VORGEDRUCKTER LAUFZEIT VON ZEHN JAHREN

In den Fällen, wo zwar dieselbe Laufzeit vereinbart wurde, dies aber nicht im Vertrag vorgedruckt war, sondern vom Vertreter handschriftlich eingetragen wurde, weisen die Versicherungsgesellschaften gern die Kündigung zurück. Ihr Argument: Die aus einer Fülle von Einzelurteilen bestehende Rechtsprechung des Bundesgerichtshofs betreffe nur Verträge mit vorgedruckter Zehnjahresdauer. Das stimmt. Aber: Es gibt mittlerweile eine ergänzende Rechtsprechung (Landgericht München, Aktenzeichen 32 S 5255/94 und Oberlandesgericht Hamburg, Aktenzeichen 5 U 137/92). Und danach können auch handschriftlich auf zehn Jahre festgeschriebene Verträge vorzeitig gekündigt werden.

SIEHE MUSTER: VERSICHERUNGSKÜNDIGUNG BEI HANDSCHRIFTLICHER LAUFZEIT VON ZEHN JAHREN

In allen anderen Fällen richtet sich die Kündigungsmöglichkeit nach den im Vertrag angegebenen Regeln – normalerweise ist Kündigung immer mit einer Dreimonatsfrist zum Vertragsende (Versicherungsjahr) möglich. Wobei das Versicherungsjahr sich nach dem Vertragsbeginn der Police richtet, nicht nach dem Kalenderjahr.

SIEHE MUSTER: VERSICHERUNGSKÜNDIGUNG ALLGEMEIN

Außerdem genießt der Kunde immer ein außerordentliches Kündigungsrecht. So muß bei allen Beitragsanhebungen in der dazugehörigen Mitteilung darauf hingewiesen werden, daß und unter welchen Umständen eine Kündigung möglich ist. Alle zusätzlichen Hinweise finden Sie in der Mitteilung zur Beitragsanhebung.

SIEHE MUSTER: VERSICHERUNGSKÜNDIGUNG NACH BEITRAGSANHEBUNG

Und schließlich gibt es noch ein besonderes Kündigungsrecht nach jedem Schadenfall. Unabhängig davon, ob die Versicherung den Schaden reguliert oder eine Leistung abgelehnt hat, können Haftpflicht- und Sachversicherungen innerhalb einer Frist von vier Wochen nach Regulierung oder Leistungsablehnung gekündigt werden.

SIEHE MUSTER: VERSICHERUNGSKÜNDIGUNG NACH SCHADENFALL

Gefahrerhöhung: Woran Sie jeden Tag denken müssen

Natürlich wissen wir alle, daß Versicherungen gern Beiträge kassieren – und höchst ungern Leistungen im Schadenfall erbringen. Da wird mit fadenscheinigen Begründungen und Vorwürfen gearbeitet – die alle nur darauf abzielen, die Zahlung zu verzögern, zu drücken oder ganz verweigern zu können. Vor allem die Gefahrerhöhung als Pflichtverletzung des Versicherten ist ein beliebtes Argument der Gesellschaften, an sich berechtigte Leistungen zu verweigern.

Wenn sich in Ihrem Leben oder an der versicherten Sache etwas ändert, muß die Gesellschaft sofort informiert werden – man kann Ihnen sonst eine Pflichtverletzung wegen nicht mitgeteilter Gefahrerhöhung unterstellen und Leistungen verweigern!

SIEHE MUSTER: VERSICHERUNGS-GEFAHRERHÖHUNG

Eine solche Gefahrerhöhung ist zum Beispiel gegeben, wenn Sie den Beruf wechseln, dadurch andere Gesundheitsrisiken bestehen, und Sie dies nicht Lebens-, Unfall- oder Krankenversicherung mitteilen. Auch ein Baugerüst vor dem Haus kann eine Gefahrerhöhung darstellen (größeres Einbruchsrisiko) oder der Einbau eines stärkeren Motors in Ihr Auto.

Wenn's im Schadenfall Ärger wegen Gefahrerhöhung gibt

Sie müssen nachweisen, daß der Schadenfall auch ohne die Gefahrerhöhung genau so möglich gewesen und aller Wahrscheinlichkeit nach eingetreten wäre. Beispiel: Melden muß man zwar das Baugerüst vor dem Haus. Kommt der Einbrecher aber gar nicht übers Baugerüst, sondern durch die Wohnungstür, ist die Gefahrerhöhung nebensächlich. Ebenso bei versehentlicher Gefahrerhöhung (einmalige Überladung des Autos, OLG Hamm, 20 U 115/89).

Auch wenn's gar keinen Schaden gab – informieren Sie die Versicherung! Bei jedem Ereignis, das zu einer Inanspruchnahme führen kann, sollte die Versicherung vorsorglich informiert werden. So kann man Ihnen nie eine Pflichtverletzung vorwerfen.

SIEHE MUSTER: VORSORGLICHE VERSICHERUNGSSCHADEN-ANZEIGE

Schneller Geld im Schadenfall: Zehn Punkte sind wichtig

1. Polizei informieren, Anzeige erstatten

Zwingend erforderlich bei (Explosion,) Einbruchdiebstahl und Raub – Versicherung wird sonst leistungsfrei. Polizei am Tatort erwarten, nichts verändern (Ausnahmen: siehe Punkt 3). Kfz-Unfälle: Polizei muß nur bei Körperverletzungen gerufen werden, muß bei Bagatellen nicht kommen.

2. Versicherung informieren

Sofort telefonisch, dann schriftlich per Fax oder Brief Meldung nachreichen. Frist: innerhalb von 24 Stunden nach Feststellung des Schadens. Feststellung meint dabei den Moment, in dem man vom Schaden erfahren hat – also kann zum Beispiel ein schon Tage zurückliegender Schaden auch noch rechtzeitig gemeldet werden, wenn man ihn wegen Urlaubs nicht bemerken konnte, aber sofort nach der Rückkehr aus dem Urlaub die Versicherung informiert.

SIEHE MUSTER: VERSICHERUNGSSCHADEN-ANZEIGE
SIEHE MUSTER: KFZ-VERSICHERUNGSSCHADEN-ANZEIGE

3. Folgeschäden vermeiden

Bei zerstörten Scheiben, abgedeckten Dächern, aufgebrochenen Türen dafür sorgen, daß z.B. durch Sturm, Regen oder unbefugte Eindringlinge kein weiterer Schaden entsteht (siehe Punkt 4. beachten).

4. Beweise sichern

Schäden im Foto festhalten, beschädigte Gegenstände, Beweismittel (aufgebrochenes Schloß) sichern, aufbewahren. Zeugen suchen, vor allem bei Kfz-Unfällen, evtl. Kennzeichen notieren, sonst Adressen, Skizze anfertigen. Bei Sturmschäden (ab Windstärke 8) Nachweis vom Wetteramt anfordern.

5. Schadenübersicht zusammenstellen

Bei polizeilicher Aufnahme grob überschlägig angeben, was gestohlen oder zerstört wurde, ebenso für erste Meldung an Versicherung. Ist das geschehen, Zeit lassen und detaillierte Schadenübersicht in Ruhe zusammenstellen – darf nicht zu Nachteilen führen (LG Duisburg, Az: 8 O 337/87). Immer darauf hinweisen, daß die Liste nur alle bisher festgestellten Schäden aufführt – dann können noch unentdeckte später nachgemeldet werden. Kopie aufbewahren!

6. Werte ermitteln, Belege heraussuchen

In der Liste immer gleich Neupreise (Wiederbeschaffungswerte) angeben. Belege (Rechnungen, Kontoauszüge, Garantiescheine, eidesstattliche Versicherungen, daß man die Ware gekauft oder besessen hat) beifügen, Fotos von den Gegenständen heraussuchen, Kataloge, Garantiekarten.

SIEHE MUSTER: EIDESSTATTLICHE VERSICHERUNG

7. Deckungszusage, Abschlagszahlung verlangen

Vor Ersatzkäufen schriftliches „Okay" der Versicherung abwarten. Mündliche Zusagen von Vertretern sind ohne Wert. Vier Wochen nach der Schadenmeldung hat der Versicherte Anspruch auf eine Abschlagszahlung.

SIEHE MUSTER: FORDERUNG EINER ABSCHLAGZAHLUNG

8. Eigenleistungen notieren

Wer selbst verwüstete Räume auf- oder ausräumt, etwas repariert oder renoviert: Zeitaufwand festhalten. Versicherung muß auch Eigenleistung bezahlen. Nicht mit Taschengeld abspeisen lassen, sondern den Betrag verlangen, der auch bei Erledigung durch einen Fachbetrieb entstanden wäre.

9. Abrechnung erklären lassen

Bei pauschalen Entschädigungen von der Versicherung erklären lassen, wie der Betrag errechnet wurde – die Gesellschaften sind dazu verpflichtet!

SIEHE MUSTER: VERLANGEN NACH ABRECHNUNGSERKLÄRUNG

10. Zinsen verlangen

Ab dem Tag der Schadenmeldung banküblische Zinsen für die noch nicht gezahlte Entschädigung bzw. ausstehende Teilzahlungen verlangen.

SIEHE MUSTER: VERSICHERUNGSSCHADEN-ZINSFORDERUNG

Kapitel 19

Wenn Sie allein nicht weiterkommen und Rat vom Juristen benötigen

In erster Linie wurde dieses Buch geschrieben, um Ihnen selbst juristischen Durchblick zu verschaffen, rechtliche Hintergründe zu Geschäften des Alltags aufzuzeigen, Tricks durchschaubar zu machen und Tips zu geben, wie man sich aus verfahrenen Situationen retten oder sich gleich davor schützen kann. Manchmal haben wir dabei sehr weit ausgeholt. Um Ihnen Zusammenhänge aufzuzeigen, aus denen heraus sich juristische Fragen nahezu schlüssig selbst beantworten lassen.

Dennoch ist natürlich nicht möglich, in einem solchen Buch jeden denkbaren Einzelfall anzusprechen – dies wäre nur möglich bei der Beschreibung von über 50 Jahren neudeutscher Rechtsgeschichte mit allen (!) seitdem ergangenen Urteilen.

Wenn Sie aber nun trotzdem der Meinung sind, es handele sich in Ihrem Fall um so einen komplizierten Einzelfall, daß Sie ihn auch anhand unserer Hinweise nicht einzuschätzen vermögen und sich keinen Rat wissen, sollten Sie die Hilfe eines Fachmanns in Anspruch nehmen.

Rechtsanwälte und Notare

Hier bekommen Sie ohne Kostenrisiko jeden gewünschten Rat. Ohne Kostenrisiko deshalb, weil man Ihnen vorher auf eine entsprechende Frage sagen muß, wie teuer die Arbeit des Fachmanns wird. Dabei sind „Mondpreise“ und über den Daumen kalkulierte Honorare nicht möglich – es gelten die vom Staat genehmigten Honorarordnungen.

Wer einen Anwalt oder Notar aufsucht, um mit ihm erstmals über seinen Fall zu sprechen, darf für diesen Termin niemals mit einem Betrag von mehr als 350 Mark zur Kasse gebeten werden.

Teuer kann es erst werden, wenn der Jurist mit der Übernahme der Angelegenheit beauftragt wird, sich in Unterlagen einlesen oder Briefe schreiben soll. Dann richtet sich sein Honorar nach dem Streitwert der jeweiligen Angelegenheit.

Der Streitwert richtet sich nach der jeweiligen Geldforderung (z.B. der Summe aus einem Kaufvertrag), nach der Jahresmiete für eine Wohnung (in Mietrechtsfällen) oder nach dem Gehalt für drei Monate (bei Arbeitsrechtfällen). Was jeweils als Streitwert anzunehmen ist, muß man Ihnen auf Anfrage sagen.

Bundesrechtsanwaltsgebührenordnung:

Erstes Honorar für Bearbeitung und Schriftwechsel bei außergerichtlicher Tätigkeit

Streitwert in DM	Honorar in DM
600	37,50
1 200	67,50
1 800	97,50
2 400	127,50
3 000	157,50
4 000	198,80
5 000	240,00
6 000	281,30
7 000	322,50
8 000	363,50
9 000	405,00
10 000	446,30
20 000	708,80
30 000	828,80
40 000	948,80
50 000	1 068,80
100 000	1 593,80
500 000	3 168,80

Entsprechend dem Verlauf der Angelegenheit kommen weitere Honorare hinzu – je nach Umfang der Tätigkeit kann das Gesamthonorar bis zum Prozeßende in der ersten Instanz das Zehnfache des genannten Satzes betragen – ohne Gerichtsgebühren. Bei einer Niederlage vor Gericht sind die Anwaltskosten des Gegners zusätzlich zu tragen.

Die Honorare der Notare liegen vor allem bei großen Beträgen erheblich unter den Honoraren von Rechtsanwälten. In Streitfällen des Alltags ist aber der Rechtsanwalt als Experte für die ständige Rechtsprechung in diesem Bereich die bessere Adresse.

Wann Sie nichts bezahlen müssen

Grundsätzlich gilt bei allen juristischen Auseinandersetzungen das Prinzip, daß die unterlegene Partei die Kosten des Streits zu tragen hat: Wer recht hat, muß nicht bezahlen. Wird eine Forderung aber nur zu Teilen als rechtens anerkannt, werden auch die Kosten des Rechtsstreits im Normalfall aufgeteilt. Wer eine Forderung von 10 000 Mark gestellt hat, aber nur 7000 Mark zugesprochen bekam, müßte folglich noch 30 Prozent der gesamten Verfahrenskosten selbst tragen – Gerichtsgebühren, Auslagen für Zeugen und die Anwaltshonorare. Trotzdem dürfen Sie nicht in jedem Fall sofort einen Anwalt einschalten und auf dessen Bezahlung von der Gegenseite hoffen.

Jeder hat die Pflicht, Kosten eines Streitfalls so gering wie möglich zu halten.

Besteht gar keine Notwendigkeit, eine ausstehende Zahlung durch einen Anwalt eintreiben zu lassen, weil die Zahlungsbereitschaft der anderen Seite vorhanden ist, gibt es nach der aktuellen Rechtsprechung keinen Anspruch auf Erstattung der Anwaltskosten.

Kein Rechtsschutz – oft zahlt der Staat

Wer eine Rechtsschutzversicherung abgeschlossen hat, sollte vor dem Gang zum Anwalt die Versicherung informieren und den Anwalt beim ersten Besuch darauf hinweisen, daß eine Versicherung besteht, eine eventuell schon erhaltene Deckungszusage mitnehmen.
Wer keine Versicherung abgeschlossen hat und nicht über die finanziellen Mittel verfügt, einen Rechtsstreit zu führen, kann vom Staat kostenlose Beratung in Rechtsfällen oder auch Prozeßkostenhilfe beantragen. Zuständig sind die Geschäftsstellen der jeweiligen Amtsgerichte.

Auch bei 7000 Mark Monatseinkommen kann es noch einen Zuschuß vom Staat geben.

Der Anspruch auf Prozeßkostenhilfe richtet sich nach dem verfügbaren Einkommen, wobei zahlreiche Abzüge berücksichtigt werden. Bevor Prozeßkostenhilfe bewilligt wird, prüft das Gericht die Erfolgsaussichten eines Verfahrens. Je nach Einkommen übernimmt der Staat entweder die Prozeßkosten oder er gewährt ein Darlehen. Dann müssen die Kosten innerhalb von 48 Monaten zurückgezahlt werden. Wird ein Prozeß verloren, trägt der Staat allerdings nicht die Kosten des gegnerischen Anwalts, ebenso muß man Strafen oder Entschädigungen aus der eigenen Tasche bezahlen.